KB124813

부모
역할
훈련

부모
역할
훈련

토머스 고든

홍한별 옮김

양철북

Parent
Effectiveness
Training

한국의 독자들에게

부모 역할이 짐이 되어서는 안 되고, 끊임없는 다툼과 해소되지 않은 갈등으로 가족이 서로 갈라져서는 안 됩니다. 우리는 가정생활을 파괴적이고 불행한 것이 아니라 건강하고 즐거운 것으로 만들 지식과 기술을 알고 있습니다. 이 책을 통해 여러분도 이 방법을 이해하게 될 것입니다.

1962년 캘리포니아 패서디나에서 처음 P.E.T. 교실을 연 이래 이 프로그램은 전 세계 40여 개국으로 확산되었습니다. 한국에서도 5만 명 이상의 부모가 P.E.T. 코스에 참가했습니다.

한국의 부모들이 이제 이 책을 읽을 수 있게 되었다니 무척 뿌듯합니다. 이 책을 읽고 이 책에서 소개하는 방법을 익히고 활용하여 아이들과 함께 보람 있고 소중한 경험을 하시길 바랍니다.

2002년 토머스 고든

감사의 말

스승이자 동료이자 친구로서 내 삶과 일에 막대한 영향을 준 칼 로저스 박사에게 감사드립니다. 로저스 박사가 아이디어를 준 덕분에 P.E.T.를 만들어 내게 되었습니다. 로저스 박사는 폭넓은 연구를 근거로, 공감하고 받아들이고 조건 없이 긍정적으로 바라보는 치유적 환경 안에서 사람은 건강하게 성장한다는 이론을 펼친 분입니다.

나의 딸 주디 고든 베럿에게 감사합니다. 딸 덕에 우리 가정에서 P.E.T. 기술의 효과를 검증하고 확인했습니다. 주디는 청소년기에 P.E.T. 코스를 수강한 부모 수십 명을 인터뷰해서 P.E.T. 기술이 가정에서 효과적으로 활용된 사례를 모아 보고서를 작성하기도 했습니다. 내가 P.E.T.로 자라난 사랑스러운 두 아이의 할아버지가 된 것도 주디 덕이지요.

둘째 딸 미셸 애덤스에게도 감사합니다. 미셸은 P.E.T. 책의 30주년 기념판 업데이트를 도맡아 해 주었습니다. 미셸도

P.E.T.로 자랐으며 P.E.T.의 긍정적 의사소통과 갈등 해결 기술로 효과를 본 산증인입니다. 주디처럼 미셸도 한 번도 집에서 벌을 받은 적이 없습니다. 친구들이 집에서 어떤 식으로 지내느냐고 물으면 미셸은 이렇게 대답했다고 합니다. "우리 집에는 대장이 없어. 같이 규칙을 만들거든." 아이가 건실한 인간관계를 맺는 어른으로 성장한 것을 보면 아주 뿌듯합니다.

내 아내 린다에게도 감사하고 싶습니다. 린다는 벌을 많이 주는 엄격한 집안에서 성장했지만, 힘을 쓰지 않는 P.E.T. 방식으로 아이를 키웠습니다. 린다는 이야기를 아주 잘 들어 주는 사람이라 식구들과 친구들에게 사랑을 많이 받습니다. 린다는 책 두 권을 썼는데, 여성이 자기 삶의 주도권을 가져야 한다는 책과 부모 자식 관계뿐 아니라 모든 관계에 P.E.T. 모델을 적용하자는 《최고의 당신이 되어라(Be Your Best)》라는 책입니다.

마지막으로 전 세계에서 평화롭고 민주적이고 비폭력적인 방식으로 아이들을 기르는 데 헌신적인 도움을 주는 P.E.T. 강사 여러분께 깊은 감사를 드립니다.

2000년 토머스 고든

2019년 개정판을 펴내며

어느새 육아 분야의 고전이 된 이 책은 효과적인 부모(effec-
tive parent)라는 개념과 그렇게 되기 위한 기술을 처음으로 제
시한 책이기도 하다. 50여 년 전에 고든 박사가 제안한 철학과
기술은 오늘날에도 그때와 다를 바 없이, 어쩌면 이전 어느 때
보다 더 시의적절하고 유효하다.

    P.E.T.의 개념과 기술은 미국에서 시간의 검증을 받았고,
오늘날 전 세계로 확산되었다. 이 책이 30개가 넘는 언어로 번
역 출판된 것만 보아도 어떤 나라 어떤 문화에서도 적용 가능
함을 알 수 있다.

    사회적 지능이나 정서적 지능 같은 개념이 대두되면서
P.E.T.의 가치가 재확인되기도 했다. 최근에는 다른 사람과 효
과적으로 상호작용하는 능력의 중요성이 더욱 주목받고 있다.
이런 종류의 지성이 삶이나 개인적 성공, 다른 사람과의 관계
에 지능지수보다 더 큰 영향을 미친다는 생각이 공감을 얻고

있기 때문이다.

P.E.T.는 양육자가 아이들과 더 효과적으로 상호작용하는 데 필요한 기술을 제공한다. P.E.T. 방식으로 교육받고 그 효과를 직접 경험한 어른이 늘어나고 있다. 많은 사람이 이 방식에 감사를 표하며 P.E.T. 덕에 정신적으로 건강하고 행복하고 생산적인 사람으로 자랄 수 있었다고 말한다.

2018년은 고든 박사가 살아 있었다면 백수를 맞이했을 해다. 그래서 고든 박사와 그의 획기적인 사고를 기리는 뜻에서 이 책을 오늘날 부모들에게 더욱 잘 와닿도록 개정했다.

캘리포니아 솔라나 비치에서
린다 애덤스, 미셸 애덤스

들어가며

내가 계발해서 이 책에서 소개한 모델이 시간이 흐르면서 의
사소통과 갈등 해결 방식의 기본으로 자리 잡았다. 요즘에는
적극적 듣기, 나-메시지, 무패 갈등 해결 방법에 대해 들어 보
지 않은 사람이 거의 없을 정도다. '고든 모델'이라고 알려진 이
모델은 부모-자식 관계에만 국한되지 않는다는 것도 알게 되
었다. 가정에서, 직장에서, 학교에서, 어디에서나 어떤 관계에
나 적용될 수 있다. 심리학 교재, 일반 도서, 경영자 과정, 평생
교육 과정을 비롯해 의사소통과 갈등 해결이 주요 주제가 되
는 모든 분야에서 이 용어들이 쓰인다.

　이 방법을 사용하다 보면 사람들 사이의 관계가 점점 민
주적으로 바뀐다는 사실이 시간이 흐르며 확인되었다. 민주적
관계는 더욱 건강하고 행복한 삶을 만들어 준다. 사람들은 있
는 그대로 받아들여지고 자유롭게 의사를 표현하고 자기에게
영향을 주는 결정에 참여할 수 있을 때는 자존감과 자신감이

높아지지만, 권위적인 가정에서는 무력감에 빠지게 된다.

이 기술은 감히 세계 평화에도 도움이 된다고 말하고 싶다. 민주적이고 평화로운 가정이 늘어나면 폭력을 거부하고 전쟁을 용납하지 않는 사회를 이룰 수 있을 것이다.

처음 이 책을 쓸 때는 삶의 연속적 흐름까지는 생각하지 못했다. 그때는 미처 생각하지 못했지만 P.E.T. 방식으로 자라난 아이들이 더 건강하고 행복한 어른으로 성장했을 뿐 아니라 민주적 양육자가 되어 다음 세대로 비폭력의 순환을 이어 가고 있다. 조부모님이 집에 P.E.T.를 도입했다고 말하는 젊은이들까지 만나 볼 만큼 내가 오래 살았다니 정말 감사할 일이다.

P.E.T.의 주요 개념과 기술은 내가 캘리포니아 패서디나에 있는 한 식당에서 부모 17명을 대상으로 처음 P.E.T. 수업을 했던 40년 전과 다를 바 없이 지금도 유효하다. 이 방법에 더욱 절실한 필요가 생겨났다는 점만 달라졌다고 할 것이다. 가정 폭력이 사회의 폭력으로 이어진다는 사실이 확인되며 P.E.T. 방식의 중요성은 더욱 확연해졌다. 지금 여러분 손에 들고 있는 이 책에는 가정 안의 폭력을 없애고 대신 평화와 민주주의를 가져올 해법이 있다.

이 책을 읽는 경험이 여러분에게 보람차고 풍요로운 경험이 되길 진심으로 바란다.

캘리포니아 솔라나 비치에서
2000년 토머스 고든

차례

1

부모 역할에도 훈련이 필요하다

오늘날 청소년들이 문제를 겪거나 젊은이들이 사회 문제를 일으키면 흔히 부모 탓을 한다. 심각한 정서 문제를 겪고 약물 중독에 빠지거나 자살 등 극단적 선택을 하기도 하는 어린이와 청소년 수가 급격히 증가하는 추세를 두고 정신 건강 전문가들은 부모의 책임을 거론한다. 정치가들도 사법당국도 청소년의 폭력 조직 가담, 살인, 폭력 같은 범죄의 원인이 가정에 있다고 말한다. 아이들이 학교에서 문제를 일으키거나 낙오되었을 때 교사와 학교 모두 한목소리로 문제를 부모 탓으로 돌린다.

하지만 부모들은 어떤 도움을 받고 있는가? 부모가 더 효과적으로 아이를 기르도록 돕는 사회적 지원이 있나? 부모가 자기가 잘못하는 부분이 무엇인지, 어떻게 개선해야 하는지 배울 수 있는 곳이 있나?

다들 부모 탓만 할 뿐 부모에게 적절한 교육을 해 주려고 하지는 않는다. 해마다 무수히 많은 사람이 새로 부모가 되어 세상에서 어떤 일보다도 힘든 과업을 떠맡는다. 아무것도 할 줄 모르는 아기를 맡아서 아기 몸과 마음의 건강을 전적으로 책임지고, 아이를 사회에서 쓸모 있고 조화롭게 살아갈 시민으로 성장하도록 길러 내는 일보다 더 어렵고 힘든 일이 세상에 또 있을까? 이토록 힘든 일을 제대로 할 수 있게 준비된 부모는 몇이나 될까? 물론 내가 캘리포니아 패서디나에서 처음으로 부모 교육 프로그램을 시작했던 1962년보다는 훨씬 많이 늘었을 것이다. 첫 수업을 시작했을 때 수강생은 고작 17명뿐이었는데, 이 사람들은 이미 아이들과의 관계에서 심각한 문제를 겪고 있었다.

그 후로 많은 시간이 흘렀고, 전 세계에서 200만 명이 넘는 양육자가 우리 교육 과정에 참여했다. 그동안 우리는 P.E.T., 즉 효과적인 부모 역할 훈련(Parent Effectiveness Training)을 거치면 누구나 육아에 필요한 효과적인 기술을 어렵지 않게 익힐 수 있음을 되풀이해서 확인했다.

교육으로 효과적인 부모 역할을 가르칠 수 있음을 이 프로그램으로 입증한 셈이다. P.E.T. 교육에서 수강생들은 부모와 아이가 서로 대화하는 통로를 유지하는 기술을 습득할 수 있었다. 부모와 아이 사이를 악화시키지 않고 오히려 결속을 강화하는 갈등 해결 방법도 익힐 수 있었다. 프로그램을 진행하면서 부모와 아이가 사랑과 상호 존중을 바탕으로 따뜻하고 친밀한 관계를 만들어 갈 수 있다고 확신하게 되었다. 가족 간의 갈등이 피할 수 없는 일이 아니라는 것도 알 수 있었다.

내가 임상 심리학자로 일할 때만 해도 나도 다른 부모들처럼 십대에 반항기가 찾아오는 것은 당연하고 어쩔 수 없는 일이라고 생각했다. 청소년들은 누구나 부모에게서 독립하기를 원하고 그래서 반항하는 것이라고 믿었다. 청소년기는 '질풍노도의 시기'이며 어떤 가족이든 이런 힘든 시기를 겪을 수밖에 없다고 생각했다. 하지만 P.E.T.를 경험하면서 그것이 옳지 않은 생각임을 알게 되었다. P.E.T. 교육을 받은 부모들이 자기 집 아이들은 반항하지 않고, 불화도 전혀 없다고 말하는 것을 숱하게 들었기 때문이다.

이제 나의 확신은 '청소년이 부모에게 반항하는 것이 아니다'라는 것으로 바뀌었다. 아이들은 부모가 사용하는 잘못된 훈육 방법에 저항할 뿐이다. 갈등 해결의 새로운 방식을 익히고 가정에서 사용한다면 불화와 다툼이 더는 당연한 일이 아니게 된다.

P.E.T. 프로그램은 육아할 때 처벌이 꼭 필요한지 다시 생각하게 했다. P.E.T.를 실천하는 많은 양육자가 전혀 벌을 주지 않고도 아이를 훈육할 수 있음을 보여 주었다. 체벌은 물론이고 다른 어떤 종류의 벌도 필요 없다. 아이의 두려움을 이용하지 않고도 책임감 있고 통제력 있고 협조적인 아이로 기를 수 있다. 벌을 받거나 뭔가를 금지당할까 겁나서가 아니라 진심으로 부모의 요구를 배려해 행동하게끔 아이들을 이끄는 방법을 배우면 된다.

너무 이상적이라 그런 게 가능할 것 같지 않다는 부모도 있을 것이다. 그럴 만도 하다. 나조차도 P.E.T. 코스에서 부모들을 직접 가르쳐 보기 전에는 믿을 수 없었다. 많은 전문가가 그러했듯 나 역시 부모들을 과소평가했던 탓이다. 그러나 P.E.T. 과정에서 만난 부모들을 통해서 제대로 교육을 받고 나면 부모의 태도가 얼마나 크게 달라질 수 있는지 알게 되었다. 우리 수강생들은 새로운 지식을 이해하고 습득하는 데 뛰어난 능력을 보여 주었다. 새로운 자녀 교육 방식을 배우려는 열의 있는 부모는 많지만, 그래도 부모가 움직이려면 일단 새로운 방식이 실제로 효과가 있다는 것을 믿어야 한다. 오늘날 부모들은 이전 방식이 효과가 없다는 것은 다들 잘 알고 있고, 달라지려는 마음도 충분히 갖고 있다. P.E.T. 프로그램이 지금까지 보여 준 성과를 보면 달라질 수 있다는 확신이 들 것이다.

P.E.T. 프로그램의 성과로 또 알게 된 사실이 있다. 우리의 초기 목표 가운데 하나는 정식 훈련을 받은 전문 상담사나 심리 치료사들이 정서 문제 등을 겪는 아이들을 도울 때 사용하는 방법을 부모들에게 가르치는 것이었다. 주제넘은 터무니없는 목표라고 하는 사람이 많았지만, 지금은 기초 심리학 수업을 한 번도 받지 않은 부모도 이런 기술을 배워 아이들에게 언제, 어떻게 적용해야 할지 익힐 수 있다는 것을 안다.

한편 P.E.T.가 확대되어 가면서 현실의 한계도 확인하게 되었는데, 그래서 낙담한 면도 있지만 그래서 도전 정신이 솟기도 한다. 사람들은 아이를 키우고 가정에서 일어나는 문제를 해결할 때 대부분 자기 부모가 사용하던 방법을 그대로 답습한다. 부모는 자신의 부모에게서, 또 그 부모는 당신들 부모에게서 배웠을 터이니 다른 사회 제도와 관계가 다 바뀌는 동안에도 부모와 자녀 사이의 관계만은 좀처럼 변하지 않는 듯하다. 인간관계와 관련한 새로운 지식이 발견되지 않았기 때문은 아니다. 오히려 그 정반대라고 할 수 있다. 심리학, 아동발달학 등 여러 행동과학 분야에서 아이와 부모, 인간관계, 타인의 성장을 돕는 법, 심리적으로 건강한 환경을 조성하는 법 들에 관한 새롭고 중요한 지식이 꾸준히 축적되 왔다. 효과적인 의사소통과 인간관계에 권력이 미치는 영향, 건설적인 갈등 해결법 등에 대해서도 더 많이 알게 되었다.

이 책을 통해 다양한 상황에서 자녀와 완전한 관계를 맺고 유지한다는 것의 의미를 포괄적으로 이해할 수 있을 것이다. 이 책에서는 적합한 방법과 기술뿐 아니라 그것을 언제, 어떤 목적으로, 왜 사용하는지도 설명한다. 나는 부모와 자녀 관계의 기본 지식에서부터 시작해서 관계 수립에 효과적인 방법에 이르기까지 우리가 아는 모든 지식을 부모들에게 전달할 필요가 있다고 믿는다. 그래서 기법뿐 아니라 원칙까지 포괄하는 전체 체계를 다루려고 했다. 그러면 부모들이 P.E.T. 방식을 왜 사용하는지, 언제 사용하는 것이 적절한지, 어떤 결과를 얻을 수 있을지 등을 전체적으로 이해하게 될 것이다. 그렇게 되면 부모들 스스로 전문가가 되어 부모와 아이 사이에서 발생하는 온갖 문제들을 해결할 수 있을 것이다.

이 책에서 우리가 아는 것을 모두 전달하려고 한다. 부모와 자녀 관계의 효과적인 모델을 상세하게 설명하고, 우리가 경험한 다양한 사례들을 예로 들 것이다. P.E.T.는 기존 방식과 전혀 다르므로 급진적이라고 생각하는 부모가 많다. 하지만 이 방식은 유아에게나 청소년에게나, 장애를 가진 아이에게나 비

장애 아이에게나 두루 쓸 수 있는 보편적인 방식이다.

이 책을 쓸 때 전문 용어를 피하고 누구나 쉽게 이해할 수 있는 말로 풀어 쓰려고 애썼다. 책에 나오는 개념 일부를 보고 처음에는 동의하기 어렵다고 생각하는 사람도 있겠지만, 개념 자체가 이해가 안 된다는 사람은 거의 없으리라 생각한다. 독자들은 강의에서와 달리 강사에게 직접 질문을 할 수 없을 테니, 우선 이 책을 시작하기 전에 도움이 될 만한 질문과 대답을 몇 개 적어 보겠다.

이 방식은 방임주의 교육법의 일종인가요?

> 그렇지 않습니다. 지나치게 관대한 부모는 지나치게 엄격한 부모만큼이나 문제가 될 수 있습니다. 이렇게 자라난 아이들은 이기적이고 통제도 안 되고 비협조적이며 부모의 욕구를 무시하기 쉽습니다.

부모 가운데 한 명은 이 방식을 쓰고 다른 한 명은 이전 방식을 고수해도 괜찮을까요?

> 그렇다고도 할 수 있고 아니라고도 할 수 있습니다. 부모 가운데 한 사람만 이 방법을 사용한다면, 그 엄마 또는 아빠와 아이의 사이는 확실히 나아질 것입니다. 하지만 다른 한쪽 부모와의 관계는 더 나빠질 수 있습니다. 그래서 엄마 아빠가 함께 이 방식을 배우는 편이 훨씬 좋습니다. 부모가 함께 이 방법을 쓴다면 부부 사이에도 많은 도움이 될 것입니다.

이 방법을 쓰면 아이에게 영향을 미칠 권위를 잃게 되지 않을까요? 아이의 삶에 방향을 제시하고 이끌어 줄 책임을 포기하는 일이 아닐까요?

첫째 장을 읽고 난 다음에는 그런 생각을 할 수도 있을 것 같습니다. 하지만 책이 단계별로 전개되기 때문에 그렇게 보이는 것입니다. 책 앞부분에서는 아이가 맞닥뜨리는 문제를 아이 스스로 해결하도록 돕는 방법을 다룹니다. 이러한 상황에서는 부모의 역할이 원래 익숙했던 방식보다 훨씬 수동적이고 소극적이라고 느껴질 것입니다. 그러나 뒷부분으로 가면 아이들의 잘못된 행동을 고치고 부모인 여러분의 요구를 아이들이 더 배려하게끔 이끄는 방법이 나옵니다. 이 부분에서 한층 책임감 있는 부모가 되어 아이에게 지금보다도 오히려 더 큰 영향력을 주게 되는 구체적인 방법들을 볼 수 있습니다. 뒷부분에서 어떤 주제를 다루는지 목차를 미리 살펴본 후 책을 읽는 것도 좋겠습니다.

이 책에서는 먼저 아이들이 자기 문제를 스스로 책임지고 해결하게 부추기는, 비교적 익히기 쉬운 방법을 소개하고, 집에서 바로 실행에 옮길 수 있도록 구체적 예시를 들려고 한다. 이 방법을 '적극적 듣기(Active Listening)'라고 하는데, P.E.T. 교육을 받은 부모들은 이 방법을 통해 다음과 같은 경험을 했다고 말한다.

"내가 아이들 문제에 대한 해답을 전부 가지고 있지 않아도 된다니 마음이 놓여요."

"P.E.T. 방법으로 아이들에게 스스로 문제를 해결하는 능력이 있음을 새로이 알게 되었습니다."

"적극적 듣기의 효과에 정말 감탄했습니다. 아이들이 스스로 생각해 낸 해결책이 내가 제시하는 것보다 훨씬 더 나을 때가 많았어요."

"마치 내가 신이라도 된 것처럼 아이들한테 문제가 있을 때마다 딱 맞는 해결책을 내놓아야 한다고 생각했기 때문에 사실 늘 부담스러웠어요."

오늘날 자기 부모를 부모로 생각하지 않는 청소년들이 수도 없이 많다. 아이들 처지에서는 그럴 만한 충분한 이유가 있기 때문이다.

"우리 엄마는 우리 또래 애들을 전혀 이해 못 해요."

"집에 들어가기만 하면 잔소리만 들으니 정말 지겨워요."

"저는 부모님께 아무 얘기도 안 해요. 말해도 이해 못 하니까요."

"아버지가 제발 그만 좀 괴롭혔으면 좋겠어요."

"그럴 수만 있다면 최대한 빨리 집에서 나가고 싶어요. 부모님이 들볶는 걸 더는 못 참겠어요."

이 아이들의 부모들도 대체로 자기가 부모 취급을 못 받는다는 사실을 인식하고 있어서, P.E.T. 수업 시간에 이런 말을 종종 한다.

"제 아들은 16살인데 이제 더 무슨 말을 해도 듣질 않아요."
"전 우리 애를 그냥 포기하고 손 놔 버렸어요."
"우리 애는 우리랑 밥도 같이 안 먹으려고 하고 집에 와서
　도 말 한마디 안 해요. 그냥 방 밖으로 나오지를 않아요."
"우리 애는 집에 아예 안 들어와요. 어디서 뭘 하는지도 얘
　기 안 해요. 물어보면 상관하지 말라고나 하고요."

　우리 삶에서 가장 친밀하고 가장 큰 만족을 줄 수 있는 부모와 자녀 관계에서 이런 적대감이 생겨나다니 정말 비극적인 일이다. 어째서 이렇듯 많은 청소년이 부모를 '적'으로 생각하게 된 걸까? 부모와 아이 사이에 어쩌다 이런 깊은 골이 생겼을까? 왜 부모와 아이가 말 그대로 전쟁 같은 적대 관계가 된 것일까?

　14장에서는 이런 질문을 다루고 아이가 부모에 대항하고 반항하는 일을 얼마든지 피할 수 있음을 보여 줄 것이다. P.E.T.는 혁명적인 방법이지만 혁명을 촉구하는 방법은 아니다. P.E.T.는 부모가 자기 자리를 지키게 하고, 가정의 불화를 방지하고, 부모와 아이가 서로 편을 갈라 대적하는 대신 하나로 뭉치도록 만드는 방법이다.

　P.E.T. 과정을 수료한 어느 부모가 쓴 다음 사례를 읽어 보면 더 열린 마음으로 이 방법을 받아들일 수 있을 것 같다.

"우리 애는 16살인데, 얼마 전까지는 정말 골칫거리였어요. 집에서 이미 멀어졌을 뿐 아니라 난폭하고 무책임했죠. 학교 성적도 바닥으로 떨어졌어요. 정해진 귀가 시간은 지키는 법이 없고요. 집에 오다가 타이어가 펑크 났다느니, 휴대폰 배터리가 다 됐다느니, 기름이 떨어졌다느니 이런 말도 안 되는 핑계를 대면서요. 우리는 아이를 감시했고 아이는 우리에게 거짓말을 했어요. 그래서 외출 금지령도 내리고 면허증도 압수하고 용돈도 줄이고 온갖 방법을 다 써 봤죠. 우리 대화는 말다툼으로 시작해서 말다툼으로 끝나기 일쑤였어요. 어떤 방법도 소용이 없었어요. 하루는 심하게 다투고 나서 아이가 부엌 바닥에 나자빠지더니 발로 허공을 차면서 미치겠다고 소리를 지르더군요. 그 일이 있고 우리는 고든 박사의 P.E.T. 과정에 등록했어요. 그렇다고 하루아침에 뭐가 달라진 건 아니에요……. 다만 우리 태도와 가치관이 바뀌자 조금씩 변화가 생겼어요. 그전까지는 우리가 서로 아끼고 사랑하는 따뜻한 가족이라고 느껴 본 적이 없었는데……. 우리 스스로 강인하고 독립적인 사람, 자기 생각이 뚜렷하지만 남에게는 강요하지 않고 본보기가 되는 사람이 되어야겠다고 생각한 것이 전환점이었던 것 같아요. 우리는 아이에게 조금씩 영향을 줄 수 있게 되었어요……. 반항하고 성질을 내고 학교에서 문제를 일으키던 아이가 조금씩 바뀌어서 포용적이고 따뜻하고 다정한 사람이 되었고, 우리를 '내가 가장 좋아하는 두 사람'이라고 부르게까지 된 거예요……. 이제 아이가 다시 우리 식구가 된 것 같아요……. 우리 사이는 믿고 사랑하고 서로 자율성을 지켜 주는 관계가 되었어요. 전에는 상상도 할 수 없었던 일이죠. 아이는 이제 확고한 자기 의지가 생겼어요. 모든 식구가 그렇게 되어야 한 가족으로 살아가고 성장할 수 있는 거더라고요."

P.E.T. 방식으로 감정을 표현하는 대화를 한다면 아이가 이런 말을 하는 일은 없을 것이다.

"내가 왜 집안일을 해야 해요? 저를 돌보는 건 부모의 책임 아닌가요? 부모는 법적으로 애들을 돌볼 의무가 있잖아요. 제가 언제 낳아 달라고 한 적이나 있나요?"

상담실에서 16살 아이가 너무 당연하다는 듯 이렇게 말하는 것을 들었을 때 내 머릿속에는 이런 물음이 떠올랐다. 아이들이 세상에 아무 기여도 하지 않으면서 세상이 자기에게 빚졌다고 생각하며 자라난다면 도대체 우리 사회는 어떤 사람들을 길러 내고 있다는 말인가? 부모들이 어떤 시민을 길러서 사회에 내보내는 것인가? 이렇게 이기적인 아이들이 자라서 어떤 사회를 만들까?

부모들을 대체로 '승자형' '패자형' '동요형' 이렇게 세 부류로 분류할 수 있다. 첫 번째 부류에 속하는 부모는 아이에게 권위나 권력을 행사할 권리가 있다고 생각한다. 그래서 아이를 구속하고 한계를 정하고 어떻게 행동하라고 지시하고 명령을 내리고 복종을 요구한다. 아이들이 말을 듣게 하려고 벌을 주겠다고 위협하고 말을 듣지 않으면 벌을 준다. 부모의 욕구와 아이의 욕구가 충돌하면 늘 부모의 뜻을 관철하는 쪽으로 갈등을 해결한다. 일반적으로 이런 유형의 부모들은 '우리 부모님이 나를 이렇게 길렀는데 나는 잘 자랐다'라든가 '다 아이를 위해서 이렇게 하는 것이다'라든가 '아이에게는 부모의 권위가 필요하다'라는 식으로 틀에 박힌 사고를 따르거나, '아이에게 무엇이 최선인지는 부모가 가장 아니까 아이를 위해 권위를 행사하는 것이 부모의 의무다'라는 식의 애매한 논리로 자기 행동을 정당화한다.

두 번째 유형인 '패자형' 부모는 '승자형' 부모보다 수적으로 적은데, 아이들이 거의 언제나 마음대로 하도록 내버려 두는 타입이다. 거의 아무 제한을 두지 않고, 권위적 방식을 쓰지 않는다는 사실을 자랑스럽게 여긴다. 부모의 욕구와 아이의 욕구가 충돌할 때는 아이를 실망하게 하면 안 된다고 생각하기 때문에 거의 언제나 아이가 이기는 쪽으로 해결한다.

아마 이 두 가지 방법 가운데 하나만 쓸 수는 없다고 하는 부모가 가장 많을 듯싶다. 이들은 두 방식을 '적절히 병행'하며 엄격함과 관대함, 까다로움과 편안함, 구속과 자유, 이기기와 지기 사이에서 계속 왔다 갔다 하게 된다. 한 어머니는 이렇게 말했다.

"아이들 말썽이 너무 심해져서 도저히 참을 수 없을 정도가 되기 전까지는 마음대로 하게 놔둬요. 너무 심하면 태도를 바꾸어서 엄하게 대하는데, 그러다가 내가 나를 더 못 견딜 지경이 되면 또 그만둬요."

P.E.T. 수업에 참여했던 어느 부모가 한 이 말은 '동요형'에 속하는 많은 부모를 대변한다고 할 수 있다. 가장 혼란스러워하고 어찌해야 할지 몰라 난감해하는 사람들이기도 한데, 앞으로 살펴보겠지만 이런 부모의 자녀가 가장 큰 문제를 겪기도 한다.

오늘날 부모의 가장 큰 문제 가운데 하나는 부모와 아이 사이에서 일어날 수밖에 없는 갈등을 해결하는 방식이 단 두 가지만 있는 줄 안다는 점이다. 아이를 기르는 방법에서 두 가지 선택지밖에는 보지 못한다. 그래서 '내가 이기고 네가 진다'를 택하거나 '네가 이기고 내가 진다'를 택하거나 또는 둘 사이에서 마음을 정하지 못하고 계속 왔다 갔다 한다.

P.E.T. 교육을 받는 부모들은 '이기고 지는' 방법 말고 다른 방법이 있다는 사실을 알면 많이 놀란다. 이것을 '무패(No lose) 방법'으로 갈등을 해결한다고 부른다. 무패 방법을 효과적으로 사용할 수 있도록 돕는 것이 P.E.T. 교육의 주요 목표 가운데 하나다. 이 방법은 이전부터 갈등을 해결하는 데 사용되어 왔지만 부모와 아이 사이 갈등을 해결하는 데도 이 방법을 적용할 수 있다고 생각한 사람은 많지 않았던 것 같다.

부부는 흔히 문제를 함께 의논해서 갈등을 해소하고, 사업을 같이하는 사람들도 그렇게 한다. 노조와 사측도 상호 교섭으로 갈등을 해결하고, 이혼할 때 재산 분배도 대개는 두 사람이 합의하여 정한다. 아이들조차도 합의나 약속으로 갈등을 푼다("네가 이렇게 한다면 나도 좋아"). 기업체에서도 의사 결정에 참여를 유도하는 방식으로 갈등을 해소하는 방법을 경영진에게 교육한다.

물론 무패 방법이 부모와 아이의 관계를 한 번에 개선해 줄 지름길이나 만병통치약은 아니다. 이 방법을 쓰려면 부모가 아이들을 대하는 태도를 근본적으로 바꾸어야 한다. 가정에서 이를 실행에 옮기기까지는 많은 시간이 필요하고, 먼저 비판하지 않고 듣는 방법과 기분을 솔직하게 전달하는 기술을 익혀야만 쓸 수 있다. 그래서 무패 방법은 책의 뒷부분에서 상세히 설명해 두었다.

무패 방법이 별로 중요하지 않기 때문에 뒤로 미루어 놓은 것은 아니다. 오히려 갈등을 효과적으로 조정해서 가정의 질서를 잡는 이 방법이 P.E.T. 교육의 핵심이자 정수라고 할 수 있다. 다시 말해 효과적인 부모 역할 훈련의 핵심 기술이다. 시간을 들여 이 방식을 익히고 '힘겨루기 방법' 대신에 이 방법을 정성스럽게 실천하다 보면 기대 이상의 성과를 거두는 보람이 있을 것이다.

2

부모도 감정을 지닌 사람이다

사람들이 아이를 갖고 부모가 되면 이상하고도 안타까운 일이 발생한다. 마치 자기가 사람이라는 것을 잊은 듯이 다른 역할을 맡아 연기하기 시작하는 것이다. 이제 '부모'라는 성스러운 영역에 들어섰으니 그 역할을 떠맡아야 한다고 생각한다. 그래서 '부모란 마땅히 이래야 한다'고 생각하는 방식으로 행동하려 애쓴다. 그냥 보통 '사람'이었던 사람들이 하루아침에 '부모'로 변신하려 드는 셈이다.

이러한 변화가 안타깝다고 말한 까닭은, 그러다 보면 자기들도 결함이 있고 한계가 있고 감정이 있는 인간이라는 사실을 잊게 될 때가 많기 때문이다. 많은 사람이 부모가 되면서 자기가 시시각각 달라지는 감정을 가질 수 있는 사람이라는 사실을 잊는다. 이제 부모가 되었으니 보통 사람보다 더 나은 사람이 되어야 할 책임이 있다고 느끼기 때문이다.

이런 책임감은 갓 부모가 된 사람들에게 중압감으로 다가 온다. 부모는 늘 감정에 흔들려서도 안 되고, 언제나 변함없이 아이를 사랑해야 하며, 조건 없이 아이를 받아들이고 용인하고, 자신의 이기적인 욕구는 억누르고 아이를 위해 희생해야 하며, 늘 공정해야 하고, 무엇보다도 자신의 부모들이 저질렀던 실수를 되풀이해서는 안 된다고 생각한다.

부모들이 왜 그렇게 생각하는지 이해는 간다. 존경스럽기까지 하다. 그렇지만 이런 태도의 결과는 그다지 좋지 않다. 자신이 인간임을 망각하는 것이 부모가 되면서 저지르는 첫 번째 중대 실수일 때가 많다. 좋은 부모는 자신도 한 사람의 인간임을 받아들인다. 아이들은 부모에게서 이런 실재감이나 인간적인 면을 느끼면 좋아하고 이렇게 말한다. "우리 아빠는 가식적이지 않아." "우리 엄마는 좋은 사람이야." 아이가 자라 청소년이 되면 이렇게 말하기도 한다. "우리 부모님은 꼭 친구 같아. 쿨해. 다른 사람처럼 단점도 있지만, 지금 그대로도 좋은 분들이야."

아이들이 하는 말이 무슨 뜻일까? 부모가 신이 아니라 사람이기를 아이들이 바란다는 것은 분명하다. 아이들은 부모가 자기가 아닌 다른 무엇인 척하면서 연기하지 않기를 바란다.

어떻게 하면 부모가 아이에게 '사람'일 수 있을까? 어떻게 아이에게 진짜라는 느낌을 줄까? 이 장에서는 부모 역할을 제대로 하기 위해 인간이 아닌 척할 필요는 전혀 없음을 이야기하려 한다. 아이를 보며 긍정적 감정뿐 아니라 부정적 감정도 느낄 수 있는 인간임을 받아들여도 된다. 반드시 일관성이 있어야 하는 것도 아니다. 솔직히 그렇게 느끼지 않을 때도 아이를 사랑하고 포용하는 척 꾸밀 필요가 없다. 모든 아이를 똑같이 사랑하고 포용할 필요도 없다. 또 부부가 아이들을 대할 때 반드시 공동 전선을 취해야 하는 것도 아니다. 그렇지만 자신의 지금 감정이 어떤지 아는 것은 중요하다. 이제 그림을 보면서 여러 다른 상황에서 왜 다양한 감정을 갖는지를 이해하고 자신의 감정을 직시해 보자.

수용이란 무엇인가

부모는 아이의 행동을 받아들일 수 있을 때가 있고 없을 때가 있다. 부모가 인간이기 때문에 두 가지 상반된 감정을 느끼는 것이다. 여기에서 '행동'은 아이가 하는 말이나 행동만을 가리킨다. 그 행동에 대한 부모의 평가는 빼고 생각해 보자. 예를 들어, 아이가 바닥에 옷을 늘어놓는 것은 행동이다. 그걸 '너저분하다'라고 부르는 것은 평가다. 아이가 할 수 있는 모든 행동을 사각형 안에 넣고 이것을 '행동의 창'이라고 부르자.

아이가 할 수 있는
모든 행동

당연하지만 부모는 아이의 행동 가운데 일부는 수용할 수 있고 일부는 그럴 수 없다. 사각형을 둘로 나누어서 이 차이를 표현해 보자. 사각형 위쪽에는 수용할 수 있는 행동을, 아래쪽에는 그렇지 않은 행동을 넣는다.

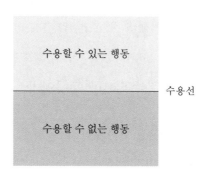

아이가 토요일 오전에 텔레비전을 보고 있는데, 그동안 부모가 마음 편히 집안일을 할 수 있다면 그 행동은 수용할 수 있는 행동일 것이다. 그렇지만 아이가 텔레비전 소리를 지나치게 크게 틀어 놓아 혼이 나갈 지경이라면 수용할 수 없는 행동이 된다. 이 둘을 나누는 경계는 사람마다 다르다. 아이가 하는 행동 가운데 받아들일 수 없는 행동이 거의 없다고 느끼고 아이에게 거의 늘 온화하고 너그러운 감정을 느끼는 부모도 있을 것이다. 한편 아이가 하는 행동 가운데 받아들이기 힘든 행동이 많다고 느끼고 아이에게 따뜻하고 너그러운 감정을 좀처럼 느끼지 못하는 부모도 있을 수 있다.

부모가 얼마나 수용적이냐는 부모의 성격과도 일부 관련이 있다. 아이의 많은 행동을 받아들일 포용력이 있는 부모는

수용할 수 있는 행동	
수용할 수 없는 행동	

상대적으로 '너그러운' 부모　　　상대적으로 '너그럽지 않은' 부모

대개 다른 사람에게도 비슷하게 너그럽다. 이런 사람들은 정서적 안정성, 관대함, 자신에 대한 긍정적인 생각, 주변의 영향을 받지 않는 내적 자신감 같은 성격적 특징을 가진 사람이라고 할 수 있다. 주변에서 이런 사람을 본 적이 있을 것이다. 이런 사람을 만나면 기분이 좋고 스스럼없이 마음을 터놓을 수 있다.

　수용적이지 않은 부모는 다른 사람들에게도 마찬가지로 너그럽지 않을 수 있다. 다른 사람 행동도 많은 부분 못마땅하게 느낀다. 이런 부모가 아이를 대하는 모습을 보면 별문제 없어 보이는 행동을 왜 용납하지 못하는지 의아할 때가 있다. "애좀 그냥 내버려 둬요. 애들이 다 그렇지 뭐" 하고 말리고 싶어질 정도다. 이런 사람들은 아이뿐 아니라 다른 사람들에게도 까다롭다. 어떻게 행동해야 하는지, 무엇이 옳은지 그른지에 매우 확고하고 엄격한 기준을 가진 사람이다. 옆에 있다 보면 내가 뭘 잘못하는 건 아닌가 하는 생각이 들어 어쩐지 불편해진다.

　수용할 수 있는 행동과 그렇지 않은 행동을 가르는 경계의 위치는 부모 성격에 따라 달라질 수 있지만, 아이에 따라서

도 달라질 수 있다. 많이 봐주기가 힘든 아이들도 분명 있다. 지나치게 공격적이고 가만히 있지 않고 바람직하지 않은 특질을 보이는 아이가 그렇다. 잠을 잘 자지 않는 아이, 잘 울고 보채는 아이도 부모에게는 힘든 아이다.

부모를 대상으로 쓴 책이나 블로그 포스트, 기사 등에서 부모는 모든 아이들을 균등한 정도로 받아 주어야 한다고 조언하는 것을 흔히 보지만 옳은 말이 아니다. 옳지 않을 뿐 아니라 아이들을 똑같이 대하지 못하는 부모에게 죄책감을 안긴다는 문제도 있다. 누구든 살면서 사람을 만날 때 마음에 드는 사람도 있고 안 드는 사람도 있지 않나? 왜 아이에게는 그러면 안 된다고 하는 것인가?

아이마다 수용의 정도가 달라질 수 있다는 사실을 그림으로 나타내면 다음과 같다.

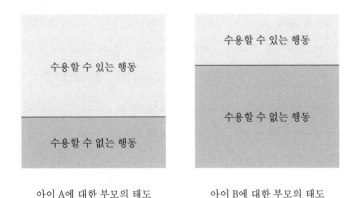

| 아이 A에 대한 부모의 태도 | 아이 B에 대한 부모의 태도 |

아들보다 딸에게 더 수용적인 부모도 있고 그 반대의 경우도 있을 수 있다. 활동적인 아이가 더 힘들다는 부모도 있다.

호기심이 많아서 여기저기 쑤시고 다니기를 좋아하는 아이를 버거워하는 부모도 있다. 내가 아는 아이 가운데도 어쩐지 너무 귀엽고 사랑스러워서 무슨 짓을 해도 다 받아 줄 수 있을 것 같은 아이가 있었다. 그런가 하면 안타깝게도 옆에 있기만 해도 짜증이 나고 어떤 행동을 하든 곱잖게 보이는 아이도 있었다.

또 한 가지 중요한 사실은 수용과 불용을 나누는 경계는 고정되어 있지 않고 움직인다는 것이다. 부모의 지금 기분 상태가 어떠한지, 아이와 부모가 지금 어떤 상황에 있는지에 따라서도 달라질 수 있다.

부모가 기운이 넘치고 기분이 좋을 때는 아이가 하는 행동도 더 많이 수용할 수 있다. 기분이 좋을 때는 아이가 어떤 행동을 하든 별로 거슬리지 않는다. 반면 부모가 잠을 못 자서 피곤하거나 몸이 안 좋거나 뭔가 기분 상하는 일이 있을 때는 아이가 하는 행동이 많이 거슬릴 것이다.

이런 차이를 그림으로 표현할 수 있다.

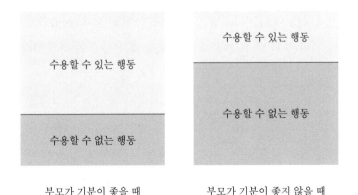

부모가 기분이 좋을 때   부모가 기분이 좋지 않을 때

상황에 따라서도 부모가 수용하는 정도가 달라질 수 있다. 가족이 함께 친구 집을 방문했을 때는 평소 집에 있을 때보다 아이의 행동을 더 제약하게 된다. 또 조부모가 집에 찾아왔을 때 부모는 아이에게 갑자기 엄격해질 수 있다. 그래서 아이는 평소에 식탁에서 아무렇지도 않게 하던 행동을 손님이 왔을 때 했다가 식사 예절에 어긋난다고 야단을 맞고 당황하기도 한다.

이런 차이를 그림으로 표현하면 다음과 같다.

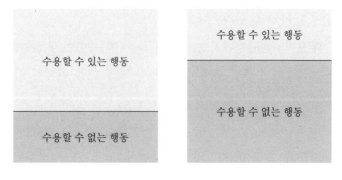

가족끼리 식사할 때 식사 예절   손님이 왔을 때 식사 예절

여기에 더해, 부모 양쪽의 견해 차이로 더욱 복잡해진다. 어느 집이든 한쪽 부모가 다른 쪽보다 더 관대하기 마련이다.

활달한 5살 남자아이 잭이 거실에서 형에게 축구공을 던진다. 엄마는 잭이 거실에 있는 물건을 망가뜨릴까 봐 겁이 나서 화를 낸다. 하지만 아빠는 이 행동을 용인할 뿐 아니라 심지어 자랑스럽게 이렇게 말한다. "잭 좀 봐. 커서 농구 선수 되겠다. 패스하는 것 좀 봐!"

그뿐만 아니라 엄마 아빠의 기분 상태나 현재 상황에 따라 각 부모의 수용/불용의 경계도 위아래로 움직인다. 그러므로 부모는 아이가 똑같은 행동을 하더라도 상황에 따라 다르게 느낄 수밖에 없다.

아이를 언제나 일관되게 대할 수는 없다

그러니 부모는 늘 한결같지는 않을 것이다. 날마다 기분이 다르고 각각의 아이들에게 느끼는 감정도 다르고 상황도 다른데 어떻게 늘 똑같을 수가 있겠는가? 따라서 부모마다 수용할 수 있는 행동과 그렇지 않은 행동을 나누는 경계는 계속 오르락내리락한다.

늘 일관성을 유지하려고 하다 보면 진심으로 행동할 수가 없다. 부모는 어떤 상황에서든 아이를 일관되게 대해야 한다는 것이 오래전부터 정설이었다. 하지만 이는 사실 아이들은 저마다 다르고 부모도 저마다 다른 인간이고 상황도 시시각각 다르다는 사실을 염두에 두지 않은 주장이다. 게다가 이 말을 따

르려고 하다 보면 부모는 언제나 감정 기복이 없는 사람인 척 연기를 해야 한다는 문제가 있다.

부모 양쪽이 아이에게 같은 태도를 보일 필요는 없다

아이에게 일관성을 유지해야 한다고 하니까 엄마와 아빠가 언제나 같은 감정으로 아이에 대해 같은 입장에서 공동 전선을 형성해야 한다고들 생각하는데 이건 정말 말도 안 되는 이야기다. 그런데도 이 생각은 육아 분야에서 불변의 진리로 받아들여진다. 이 낡은 관점에 따르면 부모는 언제나 서로의 생각을 뒷받침해 주어서 아이가 자신의 어떤 행동에 부모 둘 다 같은 입장이라고 생각하게 해야 한다고 한다.

아이 하나를 두고 어른 둘이 연대해서 대항한다니 불공평하기도 하지만, 그보다도 부모 한쪽이 '진실하지 못한' 태도를 보여야 할 때가 있어서 더 문제다.

엄마 기준에는 16살 딸아이 방 상태가 늘 못마땅하다. 딸의 방 정리 습관은 엄마에게는 받아들이지 못하는 영역에 속한다. 하지만 아빠는 그 정도면 됐다고 생각한다. 아빠에게 아이의 이 행동은 수용 범위 안에 있다. 하지만 엄마는 공동 대응을 해야 아이가 말을 더 잘 들을 거라며 남편에게 자기 생각에 동조하라고 한다. 아빠가 아이 엄마 생각을 따른다면 자신의 실제 감정을 저버리는 셈이다.

6살짜리 아이가 게임을 하면서 어찌나 시끄럽게 하는지 아빠가 참지 못할 지경이 된다. 엄마는 전혀 개의치 않는다. 실은 자기한테 매달리는 대신 혼자 놀고 있어 다행이라고 생각하기 때문이다. 아빠가 엄마에게 이렇게 말한다. "제발 저 시끄러운 소리 좀 멈추게 할 수 없어?" 엄마가 아빠가 하라는 대로 한다면 자기 진짜 감정을 거스르는 셈이다.

거짓 수용

아이가 하는 모든 행동을 다 수용할 수 있는 부모는 없다. 아이의 행동 가운데 일부는 '수용할 수 없는' 영역에 속할 수밖에 없다. 사각형에서 두 영역 사이의 경계가 매우 아래쪽으로 내려가 있을 수는 있지만 그래도 '무조건 전부 받아들이는' 부모는 없을 것이다. 아이들 행동을 대부분 수용하는 부모도 때로는 속마음은 그렇지 않은데 '좋은 부모' 역을 연기할 때가 있다. 수용 일부는 거짓이라는 말이다. 겉으로는 용인하는 것처럼 하지만 마음으로는 아닌 것이다.

5살 아이가 밤이 늦었는데도 자지 않아 엄마가 짜증이 났다고 해 보자. 이 엄마도 무언가 하고 싶은 일이 있을 것이다. 예를 들어 아이에게 시간을 빼앗기지 않고 책을 읽었으면 하고 바란다. 또 아이가 잠을 충분히 못 자면 다음 날 짜증을 부리거나 컨디션이 나빠져 감기에 걸릴 수 있어 걱정도 된다. 하지만 이 엄마는 '허용적' 육아를 하기로 한 터라, 아이를 억지로 자게 하기를 주저한다. 이때 행동이 '거짓 수용'이다. 엄마는 아이가 잠을 안 자는 것을 수용하는 듯하지만, 마음으로는 전혀 그렇지 않다. 속으로는 짜증이 나거나 화가 날 수도 있고, 자기 욕구를 채우지 못했기 때문에 분명 속상하기도 할 것이다.

　부모가 거짓으로 수용할 때 아이들은 어떤 영향을 받을까? 아이들은 부모의 태도와 감정을 놀라울 정도로 예민하게 포착한다. 아이들은 부모의 '비언어적' 메시지를 의식적으로 또는 무의식적으로 포착하고 부모의 솔직한 감정을 귀신같이 알아챈다. 부모가 속으로 짜증이 났다면 얼굴이 일그러지거나 눈썹이 올라가거나 목소리가 달라지거나 자세가 달라지거나 표정이 굳어지는 등 미묘한 변화로 어떻게든 드러날 수밖에 없다. 아주 어린아이도 이런 기미를 알아차리고 경험을 통해 부모가 실제로는 자신의 행동을 수용하고 있지 않음을 안다. 결과적으로 아이는 부모가 자기를 못마땅해한다고 느끼고 그 순간 부모가 자기를 좋아하지 않는다는 느낌을 받는다.

　부모가 실제로는 수용하지 않으면서도 수용하는 것처럼 행동할 때 어떤 일이 일어날까? 아이는 부모의 몸짓으로 전달되는 메시지도 받아들이기 때문에 혼란스럽다. 서로 모순되는 메시지를 동시에 받기 때문이다. 엄마가 말로는 늦게까지 자지 않아도 괜찮다고 해도 비언어적 메시지를 보면 못마땅해하는 것도 같다면 아이로서는 어떻게 해야 할지 난감하다. 자고 싶지는 않은데 사랑도 받고 싶다. 안 자고 있어도 엄마는 괜찮다는 것 같은데 엄마 얼굴은 굳어 있다. 어떻게 하란 말인가?

아이들은 이런 난감한 상황에 부딪히면 심리적으로 부정적인 영향을 받는다. 누군가에게 상충하는 의미가 뒤섞인 메시지를 받고 난처하고 불편했던 경험은 누구나 있을 것이다. 친구한테 담배를 피워도 괜찮겠냐고 물었다고 해 보자. 친구가 "괜찮아"라고 대답해서 담배에 불을 붙였는데 친구 눈빛과 표정이 실상은 매우 불쾌하다는 신호를 보낸다. 이럴 때는 어떻게 하는가? "정말 괜찮은 거 맞아?"라고 다시 물을 수도 있고 아니면 뚱한 기분으로 바로 담뱃불을 끌 수도 있다. 아니면 친구 기분이 어떻든 모른 척하고 계속 피울 수도 있다.

아이들도 솔직하지 않아 보이는 수용을 마주하면 이와 비슷한 딜레마를 느낀다. 이런 상황이 자주 되풀이되면 아이는 사랑받지 못하고 있다고 느낄 수 있다. 그래서 자꾸 부모의 사랑을 확인하려 들고 마음속 불안감이 커진다.

나는 아이들이 가장 대하기 어려워하는 부모는, 다정하게 말하고 허용적이고 잔소리도 안 하고 뭐든 수용하는 듯 행동하면서 실제로는 수용하지 않는 감정을 은연중에 드러내는 부모라고 생각한다.

거짓 수용은 심각한 부작용을 가져오거나 장기적으로는 아이와 부모의 관계를 오히려 악화시킬 수 있다. 아이는 헷갈리는 메시지를 받으면 부모가 정말 솔직하게 자기를 대하는지 의심한다. 부모의 말과 실제 감정이 달랐던 경험이 쌓이면 결국에는 부모를 믿을 수 없게 된다. 십대 아이들이 이런 말로 생각을 털어놓는 것을 들은 적이 있다.

"우리 엄마는 위선적이에요. 진짜 다정한 척하는데 속은 안 그래요."

"내가 몇 시에 들어오든 아빠가 간섭 안 하시겠다는 줄 알았거든요. 그런데 어느 날 좀 늦게 들어갔더니 다음 날 저한테 말을 안 거시더라고요."

"우리 부모님은 아주 관대해서 뭘 하든 그냥 내버려 두세요. 그래도 부모님이 뭘 못마땅해하는지는 알 수 있죠."

"코걸이를 하고 식탁에 밥 먹으러 가면 엄마는 역겹다는 표정을 지어요. 뭐라고 말은 안 하지만요."

아이들이 이렇게 느낀다면 부모가 진짜 감정을 숨기지 못하고 드러냈다는 말이다. 사실 부모와 자식의 관계처럼 오래되고 친밀한 관계에서 감정을 숨기기는 거의 불가능하다.

그러니까 허용적으로 아이를 기르려는 부모가 자기 본심보다 더 많이 수용하려고 애쓰다 보면 오히려 아이와 관계를 해치고 아이 마음에 상처마저 입힐 수 있다는 말이다. 따라서 실제 감정 이상으로 수용 범위를 인위적으로 넓히려고 하면 안 된다. 마음에 들지 않을 때는 마음에 드는 척 가장하지 말아야 한다.

아이가 마음에 안 드는 게 아니라
아이의 행동이 마음에 안 든다고 하면 어떨까?

이런 생각이 어디에서 시작되었는지는 모르겠지만, '아이가 마음에 안 드는 것이 아니라 아이의 행동이 마음에 안 드는 것'이라는 개념을 솔깃하게 느끼는 사람이 많다. 허용적으로 아이를 키우고는 싶으나 솔직히 아이의 행동이 마음에 안 들 때도 있다고 느끼는 부모들이 특히 이런 말을 자주 한다. 하지만 이런 생각 역시 진실에서 멀어지게 하므로 옳지 않고 위험하다. 아이가 하는 행동이 영 마음에 안 들 때 죄책감을 덜 느끼게 해주는 역할은 할지 모르겠으나, 부모와 아이 사이를 망치는 생각이다.

이런 생각은 부모가 권위로 아이의 행동을 제한해도 된다는 생각으로 이어진다. 부모가 자기를 거부하는 것이 아니라 자기 행동을 거부하는 것일 뿐임을 아이가 이해하도록 만들기만 하면, 아이를 통제하고 제약하고 금지하고 요구하고 거부해도 된다는 뜻으로 생각하는 것이다. 그러나 여기에는 오류가 있다.

아이가 하는 행동이나 말을 받아들일 수가 없는데 어떻게 아이는 받아들일 수 있다는 말인가? 여기서 말하는 '아이'가 지금 특정한 순간에 특정한 행동을 하는 그 아이가 아니라면 대체 다른 어떤 아이를 가리킨단 말인가? 부모가 받아들일 수 있다든가 없다든가 하는 감정을 느끼는 아이는 어떤 행동을 하는 바로 그 아이지 다른 추상적인 '아이'일 수 없다.

아이 관점에서 보면 그 두 가지가 다른 것일 수 없다고 나는 확신한다. 아이가 더러운 신발을 새 소파 위에 올리는 것을 엄마가 못마땅하게 여긴다고 느꼈다고 해 보자. 그때 아이가 엄마는 자기 행동을 싫어할지라도 인간으로서 자신은 덮어놓고 포용한다는 고난도 추론을 할 것 같지는 않다. 아이는 분명 자기가 지금 한 행동 때문에 엄마가 자기를 못마땅하게 여긴다고 느낄 것이다.

어떤 상황에서 어떤 행동을 하는 아이를 받아들일 수 없다고 진실하게 인정하는 편이 최선이다. 그러면 아이가 부모를 숨김없고 솔직한 사람으로 생각할 것이다.

또 아이에게 "너한테는 유감이 없지만 네 행동은 멈췄으면 좋겠다"라고 말한다면 애써 권위를 행사했어도 아이의 행동이 달라지지 않을 가능성이 크다. 부모가 어떤 설명을 곁들이든 아이는 무언가를 못 하게 하거나 제한하고 금지하면 싫어한다. 제지당하면 아이는 저항하고 대들고 거짓말을 하고 화를 내는 식으로 반격할 가능성이 크다. 앞으로 살펴보겠지만 받아들이기 힘든 아이의 행동을 바로잡을 때 부모의 권위를 이용해서 제한하는 것보다 훨씬 더 효과적인 방법이 있다.

부모도 인간이라는 말의 뜻

앞서 사각형 그림을 통해 부모도 감정이 있는 존재고 상황에 따라 감정이 바뀔 수 있음을 살펴보았다. 어떤 부모라도 마음에 드는 아이의 어떤 부분이 있고 그렇지 않은 부분도 있을 것이다. 또 같은 행동이라고 해도 때에 따라 다르게 느껴지기 때문에 다른 태도로 대할 수 있다. 부모는 솔직한 감정을 감출 수도 없지만 감추려고 해서도 안 된다. 엄마와 아빠가 아이의 특정 행동을 두고 다르게 생각할 수 있다는 사실 역시 받아들여야 한다. 또 자기 아이들 각각에 대해 받아들이거나 받아들이지 않는 정도가 다를 수 있다는 것도 알아야 한다.

다시 말하자면 부모는 신이 아니라 사람이다. 무조건 받아들이는 척할 필요도 없고 일관성을 지킬 필요도 없다. 실제로는 받아들이지 못하겠는데 용인하는 척해서도 안 된다. 아이들은 물론 부모가 자기를 받아 주기를 바라지만, 부모가 자기감정을 솔직하고 뚜렷하게 전달하면 부모의 못마땅해하는 감정에 대처하는 방법을 익히게 된다. 그래야 아이는 상황에 쉽게 대응하고, 부모를 진짜 사람으로 생각하며, 솔직하고 인간적인 관계를 만들어 가고 싶은 상대로 인식한다.

누가 해결해야 할 문제인가?

누가 해결할 문제인지를 정하는 것은 P.E.T. 모델의 핵심 개념 가운데 하나다. 이 원칙의 중요성은 아무리 강조해도 모자랄 정도다. 정말 많은 부모가 아이 스스로 문제를 해결하도록 북돋는 대신 자기가 아이의 문제를 떠맡는 실수를 저지르기 때문이다. P.E.T. 과정을 듣는 부모들은 이런 말을 자주 한다.

"P.E.T. 교육에서 가장 중요한 부분이 누가 문제를 해결할지를 구분하는 일이었어요. 그게 저에게는 정말 큰 의미가 있었어요. 문제는 아이의 것이므로 내가 떠맡을 필요가 없다는 걸 깨달았을 때의 충격이란. 수년간 짊어지고 있던 짐을 벗어 버린 것 같았어요."

"내가 모든 사람의 문제를 다 해결할 필요가 없다는 것을 알고 나니 얼마나 마음이 편해지던지요."

문제를 해결할 사람을 구분하는 원칙을 익히고 나면 아이를 대하는 태도에도 변화가 생긴다. 앞에서 살펴보았던 '수용할 수 있는 행동'과 '수용할 수 없는 행동'을 나타내는 그림으로 이 개념을 다시 확인해 보자. 오른쪽 그림처럼 사각형을 더 세분할 수 있다.

아이의 문제일 때

오른쪽 그림의 위쪽에는 아이가 느끼는 문제가 있다. 아이의 욕구가 충족되지 않았다거나 아이가 행복하지 않다거나 속상하다거나 힘든 일이 있다거나 하는 문제다. 예를 들면,

- ▸ 친구가 자기를 싫다고 한다.
- ▸ 숙제가 너무 어렵다.
- ▸ 선생님이 싫다.
- ▸ 몸무게가 너무 많이 나가서 고민이다.

이 문제들은 부모의 삶과 무관하게 아이가 자기 삶에서 겪는 문제이므로 아이에게 속한다. 하지만 아이에게 문제가 생기면 부모는 자기가 개입해서 해결하고 싶은 생각이 들 때가 많다. 부모는 아이의 문제를 자기 책임으로 생각하고 해결하지 못할 때는 자책한다. 그러나 P.E.T.에서는 부모가 아이를 다른 방식으로 돕게 한다. 아이가 문제를 자기 것으로 인식하고 스스로 해결하게 하는 것이다. 단순하게 말했지만, 자세히 들여다보면 이런 이야기다.

1 아이들은 살아가면서 다양한 문제에 부딪힐 수밖에 없다.
2 아이들에게는 문제를 해결하는 놀라울 정도로 뛰어난 능력이 있지만 아직 충분히 활용하지 못하고 있다.
3 부모가 해결책을 만들어 제시하면 아이들은 부모에게 의존하게 되고 스스로 문제를 해결하는 기술을 익히지 못한다. 그러면 문제가 생길 때마다 부모한테 달려올 것이다.
4 부모가 아이의 문제를 자기 문제로 생각하고 해결책을 찾을 책임을 떠맡는다면 부모에게 엄청난 부담이 될 뿐 아니라 불가능한 일을 떠안는 셈이다. 다른 사람의 개인적 문제에 늘 알맞은 해결책을 도출하기란 불가능하다.

5 부모는 아이 문제를 떠맡는 대신 촉매 역할이나 조력자 역할을 해서 아이가 스스로 문제를 풀게끔 도울 수 있다.

6 때로는 아이가 문제를 해결하는 데 도움이 필요할 때도 있지만, 멀리 보면 역설적으로 돕지 않는 것이 가장 효과적인 도움이라는 것을 알 수 있다. 더 정확히 말하면 돕지 않는 것이 아이가 스스로 문제를 해결하려는 책임을 지도록 돕는 방법이다. P.E.T.에서는 이것을 '듣기 기술'이라고 부른다.

부모와 아이 사이에 아무 문제가 없을 때

그림의 두 번째 영역은 아이가 하는 행동 가운데 부모나 아이 어느 쪽에도 문제가 되지 않는 부분을 가리킨다. 부모는 아이의 행동을 받아들일 수 있고 아이도 아무 문제를 느끼지 않는다. 아이와 부모 모두 문제없이 함께 놀고 이야기하고 일하고 나누는 즐거운 순간이다. P.E.T.의 목표는 문제없는 이 영역을 최대한 넓히는 것이다. 그러기 위해서 '속마음 털어놓기'와 '듣기 기술'을 활용한다.

부모의 문제일 때

사각형의 세 번째 칸에 속하는 행동은 부모의 권리를 침해하거나 욕구를 충족시키지 못하게 방해해서 부모가 받아들일 수 없는 아이의 행동이다. 예를 들면,

▶ 부모가 급할 때 아이가 늦장을 부린다.

▸ 미리 전화도 없이 저녁 식사 때 맞춰 집에 오지 않는다.

▸ 부모가 중요한 이야기를 하려고 하는데 아이가 휴대전화만 들여다본다.

이러한 행동으로 인해 문제를 겪는 것은 부모다. 이럴 때는 다른 기술을 써야 한다. 받아들일 수 없는 아이의 행동을 바꾸는 데 효과적인 방법을 P.E.T.에서는 '대면 기술'이라고 부른다.

부모가 문제를 겪는다면 아이에게 이렇게 말해야 한다. "문제가 있는데 좀 도와주겠니?" 그러니까 아이에게 문제가 있을 때 "너한테 문제가 있는 것 같구나. 도와줄까?"라고 묻는 방식과는 완전히 다르게 접근해야 한다.

양쪽 모두의 문제일 때

어떤 관계에서든 갈등은 있을 수밖에 없고 갈등이 생기는 것이 당연하다. 부모와 아이가 아무 갈등 없이 살 수 있다는 생각은 비현실적이다.

사각형의 아래쪽에는 부모와 아이가 갈등을 일으킬 때가 들어간다. 둘 사이에 문제가 있을 때다. 예를 들면,

▸ 부모는 일해야 하는데, 아이가 자꾸 자다 말고 침대에서 나온다.

▸ 부모와 십대 자녀가 같은 날 차를 쓰려고 한다.

▸ 부모는 연휴에 친척 집에 가고 싶고 아이는 바닷가에 가고 싶다.

이렇게 갈등이 생겼을 때 어떻게 해결하느냐가 무척 중요하다. P.E.T.는 부모와 아이가 함께 고민해서 양쪽 다 받아들일 수 있는 해결책을 찾는 방법을 제공한다. 부모와 아이 사이에 갈등이 있을 때는 '머리를 모아 둘 다 만족할 방법을 찾아보자'는 자세를 갖추어야 한다. 이런 것을 '갈등 해결 기술'이라고 부른다.

지금까지 살펴본 것을 요약하자면 P.E.T.란 이런 것이다.

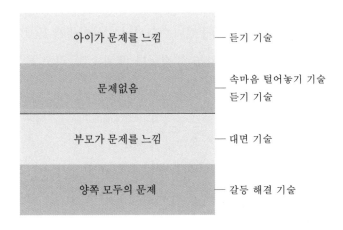

1 P.E.T.는 아이가 겪는 문제를 줄이는 데 효과적인 방법을 부모에게 알려 준다. (맨 위에 있는 사각형 크기를 줄인다.)

2 부모가 아이와 문제없이 지내게 하는 기술을 알려 준다. (두 번째 사각형 크기를 키운다.)

3 아이 때문에 부모가 겪는 문제를 줄이는 방법을 가르쳐 준다. (세 번째 사각형 크기를 줄인다.)

4 구체적인 문제 해결 기술과 갈등 해결 기술을 가르쳐 준다. (가장 아래에 있는 사각형 크기를 줄인다.)

아이와의 관계에서 일어나는 상황이 어떤 것인지 구분해서 적극적으로 귀를 기울일지, 대면할지, 문제 해결을 할지를 결정하는 것이 핵심이다. '이것은 누구의 문제인가?'라는 질문을 계속 던지는 습관을 기르면 좋다. 적극적 듣기, 나-메시지, 무패 갈등 해결 방법까지 이 기술들을 잘 적용하면 '문제 없음' 영역이 넓어져서 부모도 아이도 아무 문제를 느끼지 않고 하고 싶은 것을 하면서 같이 즐겁게 지내는 시간이 늘어날 것이다.

앞으로 이어질 3~5장에서는 듣기 기술을 집중적으로 살펴보자. 아이에게 문제가 있을 때 부모가 사용해야 하는 기술이다. 그다음에는 부모가 문제를 해결해야 할 때 필요한 대면 기술을 다루고, 이어 부모와 아이 사이를 문제없이 유지하는 데 필요한 자기표현 방법을 살피고, 마지막으로 문제 해결 기술과 갈등 해소 기술에 주목하려 한다.

3

어떻게 하면 아이가 입을 열까?
─ 수용 화법

15살 여자아이가 매주 하는 상담을 마치고 자리에서 일어나 상담실에서 나가려다 말고 나에게 이렇게 말했다.

"내 기분이 어떤지 말할 수 있어서 참 좋아요. 전에는 누구한테도 이런 감정을 얘기 못 했거든요. 부모님한테는 이렇게 말할 수가 없어요."

학교 성적이 좋지 않은 16살 아들을 둔 부모가 이렇게 물었던 때도 있다.

"우리 애가 속을 터놓게 하려면 어떻게 하죠? 대체 무슨 생각을 하는지 도통 모르겠어요. 뭔가 불만이 있는 건 알겠는데 뭔지는 전혀 모르겠어요."

친구 두 명과 같이 가출했다가 바로 붙들려서 나와 상담하게 된 똑똑하고 귀여운 13살 여자아이는 엄마와의 관계가 이렇다고 말했다.

"아주 사소한 얘기도 엄마랑은 할 수가 없어요. 학교 얘기도 그렇고. 시험을 망쳐서 엄마한테 시험을 잘 못 본 것 같다고 말하면 엄마는 '왜 못 봤는데?'라며 화를 내요. 그래서 거짓말을 하게 됐어요. 그러고 싶지 않았는데. 자꾸 거짓말하다 보니 이제는 거짓말하는 게 아무렇지도 않아졌어요. 이제는 엄마랑 말할 때 엄마나 내가 아닌 다른 사람들이 대화하는 것 같아요. 엄마도 나도 무슨 생각을 하는지 어떤 기분인지 솔직하게 말을 안 하니까요."

이렇게 아이가 부모와 대화의 창을 닫고 속내를 이야기하지 않게 되는 일이 드물지 않다. 아이는 부모랑 이야기해 보았자 도움도 안 되고 야단만 맞는다는 걸 경험으로 안다. 이렇게 되면 아이가 살면서 문제를 겪을 때 부모가 도움을 줄 기회가 사라진다.

왜 많은 아이가 부모를 도움을 청할 대상으로 생각하지 않게 될까? 왜 아이들은 자기 고민을 부모에게 더는 이야기하지 않는 걸까? 아이에게 도움이 되는 관계를 유지하지 못하는 부모가 왜 이렇게 많을까?

아이들이 부모보다 차라리 전문 상담사에게 이야기하는 것이 더 편하다고 느끼는 이유는 무엇일까? 전문 상담사는 부모와 어떤 점에서 다르길래 아이들에게 도움을 줄 수 있을까?

최근 심리학 분야에서 이런 질문들에 대한 답을 구했고, 연구와 임상 경험을 통해 효과적으로 도움을 주는 관계에 필수적인 요소가 무엇인지 알게 되었다. 그 가운데 가장 중요한 것은 '수용 화법'이다.

수용 화법의 힘

상대방을 진정으로 받아들인다는 느낌을 전달할 수 있는 사람은 다른 사람에게 도움을 줄 능력을 갖춘 사람이다. 상대방을 있는 그대로 받아들일 때, 성장하고 발전하고 변화하고 문제를 해결하며 정신적으로 건강하고 생산적이고 창의적이고 잠재력을 실현하는 사람으로 이끌어 가는 관계를 맺을 수 있기 때문이다. 참 단순하고도 아름다운 삶의 역설이다. 사람은 다른 사람이 자기를 진정으로 받아들인다고 느낄 때, 거기에서 더 나아가 성장하고 변화하고 다른 사람이 되어 더 많은 가능성을 실현하려 한다.

수용은 작은 씨앗 안에 깃든 꽃을 아름답게 피우게 해 주는 토양과 같다. 토양은 씨앗이 꽃이 되는 과정에서 촉매 역할만 한다. 다시 말해 원래 씨앗이 지니고 있던 성장 가능성을 발현시키는 역할만 한다. 씨앗처럼 아이들도 발전 가능성을 지니고 있다. 수용은 토양처럼 아이가 잠재력을 실현하도록 거드는 역할을 한다. 부모의 수용이 아이에게 이렇게 큰 영향을 미치는 까닭은 무엇일까? 사실 부모들은 아이를 있는 그대로 받아들이면 아이가 더 성장하지 않고 지금 상태로 정체되리라고 생각해서 수용이 중요하다는 말을 잘 받아들이지 못한다. 아이가 발전하게 하려면 아이에게 지금 모습이 마음에 들지 않는다고 말해야 한다고 생각하기 때문이다.

그래서 이게 최선이라고 생각하면서 '수용 불가'의 언어를 주로 사용하는 부모가 많다. 아이가 잘 자라길 바라는 마음으로 평가하고 비판하고 설교하고 가르치고 꾸지람하고 잔소리하면서 아이를 받아들이지 않는다는 메시지가 가득한 토양을 조성한다.

부모의 가치와 기준에 저항하기 시작한 13살 여자아이가 한 말이 떠오른다.

"부모님은 툭하면 저에게 못됐고 바보 같다고 하고 저를 믿을 수 없다고 해요. 그래서 부모님이 싫어하는 일을 더 많이 하게 돼요. 안 해도 어차피 욕먹으니까 그냥 하고 싶은 대로 하는 거죠."

이 아이는 영리하게도 '아이에게 너는 나쁜 아이라고 계속 말하면 아이는 말 그대로 나쁜 아이가 된다'라는 말을 이해하고 있었다. 아이들은 부모가 말하는 대로 될 때가 많다.

게다가 계속 이런 식으로 대화하면 아이는 부모에게서 멀어진다. 다시는 부모와 이야기하지 않으려고 한다. 자기감정과 고민은 마음에 담아 두고 혼자 간직하는 것이 더 편하다는 걸 알기 때문이다.

그러나 수용 화법을 사용하면 아이는 마음을 터놓고 감정과 고민을 거리낌 없이 털어놓는다. 전문 치료사나 상담사들이 이런 대화 방식이 얼마나 큰 효과가 있는지 보여 주었다. 상담사는 내담자를 진심으로 받아들인다는 느낌을 주어야 좋은 결과를 얻을 수 있다. 내담자가 상담을 받으면서 자기가 무슨 말을 하더라도 상담사가 비판하지 않고 받아 준다고 느끼면 아무에게도 하지 못하는 말까지도 털어놓을 수 있게 된다. 사람들이 상담 치료를 통해 변화하고 성장하는 데 가장 중요한 역할을 하는 요소가 바로 수용이다.

반대로 받아들이지 않는 방식의 대화를 하면 사람들은 대화의 문을 닫고 방어적 자세를 취하며, 생각을 털어놓거나 자기 내면을 들여다보는 일을 불편해한다.

P.E.T. 코스에서 부모들을 교육하면서 부모들도 전문가들이 사용하는 이 기술을 습득할 수 있음을 확인했다. 아이에게 부정적 메시지를 전하는 빈도를 획기적으로 줄이고 수용 화법의 기술을 놀라울 정도로 잘 사용하는 사람이 많았던 것이다.

아이를 마음 깊이 받아들인다는 사실을 아이에게 말로 전달할 수 있다면 막강한 효과를 발휘하는 도구를 얻은 셈이다. 그러면 아이가 자신을 긍정적으로 받아들이고 자신감을 가지게끔 영향을 줄 수 있다. 또 아이가 타고난 잠재력을 발현하게 도울 수 있다. 아이가 독립심을 기르고 스스로 길을 찾아가도록 거들 수 있다. 아이가 살면서 맞닥뜨리는 문제를 스스로 해결하고 아동기와 청소년기에 피할 수 없는 좌절이나 고통을 건강하게 극복할 힘을 줄 수 있다.

이렇게 여러 효과가 있지만, 무엇보다 중요한 점은 아이가 사랑받는다고 느낀다는 것이다. 다른 사람을 '있는 그대로' 받아들이는 것은 진정한 사랑에서 우러난 행동이다. 받아들여지면 사랑받는다고 느낀다. 심리학 분야에서도 '사랑받는 느낌'이 얼마나 큰 힘을 지녔는지에 새로이 주목하고 있다. 이것은 몸과 마음의 성장을 북돋우며, 심리적, 육체적 상처를 치유하는 데에도 강력한 치유 효과를 가진 약이다.

수용한다는 것을 적극적으로 보여 주어야 한다

부모가 아이를 받아들인다고 해서 아이가 언제나 그걸 느낄 수는 없다. 부모의 감정이 전달되지 않으면 아이에게 아무런 영향도 줄 수 없다. 그러므로 아이가 느끼도록 표현하는 법을 배워야 한다.

그러기 위해서는 특별한 기술이 필요한데, 안타깝게도 부모들은 대체로 수용을 정적(靜的)인 것으로 생각한다. 어떤 마음 상태나 태도, 감정 같은 것이라고만 생각하기 때문이다. 수용이 마음속 깊은 곳에서 나온다는 것은 사실이지만, 다른 사람을 감화시키려면 적극적으로 전달하고 표현해야 한다. 적극적으로 표현하지 않는데 어떻게 알겠는가?

상담 전문가는 내담자를 수용한다는 것을 보여 주어야만 내담자에게 도움을 줄 수 있으므로, 이런 태도를 대화 습관으로 드러내는 방법을 수년간 훈련하여 익힌다. 교육받고 다년간 경험하면서 수용을 전달하는 특별한 기술을 습득하고 어떤 말을 해야 도움이 될지도 익힌다.

대화로써 치료를 할 수도 있고 긍정적 변화를 일으킬 수도 있다. 그렇게 되려면 제대로 이야기하는 방법을 익혀야 한다. 부모도 마찬가지다. 아이에게 어떻게 말하느냐에 따라 도움이 될 수도 해가 될 수도 있다. 부모도 상담사처럼 아이를 받아들인다는 것을 전달할 수 있어야 하고 그러는 데 필요한 대화 기술을 습득해야 한다.

P.E.T. 수업에서 부모들은 의심스럽다는 듯이 이렇게 묻곤 한다. "저 같은 비전문가가 전문 상담사가 쓰는 기술을 익힐 수 있을까요?" 30년 전이라면 나도 부정적으로 대답했을 것이다. 하지만 여러 해 동안 부모들을 교육하면서 부모들도 이런 방법을 익혀 아이들에게 효과적으로 도움을 줄 수 있음을 확인했다. 이제는 좋은 상담사가 되기 위해 중요한 것은 심리학 지식이나 학식이 아니라는 걸 안다. 건설적인 방식으로 대화하는 법을 배우는 것이 무엇보다 중요하다.

심리학에서는 이것을 '대화 치료(Therapeutic Communication)'라고 부른다. 어떤 방식의 대화는 실제로 병을 낫게 하는 치료 효과가 있다는 의미다. 대화를 통해서 기분이 좋아지고 이야기할 용기가 나서 자기감정을 표현할 수 있게 되며 자존감을 회복하고 두려움이나 공포를 극복하고 성장하고 긍정적으로 변화할 수 있게 된다.

그런가 하면 치유 효과가 없거나 심지어는 파괴적인 대화도 있다. 이런 대화를 하다 보면 사람들은 비난받는다고 느끼고 죄책감을 느끼기도 한다. 솔직한 감정을 표현하기 어려워지고 위축되고 자신감과 자존감을 잃게 되고 그러다 보면 자

꾸 자기를 방어하게 되므로 발전하고 변화할 가능성이 가로막
힌다.

치유적 대화 기술을 직관적으로 타고난 부모들도 드물게
있지만, 대개는 먼저 자신의 좋지 않은 대화 습관을 벗어 버리
고 새로운 방식을 습득하는 과정을 밟아 나가야 한다. 그러려
면 먼저 부모들이 자신의 대화 습관을 분석하여 이것이 왜 해
로운지, 도움이 못 되는지 살펴보아야 한다. 그런 다음에 아이
와 대화하는 새로운 방법을 배워 보자.

비언어적 메시지로 수용을 전달하는 법

우리는 말을 통해서나 아니면 '비언어적 메시지'라는 것을 통
해 뜻을 전한다. 비언어적 메시지에는 몸짓, 자세, 표정 등이
포함된다. 손목을 아래로 꺾은 상태에서 위로 펴는 동작을 하
면 아이는 이 행동을 십중팔구 '저리 가' '꺼져' 또는 '귀찮게 하
지 마'로 받아들일 것이다. 손목을 편 상태에서 아래로 꺾는 동
작을 하면 '이리 와' '가까이 와' 또는 '네가 옆에 있었으면 좋겠
어'라고 생각할 것이다. 첫 번째 행동은 수용하지 않음을, 두
번째 행동은 수용을 표현한다.

간섭하지 않음으로써 수용을 표현하기

아이의 행동을 방해하지 않음으로써 수용을 표현할 수도 있다.
아이가 바닷가에서 모래성을 쌓고 있다고 해 보자. 아이가 혼
자 시행착오를 겪어 가며 자기가 원하는 모양의 성(아마도 부

모가 생각하는 모양하고는 다를 테고 부모에게는 성처럼 보이지 않을 수도 있다)을 짓도록 내버려 두고 부모는 떨어져서 무언가 다른 일을 한다면, 아이에게 수용의 메시지를 보내는 것이라 할 수 있다. 아이는 '나는 잘하고 있어' '모래성을 쌓는 내 행동은 괜찮아' '엄마가 지금 내가 하는 행동을 좋게 받아들여'라고 느낄 것이다.

아이가 무언가에 몰두해 있을 때 내버려 두는 것은 비언어적으로 수용·인정을 표현하는 방식이다. 방해하고 끼어들고 간섭하고 확인하는 행동이 아이에게는 수용하지 않는다는 의미로 느껴질 때가 얼마나 많은지 부모들은 모른다. 부모가 아이를 그냥 내버려 두지 못할 때가 너무 많다. 아이들 방에 불쑥 들어가거나 아이의 사적인 생각에 끼어드는 등 한시라도 아이와 떨어지지 않으려 하는 부모가 있다. 부모 자신의 불안감과 두려움 때문에 그럴 때가 많다.

부모는 아이가 배우기를 바란다("실제 성은 이렇게 생겼어"). 부모는 아이가 실수하는 것이 마음에 걸린다("그렇게 바다 가까이에 성을 지으면 파도에 무너질 텐데"). 또 부모는 아이의 성취를 자랑하고 싶다("우리 애가 만든 성 좀 봐"). 그리고 무엇이 옳은지 그른지에 대한 융통성 없는 어른의 기준을 아이에게 강요하려 한다("성을 방어하려면 둘레에 해자를 만들어야 해"). 아이에게 은근히 야심을 품는다("온종일 모래성만 만들면서 과연 뭘 배울까"). 또 다른 사람이 아이를 어떻게 생각할지 불필요하게 신경을 쓴다("이것보다 더 잘 만들 수 있을 텐데"). 그리고 아이에게 자기가 필요하다고 생각하고 싶다

("내가 도와줄까?").

따라서 아이가 무언가에 몰두하고 있을 때 가만두기만 해도 부모가 아이의 행동을 수용한다는 뜻을 뚜렷이 전할 수 있다. 그런데 부모들이 이런 '내버려 두기'를 못 할 때가 많다. 그냥 내버려 둔다는 것이 사실 말처럼 쉽지만은 않다.

우리 딸애가 고등학교 1학년 때 처음으로 파티를 열고 싶다고 했다. 내가 그날 즐겁게 놀 방법을 몇 가지 제안했는데 아이가 내 의견이 전혀 필요 없다고 해서 무척 섭섭했다. 나는 끼어들지 말라는 말을 듣고 울적하게 있다가 조금 회복되고 난 다음에야 '내가 너를 수용하지 않는다'는 비언어적 메시지를 아이에게 전달했다는 사실을 깨달았다. '너 혼자 준비할 수 있겠니?' '내 도움이 필요할 텐데.' '네가 잘할 수 있을까?' '그렇게 하면 안 돼.' '그러다 실수할라.' '파티를 망치면 안 되지.' 이런 생각들 말이다.

소극적 듣기로 수용을 표현하기

아무 말도 하지 않는 것으로도 수용을 표현할 수 있다. 침묵 혹은 '소극적 듣기' 역시 수용을 표현하는 뚜렷한 비언어적 메시지다. 그래서 전문 상담사들도 환자와 상담할 때 침묵을 자주 '사용'한다. 심리학자나 정신과 의사와 처음 상담을 한 사람들이 이런 말을 곧잘 한다. "선생님은 아무 말도 안 했어요. 내내 나만 말했어요." "나의 온갖 끔찍한 행동을 다 얘기했는데 눈도 끔쩍 안 하더라고요." "처음엔 아무 할 말이 없을 줄 알았는데 정신 차려 보니 나 혼자 한 시간 내내 떠들었더라고요."

자기의 말을 그냥 듣기만 하는 사람과 대화하기는 처음이라고 말하기도 한다. 상대방에게서 말없이 수용하는 느낌을 받는 것은 아주 기분 좋은 경험이다. 아무 말도 하지 않지만 실제로 무엇인가를 전달하는 셈이다. 학교에서 막 돌아온 중학생 딸과 부모의 대화를 예로 살펴보자.

아이 오늘 교감 선생님한테 내려갔었어.

부모 그래?

아이 응. 프랭크 선생님이 수업 시간에 너무 떠든다고 가라고 했어.

부모 그랬구나.

아이 그 꼰대 정말 너무 싫어. 수업 시간 내내 자기가 주말에 뭐 했고 자기 손자들이 어쩌고 하는 따분한 얘기밖에 안 하면서 우리보고 열심히 들으라니 말이 돼? 지루해 죽겠는데.

부모 으음.

아이 아무것도 안 하고 앉아 있으려니 미칠 지경이라니까. 그런데 멜라니랑 농담 좀 하고 떠들었다고 그러는 거야. 그 선생님 너무 싫어. 선생님이 싫어서 수업도 너무 싫어.

부모 (침묵)

아이 나도 좋은 선생님 시간에는 열심히 한다고. 그런데 프랭크 선생님 같은 선생님한테는 아무것도 배우고 싶지 않아. 왜 그런 선생님을 그냥 내버려 두지?

부모 (어깨를 으쓱한다.)

아이 참아야겠지. 좋은 선생님만 만날 수는 없으니까. 사실 좋은 선생님보다 이상한 선생님이 더 많아. 재미없는 선생님 수업이라고 열심히 안 하면 성적이 떨어져서 좋은 대학에 못 갈 테고 결국 나만 손해니까.

이 짧은 대화에서 침묵의 효과를 여실히 볼 수 있다. 부모가 소극적으로 아이의 말을 들어 주자 아이는 '교감실에 갔다 왔다'라는 최초의 사실 전달에 그치지 않고 대화를 발전시켜 나갔다. 아이는 자기가 왜 벌을 받았는지 말하며 선생님을 미워하는 감정을 털어놓았고, 싫은 선생님에게 계속 반항했을 때의 결과를 숙고해서 그런 행동이 자기에게 손해가 된다는 결론에 자기 힘으로 도달했다. 부모가 받아들여 준 짧은 순간에 아이 스스로 성장한 것이다. 부모는 아이가 감정을 쏟아 낼 수 있게 함으로써 스스로 문제 해결을 시작하게 했다. 아이는 잠정적 결론이긴 해도 문제를 해결하는 방법을 생각할 수 있었다.

부모의 침묵이 발전의 순간, 작은 성장과 변화의 계기를 가져온 셈이다. 부모가 다음과 같은 전형적인 말로 아이 행동을 받아들이지 않음을 전달해 아이 말을 막고 아이가 성장할 기회를 가로막았다면 얼마나 안타까운 일이겠는가.

"뭐라고? 교감 선생님한테 갔다고? 잘했다!"

"이제 정신 좀 차려라!"

"프랭크 선생님이 그렇게 나쁜 사람은 아니잖아?"

"힘들겠지만 좀 참아라."

"이런 선생님도 있고 저런 선생님도 있는데 네가 적응해야
하지 않겠니?"

이런 말 외에도 부모들이 이런 상황에서 흔히 하는 말은
아이를 받아들이지 않는다는 뜻을 전할 뿐 아니라 대화가 계
속 이어지는 것을 막고 아이 스스로 문제를 해결할 수 없게 만
든다. 아무 말도 하지 않는 것도 수용의 의미를 지닐 수 있다.
수용은 건설적인 성장과 긍정적 변화를 촉진한다.

언어적 메시지로 수용을 전달하는 법

하지만 아무 말 않고 있을 수 있는 시간은 그다지 길지 않다.
사람은 대화를 해야 한다. 당연히 부모와 아이도 친밀한 관계
를 유지하려면 서로 대화해야 한다.

대화는 반드시 해야 하지만, 대화한다는 사실보다는 어떻
게 대화하느냐가 더 중요하다. 부모와 아이 사이의 대화를 관
찰해 보면, 특히 아이의 말에 부모가 어떻게 반응하느냐를 보
면 부모와 아이의 관계에 대해 많은 부분을 알 수 있다. 평소에
아이 말에 어떻게 반응하는지가 특히 중요하므로 스스로 잘
점검해 보아야 한다.

P.E.T. 수업에서, 아이가 문제나 고민거리를 가지고 왔을
때 어떤 방식으로 대응하는지 부모들이 인식할 수 있게 하려

고 간단한 테스트를 해 보았다. 지금 여러분도 종이 한 장과 펜 하나만 준비하면 테스트를 해 볼 수 있다. 15살 된 아이가 어느 날 저녁 식탁에서 이렇게 말했다고 가정해 보자.

"학교 가기 싫어요. 어차피 아무 쓸모도 없는 것밖에 안 가르치잖아요. 난 대학 안 갈 건데. 꼭 대학 나와야 하는 거 아니잖아요. 대학 안 가고도 잘 살 수 있어요."

이런 말을 들었을 때 여러분이라면 어떻게 반응했을지 종이에 적어 보자. 실제로 자기 아이가 이렇게 말했다면 뭐라고 대꾸할지 상상해서 그대로 적는다.

다 했으면 다른 상황을 또 예로 들어 보자. 이번에는 8살 딸아이가 이렇게 말한다.

"내가 뭘 잘못했는지 모르겠어. 에마가 전에는 날 좋아했는데 이젠 싫대. 우리 집에 놀러 오지도 않고, 내가 개네 동네로 가도 개는 세라랑만 놀아. 둘이서 놀고 나는 그냥 옆에서 보고 있어야 해. 둘 다 너무 싫어."

딸아이가 이렇게 말한다면 어떻게 대답할지 또 적어 보자.
이번에는 11살 된 아이가 말하는 상황이다. 이 말에 뭐라고 대꾸할지 적어 보자.

"마당 청소하고 쓰레기 내다 버리는 게 왜 내 일이야? 마이

클은 그런 거 절대 안 한다는데. 불공평해! 애들한테 이렇게 일을 많이 시키는 집이 어디 있어! 이딴 거 하는 애는 나밖에 없어."

마지막 상황이다. 손님 2명과 이야기를 나누며 저녁 식사를 하는데 5살 아이가 부모가 자기에게 신경을 안 써서 화가 났다. 어른 넷이 오랜만에 만나서 옛정을 추억하며 즐겁게 대화하고 있는데 갑자기 아이가 이렇게 빽 소리를 지른다.

"엄마 아빠 바보야! 다 싫어!"

이번에도 마찬가지로, 이런 자극적인 메시지에 여러분이라면 어떻게 반응했을지 적어 보자.
여러분이 내놓은 다양한 반응을 몇몇 종류로 나눌 수 있다. 여러분이 종이에 적은 반응이 다음 범주 가운데 어디에 들어가는지 확인해 보자.

1. 명령, 지시
아이에게 어떻게 하라고 지시나 명령을 내린다.
"다른 부모들이 어떻게 하는지는 무슨 상관이야. 넌 마당 청소해야 해."
"엄마한테 그런 식으로 말하지 마!"
"가서 에마랑 세라랑 같이 놀아."
"불평 좀 그만해."

2. 경고, 주의, 위협

어떤 행동을 하면 어떤 결과가 뒤따를지 아이에게 말한다.

"그렇게 하면 후회할걸!"

"한 번만 더 그런 식으로 말하면 방에서 내쫓을 거야!"

"앞뒤 가려 가면서 행동해."

3. 권고, 훈계, 설교

어떻게 해야 한다고 아이에게 말한다.

"그렇게 하면 안 돼."

"이렇게 해야지……."

"어른들한테 버릇없이 말하면 안 된다."

4. 충고, 제안, 해결책 제시

문제를 해결하는 방법을 충고하거나 제안한다. 해결책을 제시한다.

"에마랑 세라 둘 다 우리 집으로 초대해서 놀면 어때?"

"대학 문제는 몇 년 더 있다가 결정하는 편이 좋겠다."

"선생님하고 의논해 보지 그러니?"

"다른 친구를 사귀면 되잖아."

5. 가르치기, 논리적으로 따지기

사실, 논증, 논리, 정보, 의견 등을 내세워 아이를 설득한다.

"대학에 가면 정말 좋은 경험을 많이 할 수 있어."

"서로 사이좋게 지내는 방법도 배워야 한단다."

"대학 졸업장이 있으면 사회에서 얼마나 유리한지 한번 따져 보자."

"가정에서 책임감을 익힌 아이들이 책임감 있는 어른으로 자라는 거야."

"이렇게 한번 생각해 보렴. 엄마 혼자 집안일을 다 할 수는 없잖니."

"내가 네 나이일 때는 너보다 두 배는 더 일을 많이 했어."

6. 비판, 비난, 반박

아이를 부정적으로 평가하거나 비판한다.

"바보 같은 생각이야."

"이런 철없는 소리를 하다니."

"그건 네 생각이 틀렸어."

"네 말에는 절대로 동의 못 하겠다."

7. 칭찬, 동의

긍정적으로 평가하거나 동의한다.

"내가 보기엔 예쁘기만 한데!"

"넌 충분히 더 잘할 수 있어."

"네 말이 맞아."

"나도 그렇게 생각해."

8. 매도, 조소, 모욕

아이에게 창피를 주고 아이를 규정하고 모욕한다.

"버릇없는 녀석 같으니."

"그래, 너 참 잘났구나."

"왜 이렇게 짐승처럼 굴어."

"아직도 아기구나."

9. 해석, 분석, 진단

아이가 왜 그런 말이나 행동을 하는지 분석해서 아이에게
말한다.

"에마한테 샘이 나는구나."

"엄마 속상하게 하려고 그런 말을 하는 거지?"

"너도 실제로는 그렇게 생각 안 하잖아."

"학교 성적이 안 나오니까 그런 생각을 하는 거 아냐?"

10. 격려, 동정, 달래기, 편들기

아이의 기분을 달래고 풀어 주기 위해 아이가 느끼는 감
정의 강도를 축소해 말한다.

"내일이 되면 생각이 달라질 거야."

"누구나 그런 일을 다 한 번씩 겪는단다."

"걱정하지 마, 잘될 거야."

"넌 머리가 좋으니까 잘할 거야."

"나도 그렇게 생각한 적이 있었어."

"맞아, 학교가 정말 지긋지긋할 때도 있지."

"다른 친구들하고는 잘 지내잖아. 걱정하지 마."

11. 탐문, 질문, 취조

이유, 동기, 원인을 찾아내려고 한다. 문제 해결에 도움이
될 정보를 캐낸다.

"언제부터 그런 생각이 들었어?"

"왜 학교가 싫어졌는데?"

"그 아이들이 왜 너랑 놀기 싫은지 얘기한 적 있니?"

"집안일을 얼마나 하는지 다른 애들하고는 얘기 안 해 봤
   어?"

"누가 그러든?"

"대학에 안 간다면 뭘 하고 싶은데?"

12. 한발 물러서기, 말 돌리기, 비위 맞추기, 주의 돌리기

아이가 문제에서 신경을 돌리게 한다. 부모가 문제에서 한
발 물러서거나 아이의 주의를 딴 데로 돌리거나 농담을
해서 화제를 바꾸고 문제는 뒤로 미루어 놓는다.

"잊어버려."

"지금은 저녁 먹고 있으니 그 문제는 나중에 얘기하자."

"그거 말고 재밌는 얘기 좀 하자."

"그런데 축구부는 재미있니?"

"대통령도 너처럼 고민이 많지는 않겠다."

"이 얘기는 전에도 한 것 같은데."

앞에서 여러분이 한 대답이 전부 이 범주에 들어간다면
전형적인 부모라고 할 수 있다. 만약 이 열두 가지 범주에 들어

가지 않는 대답이 있다면 나중에 몇 가지 범주를 더 살펴볼 텐데 그것과 일치하는지 살펴보도록 하자.

P.E.T. 수업 시간에 이 테스트를 해 보았을 때 부모들이 한 대답 가운데 90퍼센트는 이 열두 가지 범주에 들어갔다. 대답이 서로 엇비슷해서 많이들 놀란다. 많은 사람이 전에는 한 번도 자기가 아이의 감정과 문제에 반응할 때 어떤 유형의 대화 방법을 사용하는지 생각해 본 적이 없다고 말했다.

테스트를 마치고 나면 예외 없이 부모들은 이렇게 묻는다. "이제 우리가 어떻게 말하는지 알았는데, 그럼 어떻게 해야 하죠? 대화하는 방식을 알면 뭐가 달라지는데요?"

열두 가지 대화 장벽

열두 가지 대화 방식이 아이에게 어떤 영향을 미치는지를 알려면 우선 먼저 부모가 하는 말에는 대개 하나 이상의 의미가 담겨 있음을 이해해야 한다. 예를 들어 아이가 친구가 자기를 싫어한다거나 더는 자기랑 놀지 않는다고 말했다고 하자. 이때 "에마한테 더 잘해 줘. 그럼 다시 너랑 놀려고 할 거야"라고 말한다면 이 말에는 표면적 의미 이상의 의미가 담겨 있다. 아이는 이런 숨은 메시지를 듣는다.

"내 기분이야 어떻든 내가 바뀌어야 한다는 거네."
"나 스스로 문제를 해결할 수 없다고 생각하는구나."
"그럼 내 잘못이란 말인가?"
"내가 엄마만큼 똑똑하지는 않다고 생각하나 봐."

또는 아이가 학교 가기가 싫다고 했는데, 부모가 "학교 다닐 때 그런 생각 한두 번 안 해 본 사람 없어. 좀 지나면 괜찮아질 거야"라고 했다고 해 보자. 그러면 아이는 이런 의미로 받아들일 것이다.

"내 감정은 전혀 중요하지 않다는 말이네."
"내 생각을 인정하지 않는구나."
"학교 탓이 아니라 내 탓이라고 생각하는구나."
"내 말을 전혀 진지하게 받아들이지 않아."
"내가 그런 생각을 하는 이유가 있다는 생각은 안 드나 봐."
"내 기분은 전혀 신경 쓰지 않잖아."

부모는 아이에게 말을 하면서 은연중에 아이에 대한 평가를 전달할 때가 많다. 아이와의 대화가 아이에게 막대한 영향을 미치고 부모와 아이의 관계에도 영향을 주는 것은 이런 이유 때문이다. 아이와 나누는 한 마디 한 마디가 아이와의 관계를 쌓아 올리는 벽돌 하나하나가 된다. 또 이 말들은 부모가 아이를 어떻게 생각하는지를 전달한다. 아이는 이 말들을 조합해서 부모가 자기를 어떻게 생각하는지 전체 그림을 그린다. 대화는 아이와 관계를 돈독하게 만들 수도 있고 무너뜨릴 수도 있다.

열두 가지 대화 방식이 어째서 부모와 아이의 관계에 해가 되는지 이해하려면 부모들 자신이 친구에게 자기감정을 얘기했을 때의 경험을 떠올려 보면 된다. 부모들도 자기 고민을 털어놓았을 때 친구가 그런 방식으로 대꾸하면 기분이 나쁘고 친구와 관계가 서먹해질 것이다. 그런 일이 있으면 보통 이렇게 된다.

- ▶ 더 말을 안 하고 입을 다물게 된다.
- ▶ 방어적인 태도를 취한다.
- ▶ 따지고 반박하고 싶어진다.
- ▶ 내가 모자라고 부족한 사람인 것 같다.
- ▶ 분하고 화가 난다.
- ▶ 내가 잘못한 것 같아 기분이 좋지 않다.
- ▶ 인정받지 못했으므로 달라져야 한다는 압박을 느낀다.
- ▶ 친구가 내가 스스로 문제를 해결 못 한다고 생각하는 것 같다.
- ▶ 어린애 취급을 받은 것 같고 가르침을 받은 기분이다.
- ▶ 이해받는 기분이 안 든다.
- ▶ 내 감정이 온당하지 않은 것 같다.
- ▶ 무언가 방해받은 기분이다.
- ▶ 기운이 빠진다.
- ▶ 증언대에서 반대 심문을 받는 기분이다.
- ▶ 친구가 내 이야기에 별 관심이 없는 것 같다.

열두 가지 대화 방식이 자기에게 이런 영향을 주었다면 아이에게도 같은 영향을 준다는 것을 이해할 수 있을 것이다. 전문 심리 상담사들도 아이들과 대화할 때 이 열두 가지 응답 방식을 피하려고 조심한다. 이런 방식은 치료에 도리어 해가 되기 때문이다. 전문가는 아이가 입을 다물거나 자책감을 느끼거나 자신감을 잃거나 수세에 몰리거나 화를 내거나 받아들여지지 않는다는 느낌을 받게 할 위험이 적은 대화 방식을 사용한다. 이 책의 부록을 보면 열두 가지 대화 장벽이 어떤 해로운 영향을 미치는지 더 자세히 알 수 있다.

부모들은 자기가 대화할 때 이런 방법들을 얼마나 많이 사용하는지를 깨달으면 마음이 급해져 이렇게 묻는다. "그러면 어떻게 대답해야 해요? 다른 방법이 있나요?" "물어보지 않고 아이한테 무슨 일이 있는지 어떻게 알겠어요?"

여기 다른 방법이 있다.

말문을 여는 간단한 방법

아이가 감정이나 문제를 이야기할 때 가장 효과적이고 도움이 되는 반응으로 '말문 열기'가 있다. 듣는 사람의 생각이나 판단, 감정은 전혀 전달하지 않으면서 아이가 자기 생각, 판단, 감정을 내보이게 하는 방법이다. 다음과 같은 별 뜻 없는 말로 간단하게 문을 열고 이야기를 하게끔 유도할 수 있다.

"그래."   "그렇구나."
"오."   "이런."
"으음."   "말도 안 돼."
"그랬구나."   "진짜?"

더 확실하게 더 말해 보라고 부추기는 말도 있다.

"무슨 말인지 알겠어."
"더 얘기해 봐."
"자세히 말해 줘."
"네 생각이 궁금하다."
"그 이야기 하고 싶어?"
"이야기 좀 해 보자."
"네 생각을 듣고 싶어."
"전부 다 얘기해 줘."
"계속해 봐. 듣고 있어."
"무언가 할 말이 있는 것 같네."
"너한테 아주 중요한 문제인 것 같구나."

이런 표현은 상대방이 쉽게 대화를 이어 나갈 수 있게 돕는 역할을 한다. 상대가 칠 수 있게 공을 네트 너머로 계속 넘겨주는 것과 비슷하다. 이때 질문을 하거나 충고, 격려, 훈계 따위를 하면 공을 내 쪽으로 가져오는 셈이 된다. 부모 자신의 감정과 생각이 대화에 끼어들지 않게 하는 것이 핵심이다. 이렇게 단순한 말들에 아이들이 어떻게 반응하는지를 보면 놀랄 수밖에 없을 것이다. 아이는 용기를 내서 다가오고 마음을 터놓고 말 그대로 감정과 생각을 쏟아 놓는다. 어른들처럼 아이들도 이야기하기를 좋아해서 누가 말문을 터 주면 자기 이야기를 곧잘 한다.

사실 말문을 트는 표현들에는 이런 의미가 담겨 있다.

"네 감정을 자유롭게 털어놓아도 돼."
"독립된 사고와 감정을 가진 인간으로 너를 존중해."
"너한테서 무언가를 배울 수 있을 것 같아."
"네 생각이 정말 궁금해."
"네 생각도 귀 기울일 가치가 있어."
"너에게 관심이 있어."
"너에 대해 더 많이 알고 공감하고 싶어."

이런 태도에 호의적으로 반응하지 않을 사람이 어디 있겠는가? 어른이라도 자기가 존중받고, 인정받고, 관심받는 중요한 존재라고 느끼면 기분이 좋을 것이다. 아이도 마찬가지다. 대화를 이끄는 말을 던지고 한 걸음 물러서서 아이가 표현하고 확장할 수 있도록 여지를 주라. 그러다 보면 아이에 대해, 그리고 자신에 대해서도 무엇인가 새로운 것을 배울 수 있을 것이다.

적극적 듣기

아이가 어떤 문제를 안고 끙끙거릴 때는 단순히 말문을 여는 것보다 훨씬 더 효과적으로 대화하는 방법이 있다. 그저 말문을 열기만 하는 것이 아니라 열린 채로 계속 유지하는 방법이다.

적극적 듣기는 청자가 화자의 말에 적극적으로 참여하기 때문에 말없이 소극적으로 듣는 방법보다 더 효과적이다. 청자가 화자만큼 대화에서 능동적인 역할을 한다. 적극적 듣기를 이해하기 위해 우선 두 사람 간의 의사소통 과정을 그림을 통해 간단히 살펴보자.

아이가 부모와 이야기를 하려고 할 때는 어떤 욕구가 있기 때문이다. 아이의 마음속에 무언가 필요한 것이나 불편한 것이나 어떤 감정이나 화나는 점, 문젯거리 등이 있어서 어떤 불균형 상태에 있다는 뜻이다. 균형 상태를 다시 회복하기 위해 아이는 부모에게 말을 한다. 이를테면 아이가 배가 고프다고 해 보자.

아이

배고픔

배고픔이라는 상태(불균형)에서 벗어나기 위해 아이는 '화자'가 되어서 먹을 것을 얻으려고 말을 한다. 지금 내면에 있는 것(배고픔)을 그대로 표현할 수는 없다. 배고픔이란 유기체의 내부에서 일어나는 생리적 과정이므로 그대로 전달하기는 불가능하다. 따라서 배고픔을 다른 사람에게 알릴 수 있는 기호를 선택한다. 이 과정을 기호화(encoding) 과정이라고 부르는데, 아이가 기호를 고르는 것이다.

예를 들어 아이가 "아빠, 저녁 언제 먹어?"라는 기호를 택했다고 해 보자. 이러한 언어적 기호가 소리로 청자(아빠)에게 전달된다.

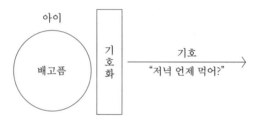

아빠가 이 메시지를 들으면 아빠는 아이의 속내가 무엇인지 의미를 해석한다.

제대로 해석한다면 아빠는 아이가 배고프다는 것을 알아차릴 것이다. 하지만 아이가 얼른 저녁을 먹고 나가 놀고 싶어

하는 것으로 잘못 해석할 수도 있다. 그러면 대화 과정에 균열이 생긴다. 그런데 아이는 아빠가 오해했다는 것을 모르고 아빠도 마찬가지라서 문제다. 아빠가 아이가 무슨 생각을 하는지 알 수 없듯 아이도 아빠가 어떻게 받아들였는지 알 수 없기 때문이다.

이렇게 두 사람의 대화가 어긋나는 일이 발생한다. 화자의 메시지가 청자에게 제대로 받아들여지지 않았는데 둘 다 그 사실을 모른다.

만약 아빠가 자기의 해석이 옳은지 확인하려 한다고 생각해 보자. 아이에게 해석의 결과인 자기 생각을 이야기해서 확인할 수도 있다. "자기 전에 나가 놀려고 그러는구나?" 아이는 아빠의 이런 반응을 듣고 아빠가 잘못 이해했다는 것을 말해 줄 수 있다.

> 아이 아니, 그게 아니라 배가 고파서 빨리 저녁 먹고 싶어서 그래.
>
> 아빠 아 그래. 배고프구나. 그럼 피넛버터 바른 크래커 좀 먹을래? 저녁은 엄마 온 다음에 먹을 거야. 한 시간쯤 있어야겠다.
>
> 아이 그래. 크래커 먹을게.

아빠는 아이의 메시지를 어떻게 알아들었는지 아이에게 되물으면서 적극적 듣기를 했다고 할 수 있다. 아빠는 처음에는 아이의 말을 잘못 이해했지만, 아이에게 되묻자 아빠가 잘

못 알아들었다는 것을 아이가 알고 추가 메시지를 보냈기 때문에 최종적으로 제대로 이해할 수 있게 되었다. 제대로 된 해석을 다음과 같은 그림으로 표현할 수 있다.

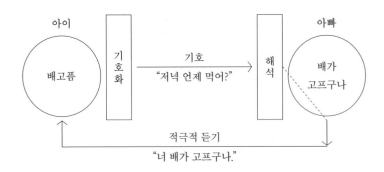

적극적 듣기의 예를 더 들어 보자.

1) 아이   (울면서) 딜런이 내 트럭 가져갔어.
   부모   속상하겠구나. 기분이 좋을 리가 없지.
   아이   맞아.

2) 아이   타일러가 여행 가서 같이 놀 사람이 없어. 심심해 죽겠어.
   부모   타일러랑 같이 놀 수 없어서 그러는구나. 그래서 뭘 하고 놀아야 할지 모르겠다는 말이지?
   아이   응. 뭐 하고 놀아야 하지?

3) 아이   으, 이번 담임선생님 정말 싫어. 못 참겠어.

부모 담임선생님한테 실망했나 보네.

아이 응.

4) 아이 아빠 내 말 좀 들어 봐. 나 축구 선수로 뽑혔어!

부모 야, 기분 좋겠다!

아이 신나!

5) 아이 아빠도 어렸을 때 여자애들 좋아했지? 어떤 여자애
가 좋았어?

부모 어떻게 하면 남자애들이 너를 좋아하게 될지 궁금
한 거구나. 맞아?

아이 응. 난 인기가 별로 없는데 왜인지 모르겠어.

각각의 예에서 부모는 아이의 감정, 내면을 정확히 해석했
다. 또 아이들은 '내 말이 그 뜻이야'라는 뜻의 대꾸로 부모의
해석이 맞았다는 것을 확인해 준다.

적극적 듣기란 다시 말해 청자가 화자의 감정이나 화자가
하는 말의 의미를 이해하려고 애쓰는 것을 말한다. 청자는 이
해한 내용을 자기 말로 표현해 화자에게 확인받는다. 청자는
평가, 의견, 충고, 따지기, 분석, 질문 등과 같은 자신의 메시지
는 전달하지 않는다. 화자의 말을 무슨 의미로 받아들였는지만
되받아 말하고, 그 밖에 다른 것은 말하지 않는다.

적극적 듣기가 더 길게 이어진 사례가 있다. 이 사례에서
아이는 부모가 맞게 이해했는지 계속 확인해 준다. 또 적극적

듣기 덕에 아이가 더 많은 이야기를 자세히 하면서 생각을 발전시켜 나가는 모습도 볼 수 있다. 아이가 자기 문제를 스스로 정의하는 것으로 시작해서 자신을 돌아보고 문제 해결을 위해 첫발을 딛기까지의 과정이 전개된다.

아이	나도 타냐처럼 감기 걸렸으면 좋겠어. 타냐는 좋겠다.
아빠	뭔가 억울한 기분인가 봐.
아이	응. 타냐는 아프다고 학교에 안 나오는데 나는 학교 한 번도 안 빠졌어.
아빠	학교 가기가 싫구나.
아이	응. 날마다 가는 거 싫어. 오늘도 가고 내일도 가고 모레도 가고 지겨워.
아빠	학교가 지루한가 보네.
아이	어떨 때는 정말 지긋지긋해.
아빠	그냥 별로인 정도가 아니라 학교를 정말 싫어하는 것 같은데.
아이	맞아. 숙제도 싫고, 수업도 싫고, 선생님도 싫어.
아빠	학교에 관계된 것은 전부 다 싫은가 봐.
아이	선생님이 전부 다 싫은 건 아냐. 두 명만 싫어. 한 명은 정말 도저히 못 참겠어. 최악이야.
아빠	한 명이 특히 싫다는 거지?
아이	정말 싫어! 반즈 선생님인데, 정말 얼굴도 보기 싫다니깐. 1년 동안이나 수업을 들어야 한다니.

아빠　앞으로도 많이 남았네.

아이　응. 어떻게 참아야 할지 모르겠어. 그 선생님이 어쩌는지 알아? (흉내를 내며) 날마다 설교를 늘어놓고 이렇게 서서 웃으면서 책임감 있는 학생은 어떻게 해야 하는지 한참 떠든 다음에 자기 수업에서 A를 받으려면 뭘 해야 하는지를 줄줄 읊는데 정말 끔찍해.

아빠　듣고 있기가 괴롭겠구나.

아이　맞아. A를 받으려면 천재이거나 선생님께 잘 보이는 수밖에 없겠더라니까.

아빠　A 받기가 어려울 것 같으니 시도도 해 보기 전에 맥이 빠지겠네.

아이　내 말이. 그 선생님한테 잘 보이고 싶은 생각은 요만큼도 없어. 그러면 아이들한테 따돌림을 당할걸. 사실 지금도 별로 인기가 없는데. 나를 안 좋아하는 애들이 너무 많아. (눈물을 글썽인다.)

아빠　인기가 없어서 속상하구나.

아이　응. 학교에서 잘나가는 애들 모임이 있거든. 걔들은 모르는 애들이 없어. 나도 걔들하고 어울리고 싶은데 어떻게 해야 하는지 모르겠어.

아빠　그 애들 무리에 들어가고 싶은데 어떻게 해야 할지 막막하구나.

아이　응. 어떤 애들이 그 모임에 들어가는 건지 정말 잘 모르겠어. 예쁜 애들만 있는 것도 아니고……. 아넌 애도 있거든. 공부 잘하는 애들만 있는 것도 아니고. 잘하는 애도 있는데 나보다 못하는 애들이 더 많아. 정말 모르겠어.

아빠   그 모임에 들어가려면 어때야 하는 건지 궁금한 거네.

아이   한 가지 공통점은 개들 다 싹싹하다는 거야. 말도 많이 하고 친구도 잘 사귀고 먼저 인사하고 말도 잘 걸고. 난 그렇게 못 해. 그런 건 정말 소질 없어.

아빠   개들은 잘하는데 넌 잘 못 하는 게 그거라고 생각하는 거지?

아이   난 말을 잘 못 해. 한 명하고 얘기할 때는 잘하는데 여러 명이 같이 있을 때는 말이 잘 안 나와. 그럴 때는 그냥 가만히 있어. 무슨 말을 해야 할지 모르겠거든.

아빠   한 명하고 있을 때는 괜찮은데, 여러 명일 때는 다르다고…….

아이   바보 같은 소리를 하거나 엉뚱한 얘기를 할까 봐 겁이 나. 그래서 그냥 가만히 있다 보면 소외되는 것 같아. 너무 불편해.

아빠   기분이 좋지 않겠다.

아이   소외되는 건 싫은데 대화에 끼어들 용기가 없어.

이 대화에서 아빠가 자기 생각과 감정을 억누르고 아이의 생각과 감정에 귀를 기울이면서 해석하고 이해하는 방식에 주목해 보자. 아빠가 하는 말은 대부분 아이의 감정을 재확인하는 말이다. 또 아빠는 앞에서 살펴본 열두 가지 대화 장벽을 사용하지 않았다. 아빠는 적극적 듣기 방법을 꾸준히 사용해서 아이의 감정을 이해하고 공감해 주면서 동시에 아이가 자기 문제에 대한 책임을 계속 지니게 했다.

왜 부모들은 적극적 듣기를 배워야 할까?

적극적 듣기 방법을 소개하면 이런 반응을 보이는 부모들이 있다.

"너무 부자연스럽게 들리는데요."

"보통 그런 식으로 말하지는 않잖아요."

"적극적 듣기가 의도하는 바가 도대체 뭔가요?"

"아이한테 그런 식으로 대답하면 바보같이 보일 것 같은데요."

"내가 적극적 듣기를 하면 우리 애는 내가 미쳤다고 생각할 거예요."

이런 반응을 보이는 것도 당연하다. 훈계하고 질문하고 비판하고 겁주고 타이르고 달래는 방식으로 말하는 데 너무 익숙하기 때문이다. 적극적 듣기를 익히고 말투를 바꾸어 보려고 애쓰는 것이 그럴 만한 가치가 있는 일인지 의문이 들 만도 하다.

하지만 이렇게 의심하던 한 아버지가 15살 딸과 실제로 이렇게 대화를 해 보고는 마침내 그 효용을 이해한 일이 있었다.

"이번 주에 저에게 있었던 일을 여러분께도 말씀드리고 싶습니다. 제 딸 록샌과 저는 서로 대화를 안 한 지 2년 가까이 됩니다. '빵 좀 줄래?' 'TV 리모컨 어디 있니?' 이런 말 말고는요. 제가 퇴근하고 집에 왔는데 록샌이 남자 친구랑 식탁에 앉아서 이야기하고 있더군요. 아이가 남자 친구한테 학교가 너무 싫고 여자애들 다 꼴도 보기 싫다고 말하는 것을 언뜻 들었습니다. 그때 지금이 바로 아이 옆에 앉아서 적극적 듣기를 실행할 때라는 생각이 들었습니다. 죽이 되든 밥이 되든 말이죠. 완벽하게 해냈다고는 못 하겠지만 여하튼 저도 깜짝 놀랄 만큼 잘되었습니다. 믿기 어렵겠지만 두 아이 말문이 터지더니 거의 두 시간 동안 쉬지 않고 이야기를 했다니까요. 지난 5년간 딸아이에 관해 알게 된 사실보다 이 두 시간 동안 안 게 더 많을 정도예요. 그뿐 아니라 그 뒤로 아이가 저를 대하는 태도가 달라졌어요. 엄청난 변화죠!"

이 아버지의 경험은 특이한 예외가 아니다. 듣기 기술을 처음 시도해 보고 바로 성과를 경험하는 사람이 의외로 많다. 적극적 듣기 방법을 아직 충분히 익히기 전인데도 놀라운 효과를 보곤 한다.

어떤 감정을 떨쳐 버리려면 감정을 억누르거나 잊으려고

애쓰거나 다른 생각을 해야 한다고 생각하기 쉽다. 그렇지만 감정을 터놓고 표현하면 오히려 더 쉽게 괴로운 감정에서 벗어날 수 있다. 적극적 듣기를 통해 이와 같은 감정 해소를 유도할 수 있다. 또 아이가 자기 실제 감정이 어떤지 인식할 수 있게 된다. 이렇게 감정을 다 털어놓고 나면 그 감정이 마술처럼 사라질 때가 많다.

적극적 듣기는 아이가 부정적 감정에 대해 죄책감을 느끼지 않게 도와준다. 우리는 P.E.T. 수업 시간에 감정은 어떤 것이든 나쁜 것이 아님을 인식하게 하려고 '감정은 친구다'라는 말을 자주 한다. 적극적 듣기로 부모가 아이의 감정을 받아들인다는 것을 보여 주면 아이도 자기감정을 받아들일 수 있게 된다. 아이는 부모의 반응을 보고 감정은 나쁘거나 좋은 것이 아니라 나의 일부일 뿐임을 알게 된다.

적극적 듣기는 아이와 부모 사이를 따뜻한 관계를 만들어 준다. 누가 자기 말을 귀 기울여 들어 주고 이해해 주면 이야기를 한 사람은 만족감을 느끼고 말을 들어 준 사람에게 따뜻한 감정을 가지게 된다. 특히 아이들은 바로 사랑과 애정으로 보답할 것이다. 듣는 사람 측에서도 마찬가지로 속마음을 털어놓은 사람을 더 가깝고 따뜻하게 느끼게 된다. 공감하며 귀 기울여 듣다 보면 그 사람을 이해하게 되고 그 사람이 세상을 보는 관점을 알게 된다. 이야기를 들으면서 그 사람의 입장이 되어 보고 잠시 그 사람이 되어 본다. 다른 사람의 마음속에 들어가면 친밀감과 관심, 사랑을 느낄 수밖에 없다. 다른 사람에게 공감한다는 것은 그 사람을 하나의 독립된 사람으로 보면서 그 사람과 함께하고자 하는 것이다. 다시 말해 인생의 행로에서 잠깐이나마 길동무가 되어 주는 것이다. 그렇게 하려면 깊은 관심과 애정이 필요하다. 공감하면서 적극적으로 이야기를 듣는 방법을 익힌 부모는 아이를 더욱 소중히 여기고 존중하게 되고 새삼 애정과 관심을 느낄 것이다. 아이도 마찬가지로 이와 비슷한 감정으로 부모를 대하게 된다.

적극적 듣기는 아이가 문제를 해결하도록 거든다. 문제가 있을 때 머릿속으로만 생각하는 대신 말로 풀어놓다 보면 문제를 더 잘 파악하고 해결책도 떠올릴 수 있게 된다. 적극적 듣기는 편하게 말할 수 있게 거드는 방법이기 때문에 문제의 실마리를 찾는 데도 도움이 된다. 그래서 우리는 문제가 있을 때 "내 말 좀 들어 봐" "문제가 있으니 이야기 좀 하고 싶어" "너랑 이야기하고 나면 좀 풀릴 것 같아" 등과 같은 말을 한다.

적극적 듣기는 아이가 부모의 의견과 생각에도 귀 기울이게 만드는 방법이다. 누군가 자기 입장에 귀를 기울여 주면 상대방 입장도 듣기가 더 쉬워지는 법이다. 부모가 아이의 말을 끝까지 주의 깊게 들어 준다면 아이들도 부모 말을 마음을 열고 듣는다. 아이들이 자기 말을 듣지 않는다고 불만스럽다면, 먼저 자기부터 아이들 말에 제대로 귀 기울였는지 돌아볼 필요가 있다.

적극적 듣기는 '아이가 공을 갖고 있게' 만든다. 적극적 듣기로 아이의 문제에 반응하다 보면 아이는 스스로 생각하기 시작한다. 자기 문제를 분석하고, 결국 어떤 발전적인 결론에 도달한다. 적극적 듣기는 아이가 스스로 생각하고, 스스로 문제를 진단하고, 스스로 해결책을 찾아내게 만든다. 적극적 듣기는 신뢰를 전하지만, 충고나 따지기, 가르치기 등은 불신을 전하면서 문제 해결의 책임을 아이에게서 빼앗는 방식이다. 따라서 적극적 듣기는 자발적이고 책임감 있고 독립적인 아이를 기른다.

적극적 듣기에 필요한 기본적인 태도

적극적 듣기는 아이들에게 문제가 있을 때만 공구 상자에서 공구를 꺼내 쓰듯 간단히 사용하는 기술이 아니다. 적극적 듣기는 기본 태도를 드러내는 방식에 가깝다. 기본 태도가 갖춰지지 않았다면 적극적 듣기를 해 보아야 아무런 효과가 없다. 거짓되고 공허하고 기계적이고 성의 없는 말로만 들릴 것이다. 적극적 듣기를 하기 위해 부모가 갖추어야 할 기본 태도로는 다음과 같은 것이 있다. 이러한 태도를 갖추지 못했다면 적극적 듣기를 제대로 한다고 말할 수 없다.

1 진심으로 아이의 말을 듣고 싶어야 한다. 시간을 들여 아이의 말을 들을 용의가 있다는 말이다. 당장 시간이 없을 때는 그렇다고 말하면 된다.
2 그 순간에 아이의 문제에 진정으로 도움을 주고 싶어야 한다. 그런 마음이 들지 않을 때는 그렇게 될 때까지 기다린다.
3 아이의 감정이 어떻든 진심으로 받아들일 수 있어야 한다. 아이의 생각이 부모의 것과 너무 다르거나 아이다운 생각

과 거리가 멀다고 생각되더라도 마찬가지다. 이러한 태도
는 하루아침에 얻어지지는 않는다.

4 아이에게 감정을 다스리고 문제를 해결할 능력이 있다는
  점을 깊이 신뢰해야 한다. 아이가 스스로 문제를 헤쳐 나
  가는 것을 보면 신뢰가 쌓일 것이다.

5 감정은 일시적이며 영원하지 않다는 것을 알아야 한다. 감
  정은 계속 변한다. 미움이 사랑이 될 수도 있고 실망이 일
  순간 기대감으로 바뀌기도 한다. 따라서 밖으로 드러나는
  감정을 걱정할 필요는 없다. 아이들의 마음에 영원히 남을
  감정은 아니기 때문이다. 적극적 듣기를 하다 보면 이를
  깨닫게 된다.

6 아이를 독립된 인격체로 볼 수 있어야 한다. 부모의 일부
  가 아니라, 부모에 의해 독립된 삶과 정체성을 부여받은
  독자적 존재임을 인정해야 한다. 독립된 인격으로 아이를
  생각해야만 아이가 자기만의 감정과 생각, 사물을 보는 관
  점을 갖도록 할 수 있다. 또 자신과 아이를 분리해서 생각
  해야만 아이에게 쓸 만한 조력자가 되어 줄 수 있다. 아이
  가 고민에 빠졌을 때 부모는 아이와 '함께' 있어야 하지만,
  아이와 '하나'가 되려고 하면 안 된다.

적극적 듣기를 하다 보면 생길 수 있는 일

적극적 듣기를 하려면 아이가 하는 말을 집중해서 들을 수 있
도록 자기 생각과 감정은 잠시 미뤄 놓을 필요가 있다. 아이가
말하는 바를 정확하게 이해하려면, 아이의 의미 체계, 아이의

세계 안으로 들어가 아이의 입장이 되어야 한다. 부모가 아이의 말을 되받아 말할 때 주된 목적은 (아이가 자기 말이 이해받았음을 알게 되는 부수적 효과도 있기는 하지만) 부모가 제대로 들었는지를 확인하는 것이다.

적극적 듣기를 할 때 일어나는 변화가 있다. 다른 사람이 어떻게 생각하고 느끼는지 정확하게 이해하려고 애쓰고 그 사람의 입장과 관점에서 세상을 보다 보면 청자의 의견과 태도가 바뀔 수 있는 것이다. 사람은 자기가 이해한 것에 따라 변하기 마련이다. 다른 사람의 경험을 열린 마음으로 받아들이면 자기 경험의 의미도 달라진다. 이런 일은 두렵게 느껴질 수 있다. 방어적인 사람은 다른 생각과 관점을 접하는 것조차 두려워한다. 하지만 유연한 사람은 변화를 두려워하지 않는다. 부모가 유연한 자세로 변화하고 인간적이기를 겁내지 않을 때 아이들은 부모의 그런 모습을 좋아할 것이다.

4

들는 데도 기술이 필요하다
— 적극적 듣기

적극적 듣기를 제대로 하려면 노력이 필요하다. 처음에는 쉽지 않겠지만 가능한 한 자주 실천해야 한다. "언제 이 방법을 사용해야 하나요?" "아이들한테 좋은 상담자가 될 만큼 제가 잘할 수 있을까요?" 부모들이 흔히 하는 질문이다.

세 아이를 둔 똑똑하고 학력 높은 한 어머니가 P.E.T. 수업에서 이렇게 털어놓은 적이 있다. "아이들한테 조언하고 해결책을 내놓으려는 내 습관이 얼마나 뿌리 깊은지 이제 알 것 같아요. 사실 전 다른 사람들한테도 그러거든요. 친구들한테도 그러고 남편한테도 그러고. 이렇게 뭐든 다 아는 사람인 척하는 습관을 과연 버릴 수 있을까요?"

이 질문에 대한 답은 조건부로 '그렇다'가 될 것이다. 누구든 달라질 수 있고 언제 어떻게 적극적 듣기를 실천할지 배울 수 있다. 다만 실제로 뛰어들어 실천해야 한다는 조건이 있다. 연습하면 안 되는 것은 없다. 연습하다 보면 대부분의 사람이 적당한 수준 이상에 도달할 것이다. 새로운 대화 방식을 잘 해낼 자신이 없어 망설이는 부모들에게 "일단 최선을 다해 시도해 보세요. 애쓴 게 아깝지 않은 보람이 있을 겁니다"라고 말하고 싶다.

이번 장에서는 적극적 듣기를 잘할 수 있도록 익혀 보자. 새로운 것을 배울 때는 언제나 그렇듯 힘든 점도 있고 실패할 가능성도 있다. 하지만 진지하게 노력하다 보면 아이들이 점점 독립적이고 성숙한 모습으로 성장하는 것을 보게 되고 아이와 관계에서도 전에 느끼지 못했던 다정함과 친밀감을 느낄 것이다.

아이가 문제를 겪을 때의 적극적 듣기

적극적 듣기는 특히 아이가 문제를 안고 있을 때 효과적이다. 아이들의 감정 표현을 들으면 아이에게 문제가 있다는 걸 알아차릴 수 있다. 아이들은 자라면서 실망, 좌절, 고통, 낙담 등을 겪기 마련이다. 친구 사이, 형제자매 사이, 부모와의 사이, 선생님과의 사이에서 문제가 있을 수 있고 주변 환경이나 자기 자신에 관해 문제를 느낄 수도 있다. 그때 도움을 받아 스스로 문제를 해결하면 마음의 건강을 유지하고 자신감을 얻을 수 있지만 그러지 못하면 정서적 문제가 생길 수 있다.

적극적 듣기를 실천할 적당한 때를 알려면 아이에게 귀를 기울일 필요가 있다. 그러다 보면 아이가 어떤 문제를 겪고 있는지를 드러내는 순간을 알아차릴 수 있다. 그리고 이때 문제가 누구에게 속하느냐의 원칙을 따져 보아야 한다.

아이가 무언가에 만족하지 못할 때는 아이에게 문제가 있음을 기억하자. 아이의 행동이 부모의 욕구 충족을 방해하지 않는다면 부모의 문제가 아니다. 따라서 문제는 아이에게 속한다.

적극적 듣기는 아이에게 문제가 있을 때는 유용하지만, 문제가 부모한테 속할 때는 전혀 적합하지 않다. 적극적 듣기는 아이가 자기 문제에 해결책을 찾도록 돕는 방법이지만, 아이의 행동이 부모에게 문제를 일으킬 때 부모가 해결책을 구하는 방법으로는 적당하지 않다. (6장에서 부모가 문제를 느낄 때 해결하는 방법을 살펴볼 것이다.)

다음 예는 아이에게 문제가 있는 경우다.

▶ 친구가 자기랑 안 놀겠다고 한다.
▶ 야구 선수로 뽑히지 못해서 실망했다.
▶ 프롬에 같이 갈 파트너가 없어서 우울하다.
▶ 소셜미디어에 팔로워가 적어서 쓸쓸하다.
▶ 대학에 가야 할지 말아야 할지 모르겠다.
▶ 뚱뚱해서 창피하다.
▶ 학교에서 같은 반 아이가 괴롭힌다.
▶ 동생이랑 게임을 하다가 지면 화가 난다.
▶ 너무 말라서 반 친구들이 '막대기'라고 놀린다.
▶ 시험을 너무 못 봐서 괴롭다.
▶ 친구가 계속 담배를 피우라고 한다.

이런 문제들은 아이들이 살면서 불가피하게 마주치는 문제들이다. 그러나 아이의 좌절, 당황, 박탈감, 고민, 실패가 부모에게도 안타까운 일이긴 하나 이런 일은 부모가 아니라 아이들의 몫이다.

부모들은 처음에는 이 개념을 잘 받아들이지 못한다. 많은 부모가 아이 문제의 너무 많은 부분을 자기 일이라고 생각한다. 앞으로 살펴보겠지만 이런 태도 때문에 부모들은 실수를 하게 된다. 불필요하게 스트레스를 받고, 아이와 관계를 오히려 악화시키며, 아이에게 좋은 상담자가 될 많은 기회를 잃어 버리고 만다.

문제가 아이에게 속한 것임을 받아들인다는 말이 부모가 신경을 끊고 도와주지 말라는 뜻은 아니다. 전문 상담사는 상담받는 아이들을 진정으로 염려하고 관심을 두고 도우려 하지만, 문제를 해결해 나가는 책임은 온전히 아이에게 남겨 둔다. 아이를 자기와 구분되는 독립된 인격체로 인정하고, 스스로 문제를 해결하는 아이의 내적 능력을 믿고 거기에 의지한다. 아이가 문제를 자기 것으로 받아들일 때만 상담사는 적극적 듣기를 실천할 수 있다.

문제를 느끼는 사람이 그 문제를 자기 것으로 생각할 때, 적극적 듣기로 문제를 해결하는 데 도움을 줄 수 있다. 이런 도움은 지금까지 부모가 아이들에게 주려 했던 도움과는 다르다. 또 적극적 듣기를 통해 부모는 아이에게 더 많은 영향을 줄 수 있지만, 이 영향 또한 부모들이 지금까지 아이에게 주려 했던 영향과는 전혀 다르다. 적극적 듣기는 아이가 스스로 문제의 해결책을 찾도록 영향을 주는 방법이다. 하지만 여전히 많은 부모가 이 사례처럼 아이의 문제를 떠맡으려고 한다.

앤서니   마테오가 오늘 나랑 안 놀려고 했어. 내가 하자는 건 다 하기 싫대.

엄마   마테오가 하고 싶어 하는 걸 하고 놀면 되잖아? 친구들하고 사이좋게 지내야지. [충고, 훈계]

앤서니   걔가 하자는 거 하기 싫고 사이좋게 지내기도 싫 어!

엄마   심술쟁이처럼 왜 그래. 그럼 다른 친구랑 같이 놀든가. [욕설, 해결책 제시]

앤서니   내가 아니라 걔가 심술쟁이야. 같이 놀 다른 친구 없어.

엄마   네가 피곤해서 그러나 보다. 내일 되면 괜찮을 거 야. [해석, 달래기]

앤서니   안 피곤해. 내일도 똑같을 거야. 걔가 얼마나 싫 은지 엄마는 모르잖아.

엄마   이제 그만! 친구를 그런 식으로 말하면 혼날 줄 알아! [명령, 위협]

앤서니   (부루퉁해져서 나간다.) 이 동네 싫어. 이사 가면 좋겠어.

똑같은 경우에 적극적 듣기를 사용하면 어떻게 달라질지 살펴보자.

앤서니	마테오가 오늘 나랑 안 놀려고 했어. 내가 하자는 건 다 하기 싫대.
엄마	마테오한테 화가 났구나. [적극적 듣기]
앤서니	응. 다시는 개랑 놀기 싫어. 이제 친구도 아냐.
엄마	너무 화가 나서 다시 보기도 싫을 정도야? [적극적 듣기]
앤서니	응. 하지만 개랑 안 놀면 같이 놀 다른 친구도 없는데.
엄마	같이 놀 친구가 없으면 기분이 안 좋겠네. [적극적 듣기]
앤서니	응. 그러니까 그냥 마테오랑 같이 놀아야 해. 그런데 개랑 놀다 보면 자꾸 화가 나.
엄마	마테오랑 더 사이좋게 놀면 좋겠는데 자꾸 마테오한테 화가 나는구나? [적극적 듣기]
앤서니	전에는 안 그랬는데. 전에는 마테오가 내가 하자는 대로 다 했었거든. 근데 이제는 내 말대로 하기 싫대.
엄마	마테오가 이제는 네가 하자는 대로 하지를 않는구나. [적극적 듣기]
앤서니	응……. 이제는 개가 옛날처럼 아기가 아니야. 그래서 더 재미있어지긴 했지만.
엄마	아기일 때보다는 지금이 더 낫다는 거네. [적극적 듣기]
앤서니	응. 하지만 원래 하던 대로 자꾸 내 맘대로 하게

돼. 가끔 마테오가 하자는 대로 하면 덜 싸우겠지? 그럴까?

엄마   가끔 양보하면 괜찮아질 거라고 생각하는구나.
        [적극적 듣기]

앤서니   응……. 그럴 것 같아. 그렇게 해야겠다.

첫 번째 대화에서는 엄마가 열두 가지 잘못된 대화 방법 가운데에서 여덟 가지를 사용했다. 두 번째 대화에서는 줄곧 적극적 듣기를 했다. 첫 번째 대화에서는 엄마가 문제를 빼앗아 갔지만, 두 번째 대화에서는 적극적 듣기를 하면서 문제는 아이가 계속 안고 있게 했다. 첫 번째 대화에서 아이는 엄마의 제안을 받아들이지 않았고, 아이의 분노와 좌절감도 그대로이며, 문제는 여전히 해결되지 않았고, 아이가 성장할 기회도 없었다. 하지만 두 번째 대화에서는 아이가 화를 풀었고, 문제를 해결하기 시작했으며, 자신을 돌아볼 기회를 얻었다. 아이는 결국 해결책을 찾았을 뿐 아니라 책임감 있고 자발적으로 문제를 해결하는 사람으로 한 뼘 더 성장했다.

부모들이 아이를 대하는 전형적인 방식의 예를 더 살펴보자.

머리사   저녁 먹기 싫어.

아빠   이런, 네 나이 때는 세 끼를 꼬박꼬박 먹어야 해.
        [논리적 설득]

머리사   점심 많이 먹었어.

아빠	일단 식탁에 앉기만이라도 하렴. [제안]
머리사	아무것도 안 먹는다니까.
아빠	무슨 일 있었니? [탐문]
머리사	아니.
아빠	어쨌든 식탁에 앉아. [명령]
머리사	배 안 고파. 식탁에 앉기도 싫어.

이제 적극적 듣기를 하면 아이에게 어떤 도움을 줄 수 있는지 살펴보자.

머리사	저녁 먹기 싫어.
아빠	밥 먹을 기분이 아니구나. [적극적 듣기]
머리사	응 싫어. 밥 먹을 힘이 없어서 밥을 못 먹겠어.
아빠	뭔가 신경 쓰이는 일이 있구나? [적극적 듣기]
머리사	신경 쓰이는 정도가 아니라 무서워 죽겠어.
아빠	뭐 엄청나게 겁나는 일이 있나 보네. [적극적 듣기]
머리사	응. 랜스가 아까 전화했는데 오늘 저녁에 할 말이 있대. 목소리가 평소 같지 않게 심각했어.
아빠	무슨 일이 있는 것 같은 느낌이 들었구나? [적극적 듣기]
머리사	헤어지자고 그럴 것 같아.
아빠	그러면 정말 속상하겠다. [적극적 듣기]
머리사	그러면 난 죽을 거야! 게다가 나랑 헤어지고 알렉시스랑 사귈 것 같아 미치겠어. 그럼 난 끝이야.

아빠	알렉시스한테 랜스를 뺏길까 봐 겁이 나는구나.
	[적극적 듣기]
머리사	응. 걔는 괜찮은 남자애는 다 골라서 사귀어. 정말 재수 없어. 보면 맨날 남자애들하고 얘기하고 있는데 말을 정말 재밌게 하나 봐. 그러니 남자애들이 다 넘어가지. 학교에서 보면 늘 걔 옆에 남자애들 서넛이 달라붙어 있어. 어떻게 그렇게 하나 몰라. 나는 남자애들한테 무슨 말을 해야 할지 모르겠던데.
아빠	알렉시스처럼 남자애들하고 스스럼없이 얘기하고 싶구나. [적극적 듣기]
머리사	남자애들한테 인기 있으면 좋겠지만 바보 같은 말을 할까 봐 겁이 나.
아빠	인기 있는 아이가 되고 싶은데 실수를 할까 두려운가 봐. [적극적 듣기]
머리사	응. 하지만 지금보다 더 나빠질 수는 없겠지. 가만히 서서 바보처럼 아무 말도 안 하는 것보다는……
아빠	지금처럼 가만히 있는 것보다는 용감하게 말을 붙여 보는 게 나을지도 모르겠다는 거지? [적극적 듣기]
머리사	맞아. 정말 말없이 있는 것도 지겨워.

첫 번째 대화에서 아빠는 처음부터 아이 말이 무슨 뜻인

지 해석을 못 했고 그래서 대화가 먹는 문제에 그치고 말았다. 두 번째 대화에서는 아빠가 예민하게 적극적 듣기를 함으로써 근본적 문제를 들추어내어 아이가 문제를 풀도록 부추겼고 결과적으로 아이가 무언가 변해 보겠다는 생각을 하게끔 했다.

적극적 듣기의 사례

이제 가정에서 흔히 일어나는 문제를 맞닥뜨렸을 때 적극적 듣기를 활용한 사례를 살펴보자. 이야기 내용보다는 대화에 쓰인 적극적 듣기 방법에 주목해 보자.

이 이야기에 나오는 엄마는 P.E.T. 코스를 마친 사람인데, 다음 상황에 대처하면서 열두 가지 대화법도 일부 쓰긴 했지만 대체로 적극적 듣기를 했다. 아이한테 5살 때부터 수면 문제가 있었는데 8살이 된 지금까지도 잠들기를 힘들어했다. 이 대화를 하기 8개월 전에 아이는 동생들과 같이 쓰던 방에서 혼자 쓰는 방으로 옮겼다. 아이가 자기 방을 갖고 싶어 하긴 했지만 방을 옮긴 뒤로 수면 문제는 더 심해졌다.

엄마　늦었다. 불 *끄고* 자야지.
대니　자기 싫어.
엄마　자야 해. 늦었잖아. 안 자면 내일 피곤해서 안 돼.
대니　자기 싫어.

엄마   (엄격하게) 불 끄라니까!

대니   (단호히) 안 잘 거야.

엄마   (한 대 때려 주고 싶은 심정이다. 오늘은 너무 피곤
해서 참기가 힘들다……. 부엌으로 가서 속으로 열
까지 세어 마음을 가라앉힌 다음에 죽이 되든 밥이
되든 적극적 듣기를 해 보자고 마음을 먹었다. 아이
방으로 다시 간다.) 대니, 늦었지만 네 침대에 앉아
좀 쉬었다가 설거지할게. (아이의 책을 치우고 불을
끄고 문을 닫은 다음 침대 위 아이 옆에 앉아 몸을
벽에 기댄다.)

대니   내 책 줘! 불 끄지 마. 나가, 엄마 여기 있는 거 싫어.
나 안 잘 거야.

엄마   화가 났구나.

대니   화났어! 학교도 싫어! 다신 학교 안 가. (아이는 사
실 학교를 좋아한다.)

엄마   학교가 지겹니?

대니   최악이야. 난 공부도 못해. 아무것도 몰라. 2학년으
로 돌아가야 해. (지금 3학년이다.) 수학은 하나도
모르겠어. (아이는 수학을 잘한다.) 선생님은 우리
가 고등학생인 줄 아나 봐.

엄마   수학이 어려운가 봐.

대니   아냐! 쉬워. 하기 싫을 뿐이야.

엄마   그래.

대니   (갑자기 주제를 돌려) 난 야구가 좋아. 학교 가지 말

고 야구 하면 좋겠어.

엄마   그래 너 야구 정말 좋아하지.

대니   대학에 꼭 가야 해? (큰형이 고등학생이어서 최근 집에서 대학에 관한 대화가 많았다.)

엄마   아니.

대니   학교 얼마나 더 다녀야 돼?

엄마   고등학교는 마쳐야지.

대니   대학은 안 갈 거야. 안 가도 되지?

엄마   맞아.

대니   좋아, 그럼 야구를 해야지.

엄마   야구 재밌지.

대니   응. (차분해졌다. 이제 화내지 않고 편하게 이야기 한다.) 그럼 엄마 잘 자.

엄마   잘 자.

대니   조금만 더 있다 가면 안 돼?

엄마   으음.

대니   (발로 걷어찼던 담요를 끌어당겨서 엄마의 무릎을 덮어 주고는 토닥인다.) 편해?

엄마   응, 고마워.

대니   응. (조용히 있다가 과장되게 헛기침을 하고 코를 킁킁거린다. 대니한테 알레르기성 비염이 있긴 한 데 증상이 심하지는 않다. 엄마는 대니가 이렇게 코 를 킁킁거리는 건 처음 본다.)

엄마   코가 답답하니?

대니 응. 코 막힐 때 먹는 약 먹을까?

엄마 그럼 나을 것 같아?

대니 아니. (킁킁)

엄마 코가 진짜 답답한가 보네.

대니 응. (킁 하더니 한숨을 쉰다.) 잠잘 때 코로만 숨 쉬지 않아도 되면 좋을 텐데.

엄마 (이 말을 듣고 깜짝 놀란다. 어디서 이런 얘기를 들었는지 묻고 싶은데 일단 참는다.) 잘 때는 코로만 숨을 쉬어야 한다고 생각해?

대니 당연하지.

엄마 확실한 사실이라고 생각하는구나.

대니 확실해. 토미가 전에 그랬어. (토미는 대니보다 두 살 더 많고 대니가 아주 많이 따르는 친구다.) 잘 때는 입으로 숨 쉴 수가 없대.

엄마 잘 때는 입으로 숨 쉬면 안 된다고?

대니 입으로 숨 쉴 수가 없다고. (킁) 그렇지 않아? 잘 때는 코로만 숨을 쉬어야 하잖아.

엄마 (아이에게 그렇지 않다고 얘기한다. 자기가 좋아하는 친구가 거짓말을 했을 리가 없다고 생각하는 대니에게 친구가 나쁜 뜻으로 그런 것은 아닐 거고 아이들이 가끔 무언가 잘못 알 때도 있다고 설명한다. 사람이 잠을 잘 때 입으로도 숨을 쉰다는 것을 강조한다.)

대니 (마음이 놓인 듯) 그럼 안녕히 주무세요.

엄마   잘 자라. (대니가 편하게 입으로 숨을 쉰다.)

대니   (갑자기) 쿵.

엄마   아직도 걱정되니?

대니   응. 엄마, 코가 막혔을 때 입으로 숨을 쉬면서 자다
       가, 한밤중에 잠이 깊이 들어서 나도 모르게 입을
       다물면 어떡하지?

엄마   (아이가 수년 동안 자다가 숨이 막혀 죽을까 봐 잠
       들기를 무서워했다는 것을 이제야 깨닫는다. 딱하
       기도 해라.) 혹시나 숨이 막힐까 봐 걱정하는구나?

대니   응. 숨은 꼭 쉬어야 하잖아. (죽을지도 모른다는 말
       은 차마 안 한다.)

엄마   (더 설명해 준다.) 그런 일은 있을 수가 없어. 심장
       이 저절로 뛰고 눈이 저절로 깜박이는 것처럼 입도
       저절로 벌어져.

대니   정말이야?

엄마   확실해.

대니   응, 그럼 잘 자.

엄마   잘 자라 아가. (뽀뽀한다. 대니는 금방 잠이 든다.)

적극적 듣기를 통해 정서적 문제에 대한 해결책을 전혀
뜻하지 않게 끌어낼 수 있었던 사례다. 하지만 이 사례가 아주
특별한 경우는 아니다. 수업에 참여했던 부모들이 비슷한 사
례를 많이 들려주었고 덕분에 부모도 전문 상담사가 사용하는
기술을 충분히 익혀 깊은 뿌리가 있는 문제까지도 해결로 이

끌어 나갈 수 있음을 확인했다.

때로는 이렇게 귀를 기울였을 때 아이가 감정을 쏟아 내고 해소해서 치료 효과를 얻을 수도 있다. 다음 10살 여자아이 킴의 사례에서 보듯이 아이는 그저 공감하며 들어 줄 사람이 필요할 때도 있다. 킴의 엄마는 아이에게 허락을 받고 대화를 녹음해서 P.E.T. 교실에서 다른 사람들과 공유했다. 녹음을 하면 대화를 다시 들어 보면서 잘못된 점을 찾을 수 있어 좋다. 여기에 옮겨 적은 대화 내용을 보면서 부모가 무심코 대꾸했으면 열두 가지 대화 장벽을 얼마나 많이 사용했을지 한 번 상상해 보자.

엄마 내일 학교 가고 싶지 않다고?

킴 가 봤자 좋을 거 하나도 없는데 뭐.

엄마 학교가 지루한가…….

킴 응. 바보 같은 선생님만 종일 봐야 하잖아. 뚱뚱하고 느려 터졌고 바보같이 생겼어!

엄마 선생님이 하는 행동이 맘에 들지 않나 보다.

킴 맞아. 언제나 이런 식이야. "그래, 이건 내일 돌려줄게." 그래 놓고 다음 날이 되면 "아, 깜박했네. 다음에 줄게" 매번 이런다고.

엄마 어떻게 하겠다고 약속을 하고는…….

킴 그래 놓고 절대 안 지켜.

엄마 자기가 한 말을 지키지 않아서 네가 화난 거구나.

킴 응. 9월에 준다고 한 공책을 아직도 안 줬어.

엄마 선생님이 어떻게 하겠다고 말하면 너는 그 말을 믿고 기다리는데 선생님은 그대로 하지 않는 거지.

킴 그리고 맨날 어디로 소풍 가자, 또 어디 가자 그래 놓고는 그 뒤에 아무 일도 없어. 그냥 말만 하고 마는 거야. 그러고도 또 얼마 지나면 또 언제 뭐 하자고 약속을 하고…….

엄마 선생님이 기대하게 해서 너는 재미있겠다고 잔뜩 기다리는데 결국 아무 일도 안 일어나는 거네.

킴 맞아. 정말 짜증 나.

엄마 학교생활이 영 마음에 안 들고 실망스러운 모양이야.

킴 응. 그나마 미술 시간이 좋아. 미술 시간에는 선생님이 글씨 가지고 뭐라고 그러지는 않으니까. 그 선생님은 나보고 맨날 "글씨를 왜 이렇게 못 쓰니!" "삐뚤삐뚤 쓰지 말고 또박또박 좀 써 봐." "덜렁대지 말고!" 이래.

엄마 선생님이 잔소리를 많이 하는가 봐.

킴 응. 미술 시간에도 무슨 색깔을 쓰라고 말하는데 난 그대로 안 해……. 내가 예쁘게 그려 놓으면 선생님이 명암 넣는 법만 가르쳐 줘.

엄마 미술 시간에는 선생님이 간섭을 많이 안 하고 내버려 두나 봐.

킴 어어, 지붕 그릴 때만 빼고…….

엄마 어떻게 그리라고 말씀하셔서?

킴	응. 그래도 난 그렇게 안 그려.
엄마	선생님이 이래라저래라 하는 게 싫구나.
킴	선생님이 하라는 대로 안 할 거야. 말 안 들을 거야. 그런데 그러다가 혼나면…….
엄마	선생님이 하라는 대로 안 하면 혼날까 봐 걱정되니?
킴	으응. 사실 선생님 말을 안 들을 때는 별로 없어. 선생님이 하라는 대로 해야 해. 수학 시간에 숫자 세는 것도 그렇고. 사과 하나, 오렌지 하나, 이렇게…….
엄마	선생님 말대로 하기 싫은데 하라는 대로 하다 보면 화가 나고…….
킴	선생님은 너무 느려. 처음부터 끝까지 다 설명하고 난 다음에 쪼끔 하고 그다음에 또 어떻게 하라고 일일이 말하고. 우리를 아기 취급하는 것 같아. "자 이제 새로운 단계를 배울 거야"라고 하면서 우리를 유치원생 대하듯 한다니까.

이렇듯 어떤 결론에 도달하지 않은 상태로 대화를 끝내면 부모들은 뭔가 성이 차지 않는다고 느낀다. 하지만 전문가 상담도 이처럼 결론 없이 끝날 때가 많다. 전문가들은 아이가 나중에 스스로 해결책을 찾아내리라고 믿기 때문에 아이가 이야기하던 도중에 말을 멈추더라도 조바심 내지 않는다. 반면 부모는 아이의 능력을 과소평가할 때가 많다.

다음 사례는 내가 어떤 청소년과 나눈 대화 내용을 요약한 것이다. 이 예를 보면 적극적 듣기가 늘 즉각적 변화를 가져오지는 않음을 알 수 있다. 적극적 듣기가 어떤 일들이 일어나는 계기가 될 수는 있지만, 문제가 어떻게 결론이 났는지 부모는 뒤늦게 알게 될 수도 있고 아니면 영영 모를 수도 있다. 아이가 나중에 혼자서 해답을 찾아내는 때가 많기 때문이다. 전문가들은 이런 일을 흔히 겪는다. 아이가 문제에 관해 이야기하던 도중에 상담이 끝났는데 다음 주에 돌아와 문제를 해결했다고 말할 때도 많다.

나이절의 경우도 그랬다. 16살인 나이절은 학교에 관심이 없고 어른들에게 반항하고 마약에 손을 대고 집안일에 전혀 협조하지 않는 등 문제가 있어 부모가 나에게 데려와 상담을 시작한 아이였다.

몇 주 동안 나이절은 상담 시간 내내 마리화나를 피우는 것이 어째서 잘못인지 모르겠다며 이야기했다. 어른들도 술 마시고 담배 피우지 않느냐고 되물으며, 마리화나는 나쁜 것이 아니며 다른 사람들도 자기처럼 멋진 경험을 해보아야 한다고 했다. 학교가 필요 없다고 생각한다고도 했다. 학교를 나와야 직장을 구하고 돈을 번다고들 하지만 그래 봐야 결국 스스로 덫에 들어가는 꼴이 아니냐면서. 나이절의 학교 성적은 최근 바닥에 떨어진 상태였다. 나이절은 무엇이든 열심히 하는 것이 무의미하다고 느꼈다. 그러던 어느 날 상담 시간에 느닷없이 마리화나를 끊기로 했다고 말했다. 이제 '자기 삶을 망치는 짓'은 그만하겠다는 것이었다. 앞으로 어떻게 살지는 아직 잘 모르겠지만

다 손 놓아 버리고 인생의 낙오자가 되고 싶지는 않다고 했다. 이번 학기에는 한 과목 빼고 전부 낙제를 받았지만, 여름 학기에 두 과목을 신청해서 열심히 듣고 있다고 했다. 나이절은 여름 학기 두 과목에서 B+를 받았고, 그 덕에 고등학교를 졸업하고 대학에 진학했다. 정확히 어떤 계기로 아이가 달라졌는지는 모르겠지만, 적극적으로 들어준 덕에 아이 스스로 분별력을 발휘할 수 있었던 것이 아닐까 생각한다.

적극적 듣기를 통해 아이가 어쩔 수 없는 상황을 그냥 받아들이게 되는 수도 있다. 적극적 듣기 과정에서 아이는 어떤 상황에 대한 감정을 털어놓고 그 감정을 누군가에게 인정받는 느낌을 받는다. 군대에서 불만을 제기하는 것하고 비슷하다고 할 수 있을지 모르겠다. 불만을 제기해 보아야 상황이 바뀌지 않는 것은 알지만 이해하고 인정해 주는 사람 앞에서 부정적 감정을 표출하면 도움이 되는 것처럼 말이다. 12살 얼리사와 엄마의 대화도 그런 예다.

얼리사   새 영어 선생님 너무 싫어. 그 선생님은 애들을 싫어하는 것 같아.

엄마   이번 학기에 정말 맘에 안 드는 선생님이 걸렸구나.

얼리사   그렇다니까! 수업 내내 자기 얘기만 하니까 아주 따분해 죽을 지경이야. 어떨 때는 입 닥치라고 하고 싶다니까.

엄마   선생님한테 정말 화가 났네.

얼리사   다른 애들도 다 그래. 그 선생님 좋다는 애 아무
도 없어. 왜 그런 선생님을 채용하지? 어떻게 학
교에 계속 붙어 있는지 모르겠어.

엄마   그렇게 이상한 선생님이 어떻게 계속 교사 자리
를 지킬 수 있는지 이해가 안 된단 말이지?

얼리사   응. 어쨌든 반을 바꿔 달라고 할 수는 없는 노릇
이니 어쩔 수 없지. 아, 이번 주말에 뭐 하고 놀지
스테이시한테 전화해 봐야겠다. 엄마, 이따가 봐.

뚜렷한 해결책에 도달하지도 않았고 얼리사가 문제 해결
을 위해 어떤 행동을 취할 것 같지도 않다. 하지만 얼리사는 감
정을 표현했고, 그 감정을 이해받고 인정받았기 때문에 기분을
풀고 다른 것으로 생각을 옮길 수 있었다. 또한 이 엄마는 고민
이 있을 때 언제나 털어놓을 수 있는 사람이 곁에 있음을 딸에
게 알려 준 셈이다.

적극적 듣기는 언제 할까?

적극적 듣기가 필요한 때는 잠들기를 무서워하는 대니의 사례
처럼 심각한 문제가 발생했을 때뿐일까? 그렇지 않다. 아이는
거의 날마다 뭔가 불편한 감정이 있다고 말하는 메시지를 부
모에게 보낸다.

네이트가 방금 엄마의 고데기에 손을 데었다.

네이트   아야, 손 뎄어! 엄마, 손가락 뎄어. 아파, 아파.
        (운다.) 손 뎄어! 아앙!
엄마   이런, 아프겠다. 정말 아프겠구나.
네이트   응, 이것 봐. 엄청 많이 뎄어.
엄마   정말 많이 덴 것 같네. 진짜 아프겠다.
네이트   (울음을 그친다.) 뭐 발라 줘.
엄마   그래. 일단 찬물로 식힌 다음에 연고를 바르자.

집에서 흔히 일어날 수 있는 사고에 대응하면서 엄마는 "별로 안 다쳤어" "금방 나을 거야" "살짝 뎄네" 하는 식으로 아이를 달래지 않았다. 심하게 데어서 정말 아프다고 느끼는 네이트의 감정을 존중해 주었다. 또 이런 상황에서 부모들이 가장 흔히 하는 반응도 피했다. "괜찮아, 아기처럼 굴지 말고 이제 뚝 그쳐." [평가와 명령]

적극적 듣기는 엄마가 다음과 같이 생각한다는 사실을 드러낸다.

▶ 네이트는 삶에서 고통스러운 순간을 겪고 있다. 이것은 네이트의 문제이므로 네이트는 그것에 대해 나름의 반응을 보일 권리가 있다.
▶ 아이의 감정을 부인하고 싶지 않다. 이 감정은 아이가 실제로 느끼는 것이다.

▸ 아이가 화상과 아픔이 어느 정도라고 생각하든 그대로 받아들인다.

▸ 아이가 자신의 감정이 잘못되었다거나 부끄럽다고 느끼게 만들고 싶지 않다.

많은 부모가 아이가 다쳤거나 울 때 적극적 듣기를 시도하자 아이가 갑자기 울음을 뚝 그쳤다는 이야기를 한다. 자기가 얼마나 아픈지 얼마나 놀랐는지 부모가 알아준다는 것이 확실해지면 아이는 울음을 그친다. 아이에게는 자기감정을 이해받는 것이 가장 간절한 일이기 때문이다.

부모가 출근이나 외출 준비를 할 때, 아이가 가장 좋아하는 인형이나 담요가 없어졌을 때, 또는 낯선 장소에서 자야 할 때 같은 상황에서 아이는 불안하고 걱정되기 때문에 부모를 매우 성가시게 할 수 있다. 이런 상황에서는 달래 보아야 별 효과가 없고 아이가 계속 칭얼대거나 졸라 대면 부모도 짜증이 솟게 된다.

"내 담요 줘. 내 담요. 내 담요 없어졌어!"
"가지 마, 가지 마!"
"곰돌이 줘. 곰돌이 어디 갔어? 곰돌이!"

적극적 듣기가 이런 상황에서 기적을 발휘할 수 있다. 아이가 원하는 것은 자기감정이 얼마나 강한지를 부모가 알아주는 것이기 때문이다.

P.E.T. 수업에서 한 아버지는 이런 경험을 들려주었다.

"3살 반인 우리 딸이, 애 엄마가 슈퍼마켓에 물건을 사러 가고 차에 저랑 둘만 남게 되자 징징대기 시작했어요. 엄마 금방 올 거라고 아무리 말해도 아이는 '엄마 어디 갔어?' 하고 계속 묻는 거예요. 그러다가 갑자기 큰 소리로 울음을 터뜨렸어요. '곰돌이 줘, 곰돌이 줘' 이러면서요. 아이를 달래려고 별 방법을 다 써 보았지만 다 실패하고 나서야 적극적 듣기가 생각났습니다. 될 대로 되라는 기분으로 이렇게 말했죠. '엄마가 널 두고 가서 섭섭하구나.' 아이는 고개를 끄덕였어요. '엄마가 너를 두고 가는 게 싫은 거지.' 아이는 또 고개를 끄덕였지만 여전히 겁에 질린 길 잃은 새끼 고양이처럼 담요를 꼭 붙들고는 차 뒷좌석 구석에 웅크리고 있었어요. 나는 계속해서 말했어요. '엄마가 없을 때는 곰돌이가 있었으면 하는 거구나?' 아이는 열심히 고개를 끄덕였어요. '하지만 곰돌이가 여기 없으니까 곰돌이도 보고 싶겠다.' 그러자 마치 내가 마술이라도 부린 것처럼, 아이는 울음을 뚝 그치고 담요를 놓고 앞좌석으로 와 내 무릎에 앉아서는 주차장에서 지나가는 사람들을 보면서 재미나게 이야기하기 시작했어요."

이런 예에서 알 수 있듯이, 아이가 칭얼대거나 조를 때 아이를 달래거나 윽박질러서 그만두게 할 것이 아니라 아이가 느끼는 감정을 받아들이려고 해야 한다. 아이는 자기 기분이 얼마나 안 좋은지를 부모가 알아주기를 바랄 뿐이다.

　적극적 듣기가 유용한 또 다른 상황은, 아이가 메시지를 암호처럼 전달해서 무슨 생각을 하는지 알기 힘든 경우다. 이럴 때는 메시지가 질문의 형태로 되어 있을 때가 많다.

“나도 결혼을 하게 될까?”
“죽으면 어떤 기분일까?”
“왜 애들이 나더러 쫄보라고 하지?”
“아빠, 어릴 때 어떤 여자애가 좋았어?”

　마지막 질문은 중학교에 다니던 내 딸이 어느 날 아침 식탁에서 나에게 물은 그대로다. 대부분 아빠가 그렇겠지만 내 어린 시절에 대해 질문받자 나도 어릴 때 이야기를 풀어놓고 싶은 생각이 먼저 들었다. 하지만 다행히 정신을 차리고 적극적 듣기로 대응했다.

아빠　남자애들이 너를 좋아하게 하려면 어떻게 하나 궁금한 것 같은데, 맞니?

딸　응. 난 남자애들한테 인기가 별로 없는 것 같은데, 왜인지 모르겠어.

아빠　남자애들이 왜 널 별로 안 좋아하는지 잘 모르겠다는 거지.

딸　내가 얘기를 잘 안 하는 건 사실이야. 남자애들 앞에서는 얘기를 못 하겠어.

아빠	남자애들하고 있을 때는 편하게 말을 잘 못 하는구나?
딸	응. 뭔가 바보 같은 얘기를 할까 봐 겁이 나.
아빠	네가 바보 같다고 생각하는 게 싫겠네.
딸	응. 입 다물고 가만히 있으면 바보 같은 소리를 하지는 않을 테니까.
아빠	말을 안 하는 편이 더 안전하다는 말이지.
딸	응. 하지만 그래서 좋을 것도 없어. 이제 걔들은 내가 정말 재미없는 애라고 생각할 거야.
아빠	말을 하지 않는다고 해서 원하는 대로 되지는 않는구나.
딸	응. 차라리 될 대로 되라 해 볼까 봐.

내가 어렸을 때 좋아했던 여자애들 이야기를 들려주고픈 욕망에 굴복했다면 이렇듯 아이에게 도움을 줄 절호의 기회를 망치고 말았을 것이다. 적극적 듣기 덕분에 아이는 한 걸음 더 나아갈 수 있었다. 스스로 발전적인 행동 변화를 이룰 수 있는 통찰을 얻은 것이다.

아이들이 질문의 형태 등으로 암호 같은 메시지를 보낼 때는 아이가 마음속 깊이 고민하는 문제가 있기 때문일 수 있다. 적극적 듣기로 부모는 아이가 이 문제를 스스로 인식하고 문제를 해결하도록 도울 수 있다. 질문으로 기호화된 감정에 곧이곧대로 대답한다면 아이가 씨름하고 있는 실제 문제에 좋은 상담사가 될 기회를 날려 버리게 되고 만다.

적극적 듣기를 처음 시도할 때는 잘 모를 수 있지만, 아이들이 하는 지적인 고민에도 적극적 듣기로 효과적으로 반응할 수 있다. 아이들은 주변 세계에 대해 읽고 들은 것을 이해하려고 애쓰는 와중에도 많은 문제를 맞닥뜨린다. 인종주의, 경찰의 폭력, 전쟁, 인종 학살, 지구온난화, 이혼, 조직 폭력배 문제 등에 대해 아이들은 심각하게 고민한다.

아이들이 무지하고 미성숙한 의견을 매우 강하게 얘기해서 부모들이 충격을 받을 때도 있다. 이럴 때 부모들은 대개 바로 끼어들어 아이의 생각을 바로잡고 더 넓은 관점을 보여 주려 한다. 오로지 아이의 지적 발달을 도우려는 좋은 의도에서 그럴 수도 있고, 아니면 자신의 지적 능력이 더 우월함을 보이고 싶어서 그럴 수도 있다. 어느 쪽이든 그러다 보면 열두 가지 대화 장벽 가운데 한두 가지 사용할 수밖에 없다. 그러면 아이가 입을 닫아 버리거나 아니면 말싸움이 시작되어 서로 심한 말을 하고 감정을 다치는 일이 흔하다.

아이가 개인적 문제뿐 아니라 최근의 쟁점 등에 대한 생각을 내비칠 때도 적극적 듣기를 해야 한다. 이런 질문을 스스로 던져 보면 이해할 수 있을 것이다.

"아이가 나와 같은 의견을 가져야만 하나?"

"아이를 가르쳐야 한다고 생각할 이유가 있나?"

"내 의견과 다른 의견은 인정할 수 없나?"

"아이가 복잡한 세상을 바라보는 자신의 관점을 갖도록 도울 수 있나?"

"어떤 문제에 대해 아이 나름의 입장을 갖도록 허락할 수 있나?"

"나도 어릴 때 좀 이상한 생각을 하지 않았나?"

입술을 깨물고 아이들 말에 귀를 기울이려고 애썼더니 식탁에서의 대화가 눈에 띄게 달라졌다고 부모들은 이야기한다. 마약, 섹스, 낙태, 음주, 도덕성 등 전에는 부모랑 이야기하려 하지 않던 문제들을 아이들이 먼저 화제로 꺼낸다고 했다. 적극적 듣기를 하자 가정이 아이들이 마주하는 중요하고 복잡한 문제를 부모와 같이 진지하고 깊이 있게 토론하는 공간으로 바뀌었다.

아이들이 집에서는 중요한 문제를 전혀 이야기하지 않는다고 하는 부모가 많은데, 실상은 아이들이 이런 화제를 슬쩍 꺼냈을 때 부모가 책망, 설교, 훈계, 평가, 비판, 냉소, 혹은 말 돌리기 등의 뻔한 방식으로 대꾸하다 보니 그렇게 되었을 가능성이 크다. 그러면 아이들은 자기 생각과 부모 생각 사이에 조금씩 장막을 친다. 부모와 아이 사이는 소원해질 수밖에 없다. 부모가 아이에게 귀를 기울이지 않고 가르치고 바로잡고 비난하고 비웃다 보면 그렇게 되고 만다.

적극적 듣기를 활용할 때 흔히 하는 실수들

적극적 듣기가 무엇인지 정확하게 이해하지 못하겠다거나 열두 가지 대화 장벽과 뭐가 다른지 모르겠다는 부모는 거의 없다. 적극적 듣기를 하면 어떤 이득이 있는지 모르겠다고 하는 사람도 드물다. 하지만 이 기술을 잘 구사하는 데 어려움을 겪는 부모는 많다. 새로운 기술을 배울 때는 언제나 그렇듯이 실수하기 마련이다. 자질이 부족해서 그럴 수도 있지만 방법을 잘못 사용해서 그럴 수도 있다. 흔히 하는 실수를 몇 가지 미리 살펴보자.

부모가 원하는 대로 유도하여 아이를 조종하기

잘못된 의도를 가지고 적극적 듣기를 하다가 실패할 수도 있다. 부모가 바라는 방식으로 아이의 행동이나 생각을 조종하려는 목적으로 적극적 듣기를 쓰는 경우다.

P.E.T. 수업에서 한 어머니는 처음 적극적 듣기를 시도해 보았다가 얼마나 실망하고 화가 났는지 모르겠다고 말했다. "우리 애가 그냥 나를 이상하다는 듯이 쳐다보면서 아무 말도 안 하던데요. 적극적 듣기를 하면 아이가 말하기 시작할 거라고 했잖아요. 전혀 아니었어요."

강사는 이 어머니에게 구체적으로 어떤 일이 있었는지 이야기해 달라고 했다.

"우리 애가 16살인데, 그날 학교에서 돌아와서 말하기를 두 과목에서 낙제할 것 같다는 거예요. 아이가 이야기를 계속 하게 하려고 바로 적극적 듣기를 시도했는데 입을 다물어 버리더니 조금 있다 나가 버렸어요."

강사는 자기가 아들 역할을 할 테니 그 장면을 재현해 보자고 했다. 어머니는 강사가 자기 아들만큼 완강하기는 어려울 테지만 그래도 한번 해 보자고 했다. 강사가 아들 역할을 대신해서 나눈 다음 대화에서 어머니의 응답에 주목해 보자.

아들   와, 완전히 망했어요. 수학하고 영어 두 과목에서 낙제 경고받았어요.

엄마   화났구나. (차갑게)

아들   당연히 열받죠.

엄마   실망했나 보구나. (여전히 차갑게)

아들   그게 문제가 아니에요. 졸업을 못 한다고요. 이제 망했어요.

엄마   공부를 열심히 안 했으니 어쩔 수가 없다는 말이네. (엄마가 자기 생각을 이야기하기 시작한다.)

아들   공부를 더 많이 하라고요? (엄마가 하려는 얘기를 알아차렸다.)

엄마   그래. 아직 안 늦었잖아. (이제 자기의 해결책을 강요한다.)

아들   그 쓰레기를 공부하라고요? 왜 그래야 하는데? 다 개소리야!

이런 식이었다. 이 어머니는 적극적 듣기를 한답시고 실제로는 아이가 남은 기간 집중적으로 공부해서 성적을 올리는 방편을 택하도록 몰아갔다. 어머니가 강하게 압력을 넣으면 아이는 한 걸음 물러서서 방어적 태도를 보인다.

이 어머니는 적극적 듣기가 아이를 좋은 방향으로 이끌어 가는 새로운 기술이라고 생각하면서 이 방법을 사용한 것이다. 이 어머니처럼 적극적 듣기가 아이에게 알게 모르게 영향을 주면서 부모가 원하는 대로 아이를 이끌어 가는 방법이라고 잘못 생각하는 부모가 많다.

그렇다면 아이들을 이끌어 가려 하면 안 된다는 말인가? 아이를 바른길로 이끄는 것은 부모의 주된 책임 가운데 하나가 아닌가? '부모의 가르침'은 보편적으로 인정되는 부모의 역할 가운데 하나지만, 가장 잘못 이해되고 있는 개념이기도 하다. 지도한다는 것은 어떤 방향으로 끌고 간다는 것을 의미한다. 부모 손이 방향키를 잡고 있다는 뜻이다. 부모가 방향키를 잡고 아이를 어떤 방향으로 이끌어 가려고 하면 아이들은 저항한다.

아이들은 부모의 의도를 예민하게 간파한다. 부모가 가르치고 이끌려고 들면 아이들은 현재 자신의 모습이 받아들여지지 않는다는 사실을 금세 알아차린다. 아이는 부모가 자기를 어떻게 하려 한다고 생각하고 부모의 은근한 통제를 겁낸다. 자신의 자립을 위협받았기 때문이다.

적극적 듣기는 부모가 바라는 방향으로 아이를 몰고 가는 방법이 아니다. 그런 방법이라고 생각한다면 적극적 듣기를 하면서 부모 자신의 편견, 생각, 미묘한 압력 같은 간접적인 메시지를 끼워 보내게 된다. 다음 대화는 부모가 하고 싶은 말을 대화에 은근슬쩍 섞어 넣은 사례다.

지니　홀리한테 화났어. 이제 걔랑 놀고 싶지 않아.

부모　오늘은 홀리랑 같이 놀고 싶지 않은 거구나. 지금 홀리한테 화가 나서.

지니　걔랑 영원히 같이 안 놀 거야!

'오늘만 이러고 내일은 화내지 말고 사이좋게 지냈으면 좋겠다'라는 부모의 속마음이 어떻게 슬쩍 끼어들어 갔는지 보자. 지니는 부모가 자기 마음을 바꾸려고 한다는 의도를 알아채고는 두 번째 말로 강하게 저항한다.

또 다른 예를 보자.

밥　마리화나가 뭐가 나빠? 담배나 술처럼 건강을 해치지도 않는다고. 마리화나를 금지하는 게 잘못이야. 법을 바꿔야 해.

부모　더 많은 사람이 망가지도록 법을 고쳐야 한다고 생각한다는 거네?

부모는 이 대화에서 마리화나에 대한 아이의 생각을 바꾸려는 의도를 명백하게 드러냈다. 아이가 한 말을 그대로 받아서 되묻는 대신 자신의 메시지를 포함했기 때문에 정확성 면에서도 오류가 있다고 할 수 있다. 아이 말을 정확히 들었다면 이렇게 대꾸해야 한다. "마리화나를 합법화해야 한다고 생각하는 거지, 그렇니?"

문을 열었다가 다시 닫아 버리기

아이의 말문을 열려고 적극적 듣기를 시도했다가도 아이의 말을 끝까지 듣지 않아 다시 문을 닫아 버리게 하는 때도 있다. "자, 어떤 기분인지 말해 봐, 다 들어 줄게"라고 운을 떼 놓고는 아이가 하는 말이 마음에 안 들면 얼른 문 닫아 버리는 것이다.

6살인 카일이 기분이 안 좋아 보이자 엄마가 도와주려 한다.

엄마 기분이 안 좋아 보이는구나. [적극적 듣기]

카일 프랭키가 밀었어.

엄마 싫었겠구나. [적극적 듣기]

카일 응. 얼굴을 빡 때려 줄 거야.

엄마 이런, 그건 좋은 행동이 아닌데. [평가]

카일 상관없어. 이렇게 때려 줄 거야. (팔을 휘두른다.)

엄마 주먹으로 다툼을 해결하면 안 돼. [훈계] 가서 이야기해서 풀자고 하면 어때? [충고, 해결책 제시]

카일 미쳤어? (침묵)

대화의 문이 잠시 열렸다가 카일의 눈앞에서 다시 닫혔고 대화는 더 이어지지 않는다. 부모는 평가, 훈계, 충고 등을 내놓음으로써 카일이 자기감정을 다스리고 스스로 문제를 풀 방법을 찾도록 도울 기회를 놓쳤다. 또 카일은 부모가 자기에게 문제를 스스로 풀 능력이 없다고 생각하며, 자기가 화났음을 인정하지 않고 자신을 나쁜 아이라고 생각한다고 오해하게 했다.

아이가 감정을 털어놓도록 부추긴 다음 평가, 비판, 훈계, 충고 등으로 넘어가는 방법만큼 실패가 확실한 방법도 없다. 이런 방법을 쓰면 아이는 금방 의심을 품고, 부모가 아이를 평가하거나 나무라기 위해서 반대 신문했다고 생각하게 된다.

앵무새처럼 말을 따라 하기

한 아버지는 적극적 듣기를 처음 시도했다가 실패하고는 실망한 채로 수업에 왔다. "아들이 정말 이상하다는 표정으로 쳐다보더니 자기 말 따라 하지 말라고 하던데요." 이 아버지뿐 아니라 아이의 감정을 해석하지 않고 아이가 하는 말을 그대로 따라 읊다가 실패하는 부모들이 많다. 아이가 하는 말은 감정을 전달하는 수단에 지나지 않는다는 것을 알아야 한다. 그 말 자체는 메시지가 아니다. 의미를 해석해야 하는 암호다.

아이가 잔뜩 화가 나서 "아빠는 치사하고 냄새나는 쥐야"라고 말했다고 해 보자. 아이는 당연히 아빠가 쥐가 아니라는 걸 아니까, 이 말의 뜻은 '아빠는 쥐'라는 것이 아니다. 자기 분노를 표현하기 위해 독특한 표현을 택했을 뿐이다.

그런데 아빠가 "내가 쥐라고 생각하는구나"라고 대꾸하면 아이가 자기 의도가 잘 전달되었다고 생각할 턱이 없다. "나한테 정말 화가 났구나"라고 하면 아이는 "맞아!"라고 할 테고 말이 통했다고 생각할 것이다.

다음 예는 말을 그대로 따라 하는 반응과 먼저 해석한 다음 아이의 내적 감정(아이가 전달하고자 하는 진짜 메시지)을 되받는 반응의 차이를 보여 준다.

1) 아이　큰 형들하고 놀면 아무도 나한테 공을 안 줘.

　부모　큰 형들하고 같이 놀 때는 공 잡을 기회가 없구나.
　　　　[말을 따라 하기]

　부모　너도 같이 놀고 싶은데 끼워 주지 않으니 부당하다
　　　　고 생각하는구나. [의미를 해석하기]

2) 아이　처음엔 잘했는데 이제 못하겠어. 어떻게 해도 안
　　　　돼. 노력해 봤자 소용없다고.

　부모　점점 잘 못 하겠고 애써도 별 소용이 없단 말이지.
　　　　[말을 따라 하기]

　부모　실망해서 포기하고 싶은 생각이 드나 보다. [의미를
　　　　해석하기]

3) 아이　아빠 이거 봐. 새로 산 공구로 비행기를 만들었어!

　부모　공구로 비행기를 만들었구나. [말을 따라 하기]

　부모　비행기를 네가 직접 만들어서 자랑스럽구나. [의미
　　　　를 해석하기]

　적극적 듣기를 잘하려면 많이 연습해야 한다. 그러나 적절
히 지도받고 연습하기만 하면 대부분 놀라울 정도로 이 기술
을 잘 쓸 수 있다.

공감 없이 듣기만 하기

책만 보고 적극적 듣기를 익히면, 글만으로는 공감을 담은 따

스한 어조까지는 전달받지 못하기 때문에 그 부분을 놓쳐서 실패할 위험이 있다. 하지만 적극적 듣기에는 공감이 필수다. 청자가 화자와 같은 편이고, 화자의 처지에서 이야기를 듣고 있으며, 그 순간 화자의 마음 안에 들어가려 한다는 메시지를 대화로 전해야 한다.

사람은 누구나 이야기를 할 때 상대방이 자기 말을 그냥 듣는 것을 넘어 감정까지 이해해 주기를 바란다. 특히 아이들은 감성이 풍부해서 아이들이 하는 말에는 보통 기쁨, 미움, 실망, 두려움, 사랑, 걱정, 분노, 뿌듯함, 좌절감, 슬픔 따위의 감정이 담겨 있다. 부모와 이야기할 때 부모가 이런 감정을 공감해 주지 않으면 아이는 그 순간 자신에게 가장 중요한 것을 이해받지 못했다고 느낀다.

아이의 말에서 감정을 빼고 대꾸하는 것이 적극적 듣기를 처음 시도할 때 저지르기 쉬운 실수 가운데 하나다.

예를 하나 살펴보자. 11살 리베카가 마당에서 일하는 엄마에게 달려온다.

리베카 스캇(9살 동생) 때문에 미치겠어. 정말 못됐어! 스캇이 내 옷을 서랍에서 다 꺼내 놨어. 미워 죽겠어. 죽이고 싶어.

엄마   동생이 하는 짓이 마음에 안 드는구나.

리베카 마음에 안 들어! 미워, 미워 죽겠어!

리베카의 엄마는 아이가 하는 말은 들었지만 감정은 듣지 않았다. 지금 리베카는 화가 나서 미칠 지경이다. "스캇한테 엄청 화났구나"라고 하는 편이 리베카가 느끼는 감정에 더 가까울 것이다. 엄마가 동생이 서랍에서 옷을 다 꺼내서 리베카 기분이 좋지 않다는 사실만을 냉정하게 확인하면 리베카는 엄마가 자기를 이해하지 못한다고 생각해서 이런 말로 엄마의 생각을 바로잡으려 한다. "마음에 안 들어(좋게 말하면 그렇지)! 미워 죽겠어(이게 더 중요한 사실이란 말이야)!"

6살 캐리는 가족끼리 바닷가에 놀러 갔을 때 아빠가 물속으로 같이 들어가자고 하자 이렇게 말했다.

캐리   들어가기 싫어. 너무 깊어! 파도치는 게 무서워.
아빠   물이 너한테 너무 깊구나.
캐리   무섭다니까! 물에 안 들어갈 거야!

아빠의 반응을 보면 아빠는 아이의 감정을 전혀 잡아내지 못했다. 캐리는 물의 깊이가 어떤지 이야기하는 것이 아니다. 아빠한테 "무서워 죽을 것 같으니까 물에 들어가게 하지 마!"라고 절박하게 호소하는 것이다. 아빠는 이렇게 반응했어야 한다. "물이 무서우니까 억지로 바다에 데려가지 말아 달라는 거구나."

감정을 불편하게 여기는 사람들이 있다. 아이의 감정은 물론 자신의 감정에 대해서도 그렇다. 아이에게 나쁜 감정이 있다는 것을 받아들이기 힘들어 그 감정을 무시하는 것 같기도 하다. 또는 아이가 빨리 그 감정을 떨쳐 버리게 하려고 무시하는 것일 수도 있다. 그런가 하면 감정을 너무나 두려워하는 나머지 아이가 하는 말에서 감정 자체를 느끼지 못하는 부모도 있다.

이런 부모들이 P.E.T. 수업을 받으면 어른이든 아이든 사람은 감정을 가질 수밖에 없다는 것을 이해하게 된다. 감정은 삶에서 필수적인 부분이지 병적이고 위험한 것이 아니다. 그리고 감정은 대개 일시적이라, 생겼다 해도 아이에게 영원한 상처를 입히지 않고 사라진다. 감정이 사라지게 하려면 부모가 그것을 받아들이고 인지한다는 사실을 (공감을 담은) 적극적 듣기로 아이에게 전달하는 것이 최선이다. 이 방법을 알게 된 부모들은 아이가 느끼는 아주 강렬한 부정적 감정도 순식간에 사라지는 것을 경험했다고 말하곤 한다.

두 딸을 둔 한 젊은 부부는 적극적 듣기의 힘을 확신하게 된 계기를 들려주었다. 두 사람 다 엄격하고 종교적인 가정에서 자라며 감정을 표현하는 것은 정신적 유약함의 증거이며 기독교도가 해서는 안 되는 일이라고 배웠다. 늘 이런 말을 들으며 컸다. "미워하는 것은 죄악이다." "이웃을 사랑해야 한다." "쓸데없는 말은 하지 마라." "엄마한테 공손히 말하지 않으면 밥도 없다."

이렇게 자란 탓에 이 부부는 부모가 된 뒤에 아이들의 감정을 받아들이기 힘들었고 두 딸이 시도 때도 없이 표현하는 감정을 잘 포착할 수도 없었다. 그러다가 P.E.T.로 생각이 완전히 바뀌게 되었다. 일단 부부 사이에도 감정이 존재한다는 것을 받아들였고 감정을 이야기하기 시작했으며 적극적 듣기로 서로를 거들어 주었다.

이렇게 솔직하고 친근하게 대화하는 것이 얼마나 좋은지 알게 되었기 때문에 이 부부는 아이들의 감정에도 귀를 기울일 용기가 생겼다. 몇 달이 채 지나지 않아 조용하고 내성적이고 억눌려 있던 아이들이 말도 더 많아지고 자연스럽고 활달하고 쾌활한 아이들로 바뀌었다. 서로의 감정을 받아들이고 이해하는 자유로운 분위기가 만들어졌기 때문이다. 그래서 집안 분위기가 훨씬 즐거워졌고, 감정이 솟는다고 해서 죄책감을 느끼지도 않게 되었으며, 아이들이 훨씬 솔직하고 스스럼없이 행동한다.

부적절한 때 적극적 듣기를 남발하기

적극적 듣기를 시도했다가 실패하는 또 다른 이유는 부적절한 때 남발하는 것이다. 아무리 좋은 것이라도 지나치면 좋지 않다. 누가 공감해 주겠다고 해도 자기감정을 이야기하고 싶지 않을 때가 있다. 한동안 감정을 마음속에 담아 두고 싶을 수도 있다. 때로 너무 고통스러워서 이야기하기 힘들 때도 있다. 부모와 속을 터놓을 만큼 긴 대화를 나눌 시간이 없을 수도 있다. 아이의 감정 세계에도 프라이버시가 필요하므로 말을 하라고 압박하면 안 된다.

적극적 듣기는 대화의 문을 여는 데 놀라운 효과가 있지만, 아이가 이 문으로 들어오고 싶지 않을 수도 있다. 어떤 엄마는 적극적 듣기를 시도했는데 아이가 "그만해! 말하면 나아질 수도 있겠지만 지금은 정말 아무 얘기도 하고 싶지 않아. 그러니까 지금은 제발 그 적극적 듣기 좀 하지 마"라고 말했다고 한다.

　　때로는 부모가 적극적 듣기로 문은 열었는데 아이가 가슴 깊은 곳의 감정까지 다 꺼내 놓도록 끝까지 들을 시간이 없을 수도 있다. 그렇다고 '치고 빠지기' 전법을 사용하면 아이는 속은 느낌이 들 테고 아이와의 관계가 도리어 나빠질 수도 있다. 부모에게 자기 이야기를 끝까지 들어 줄 만큼의 관심이 없다고 생각하게 될 테니 말이다. 그러니 아이가 꺼내 놓는 감정을 끝까지 다 들을 시간이 없다면 적극적 듣기를 시작하지 말아야 한다.

　　아이가 무언가 다른 방식의 도움을 바랄 때 적극적 듣기를 사용하려고 해서 충돌이 일어날 수도 있다. 아이가 어떤 정보를 원하거나 도움이 필요할 때는 하고 싶은 이야기가 별로 없을 것이다. 다음 상황을 살펴보면 적극적 듣기가 부적절한 때가 어떤 때인지 구체적으로 알 수 있을 것이다.

1) 아이　엄마, 토요일에 저 좀 시내에 태워다 줄 수 있어요? 뭐 살 게 있어요.
　　부모　토요일에 시내에 가길 원하는구나.

2) 아이　언제 집에 와?
　　부모　우리가 언제 집에 올지 알고 싶다는 거지?

3) 아이　차를 사면 보험료를 얼마나 내야 할까요?

부모　보험료가 걱정되는 모양이구나.

　이런 때는 이야기를 더 하라고 부추길 필요가 없다. 이 아이들한테는 적극적 듣기가 아니라 다른 구체적인 도움이 필요하다. 아이가 감정을 전달하는 것이 아니라 정보를 요구하거나 실제적인 도움을 요청했기 때문이다. 그런데 적극적 듣기로 대응하면 아이는 이상하다고 생각할 테고 도리어 짜증을 느낄 것이다. 이럴 때는 질문에 직접 대답해야 한다.

　또 아이가 하고 싶은 이야기를 다 마쳤는데도 부모가 적극적 듣기를 계속하려고 해서 아이들이 불편해하는 때도 있다. 그러니까 그만두어야 할 때를 알아야 한다는 말이다. 대체로 아이를 관찰하면 언제 그만두어야 할지 알 수 있다. 아이가 어떤 표정을 짓거나 자리에서 일어나려고 하거나 침묵을 지킨다든가 몸을 들썩이거나 휴대전화를 보는 등의 행동을 하거나 이런 말을 할 수도 있다.

"그게 다야."
"지금 시간이 없어서 더 얘기 못 하겠어."
"이제 기분이 좀 달라졌어."
"이제 된 것 같아."
"오늘 숙제가 많은데."
"내가 엄마 시간 너무 많이 뺏었지."

　문제가 아직 해결되지 않은 것처럼 보이더라도 이런 힌트

나 메시지를 받으면 물러서는 편이 현명하다. 전문 상담사들은 적극적 듣기는 아이가 문제 해결의 첫발을 딛게 해 줄 뿐이라고들 한다. 감정을 표현하고 문제를 정의하는 것이 문제 해결의 첫걸음이다. 아이들은 거기에서부터 시작해 결국 스스로 해결책을 찾아낸다.

5

말 못 하는 아기의 말은
어떻게 들을 수 있을까

"서너 살 이상 된 아이들과 대화할 때 적극적 듣기가 확실히 효과가 있다는 것은 알겠습니다. 하지만 아직 말을 못 하는 아기들한테도 쓸모가 있나요?"라고 질문하는 부모가 많다. "적극적 듣기를 사용해서 최대한 아이들이 스스로 문제를 해결하도록 해야 한다는 것을 이해했습니다. 하지만 아주 어린아이들은 스스로 문제를 해결할 능력이 없으니 결국은 부모가 해결해 주어야 하는 것 아닌가요?"라고 묻기도 한다.

적극적 듣기가 말을 할 수 있을 만큼 자란 아이들에게만 유용하다는 생각은 옳지 않다. 젖먹이들과 대화할 때도 적극적 듣기를 할 수 있는데, 그러려면 우선 비언어적 메시지에 효과적으로 응답하는 방법을 알아야 한다. 또 아기가 욕구를 충족하기 위해 부모에 의존해야 한다고 해서 스스로 문제를 해결할 능력이 없다고 생각하는 것 역시 정확한 생각은 아니다. 아기가 할 수 있는 일은 스스로 하도록 도와주는 것이 좋다.

아기들은 어떤 존재인가

첫째, 아기도 더 큰 아이나 어른들처럼 욕구를 느낀다. 또 이 욕구를 충족시키는 과정에서 문제를 맞닥뜨린다. 춥거나, 배가 고프거나, 기저귀가 축축하거나, 피곤하거나, 목이 마르거나, 짜증이 나거나, 몸이 아프거나 하는 문제를 겪는다. 그런데 이런 문제를 겪는 아기를 어떻게 도와야 할지 몰라 난감해하는 부모가 많다.

둘째, 아기는 욕구를 충족하거나 문제를 해결할 때 부모에게 크게 의존한다. 아기는 두뇌와 신체 능력이 아직 다 발달하지 않은 상태다. 배가 고프다고 부엌에 가서 냉장고를 열고 직접 우유를 따라 먹을 수는 없다.

셋째, 아기는 자기 욕구를 언어로 전달하지 못한다. 언어를 아직 습득 못 해서 안아 달라는 건지 트림을 시켜 달라는 건지 뚜렷하게 의사를 전달하지 못하므로 부모는 아기가 무얼 원하는지 몰라 난감할 때가 많다.

사실 아기도 자기가 무얼 바라는지 모를 때가 많다. 아기들의 욕구는 대부분 생리적인 것으로, 배고픔이나 목마름, 아픔과 같이 육체적 욕구를 충족시키지 못해서 일어난다. 아기는 인지 능력과 언어 능력이 아직 발달하기 전이라서 자기가 어떤 문제를 겪는지 모를 수 있다. 따라서 아기가 욕구를 충족시키고 문제를 해결하도록 돕는 일은 큰 아이들을 도울 때와 다를 수밖에 없다. 하지만 부모들이 생각하는 만큼 다르지는 않다.

아기의 욕구와 문제를 파악하기

아기가 알아서 자기가 원하는 것을 찾아 욕구를 충족시키고 문제를 해결하면 좋으련만, 대개는 부모가 아기 배가 부른지 기저귀는 뽀송뽀송한지 춥지는 않은지 기분이 좋은지 끊임없이 확인해야만 한다. 문제는 아기가 칭얼댈 때 무얼 어떻게 해 주어야 할지 어떻게 알아내느냐는 것이다.

부모들은 흔히 글로 배운 것을 바탕으로 아기가 무얼 원하는지 판단한다. 육아 관련 책이나 웹사이트 등을 보고 아기와 아기의 욕구, 욕구를 충족시키기 위해 부모가 할 수 있는 일들에 관한 정보를 얻는다. 하지만 당연히 어디에서도 모든 경우 모든 사례를 알려 주지는 않는다. 저마다 다른 필요와 문제가 있는 아이를 돌보려면 그 아기를 잘 알아야 한다. 그러려면 말 못 하는 아기가 무슨 말을 하고 싶은지 정확하게 이해해야 한다.

아기를 가진 부모도 큰 아이의 부모처럼 아이의 말을 정확하게 이해하는 법을 익혀야 한다. 다만 아기들은 언어 없이 의사소통하므로 다른 방식으로 들어야 한다.

아기가 새벽 5시 반에 울기 시작한다. 아기한테 분명 무슨 문제가 있다. 어딘가 불편하거나 무엇을 원한다. 아기는 "불편하고 기분이 안 좋아"라고 부모에게 말할 수 없다. 그러니 앞에 살펴본 것과 같은 적극적 듣기 방법을 쓸 수는 없다("불편하고 무언가가 맘에 안 드는구나"). 아이가 부모 말을 이해하지 못하기 때문이다.

비언어적 메시지(울음)를 전달받은 부모는 아기 마음을 알기 위해 '해석'해야 한다. 말로 되물어서 그 해석이 맞는지 확인할 수는 없으므로 행동으로 되물어야 한다.

먼저 아기의 몸 위에 담요를 덮어 줄 수 있다(아기 말을 '춥다'로 해석했다). 하지만 아기가 울음을 그치질 않자("그런 뜻이 아니야"), 아기를 안아서 어른다('무서운 꿈을 꿨구나'로 해석했다). 아기는 여전히 운다("그런 거 아니야"). 이번에는 젖병을 아기에게 물린다("배가 고프구나"). 몇 번 빨더니 아기는 울음을 그친다("바로 이거야. 배고팠어. 이제야 내 말을 알아들었네").

아기를 잘 돌보려면 큰 아이들을 대할 때와 마찬가지로 정확하게 의사소통을 해야 한다. 그리고 의사소통의 정확도를 높이는 역할은 부모가 주로 해야 한다. 아기가 무엇 때문에 우는지 판단하려면 먼저 아기의 행동을 유심히 관찰하여 해석해야 한다. 그리고 해석이 정확한지 확인하기 위해 되묻기 과정을 거친다. 이러한 되묻기 과정은 적극적 듣기의 일종이라고 할 수 있다. 아이와 대화할 때의 의사소통 과정과 같은 원리이기 때문이다. 하지만 비언어적 메시지(울음)를 보내는 아기에게는 부모도 마찬가지로 비언어적 응답(젖병을 물림)을 해야 한다.

이런 효과적 의사소통이 중요하므로 아기가 태어나고 처음 2년 동안은 될 수 있는 대로 많은 시간을 같이 보내는 편이 좋다. 그러다 보면 다른 누구보다도 아기를 잘 이해하게 된다. 다시 말해 아기의 비언어적 메시지를 해석하는 기술이 발달해 아기의 필요를 충족시키고 문제를 해결하려면 어떻게 할지 잘 알게 된다.

친구의 아기가 하는 행동이 무슨 뜻인지 잘 알 수 없었던 경험이 있을 것이다. "애가 침대 난간을 잡고 흔드는데 왜 그러는 거야?"라고 물으면 아기 엄마가 "졸리면 늘 저래. 큰애는 졸리면 담요에 얼굴을 묻었는데"라고 대답한다. 이런 것은 주양육자만 알 수 있는 정보다.

적극적 듣기로 아기를 도와준다

많은 부모가 자기 해석이 맞는지 적극적 듣기로 확인할 필요를 느끼지 못하고, 아기가 무엇을 원하는지 알아보지도 않고 무작정 아기한테 무엇인가를 해 준다.

아기가 요람에서 일어나 낑낑대기 시작하더니 마침내 울음을 터뜨린다. 엄마는 아기를 눕히고 딸랑이를 쥐여 준다. 아기는 잠시 울음을 멎는가 싶더니 곧 딸랑이를 요람 밖으로 던지고 더 큰 소리로 울어 댄다. 엄마는 딸랑이를 주워 아기의 손에 쥐여 주고는 무섭게 말한다. "한 번만 더 던지면 다신 안 줄 거야." 아기는 계속 울면서 딸랑이를 다시 던져 버린다. 엄마는 아기의 손을 찰싹 때린다. 아기는 더 자지러지게 운다.

이 엄마는 아기가 무얼 필요로 하는지 안다고 생각하지만,

엄마의 해석이 틀렸다는 아기의 '말'을 '듣지' 못하고 있다. 많은 부모가 그러듯이 이 엄마도 의사소통 과정이 완결될 때까지 소통을 지속하지 않았다. 아기 마음을 옳게 이해했는지 확인하지 않았다. 그래서 아기는 계속 불만족스러운 상태고 엄마는 화가 난다. 이런 일이 되풀이되면 아이와의 관계는 나빠지고 아이가 정서적으로 불안하게 자랄 수 있다.

당연하지만 아기가 어릴수록 스스로 무엇을 처리하리라고 기대하기 힘들다. 그래서 어린아이의 문제를 해결하려면 부모가 더 많이 개입해야 한다. 부모는 젖을 먹이고, 분유를 타고, 기저귀를 갈고, 옷을 입히고, 담요를 잘 펴 주고, 다른 데로 데려가고, 흔들어 주고, 안아 주는 등 아기의 욕구를 충족시키기 위해 수도 없이 많은 일을 해야만 한다. 그래서 아기를 기르는 데에는 정말 많은 시간이 필요하다. 아기가 어릴 때는 거의 늘 옆에 붙어 있어야 한다. 아기는 양육자를 절박하게 필요로 한다. 그러므로 아기가 스스로 아무것도 하지 못하는 처음 몇 해 동안에는 양육자가 반드시 곁에 있어야 한다.

하지만 그저 곁에 있어 주는 것만으로는 충분하지 않다. 아기의 비언어적 메시지를 정확하게 들어서 아기 마음을 알아내고 아기가 원하는 것을 효과적으로 해 줄 수 있느냐가 중요하다. 육아 전문가들이 이 사실을 간과한 탓에, 아동발달 분야에 필요한 연구 조사가 충분히 이루어지지 않고 있고, 연구 결과를 잘못 해석하기도 한다. 어떤 육아 방식이 다른 방식보다 낫다는 것을 입증하기 위한 연구를 많이들 한다. 모유냐 분유냐, 아기가 달라고 할 때마다 먹일 것이냐 시간표에 따라 먹일 것이냐, 배변 훈련을 언제 하느냐, 이유식을 언제 무엇부터 시작하느냐, 엄격하게 키울 것이냐 허용적으로 키울 것이냐 등. 그러나 이런 연구는 아기마다 욕구가 다르고 부모마다 아기의 의사를 이해하는 정도가 크게 다르다는 사실을 고려하지 않았다는 한계가 있다.

이를테면 젖을 늦게 떼든 이르게 떼든 아기의 이후 성격이나 정신 건강에는 그다지 큰 영향을 주지 않을 것이다. 그보다는 아기가 부모에게 날마다 보내는 욕구에 대한 메시지를 부모가 정확히 알아듣고 아기 욕구를 만족시키는 범위 안에서 유연하게 대처하는지가 훨씬 더 중요하다. 아기 말에 귀를 기울이다 보면 어떤 아기는 젖을 좀 늦게 뗄 수도 있고 어떤 아기는 좀 이를 수도 있을 것이다. 언제 먹일 것인가, 얼마나 안아 주어야 하나, 잠자리를 언제 분리하나, 배변 훈련은 언제 하나, 공갈 젖꼭지는 언제 떼느냐와 같이 사람마다 의견이 분분한 문제에도 마찬가지 원칙을 적용하면 된다. 다시 말해 이렇게 정리할 수 있다.

적극적 듣기를 사용해서 아기가 욕구를 표현하는 메시지를 이해하고 그에 따라 욕구를 적절히 충족시킬 수 있는 가정환경을 만든다면 아주 효과적으로 부모 역할을 한다고 할 수 있다.

아기가 스스로 욕구를 충족시킬 기회를 준다

부모의 궁극적 목표는 아기들이 점차로 능력을 발달시켜서 부모에게 덜 의존하고 스스로 욕구를 충족시키고 문제를 해결하도록 기르는 것이다. 이러한 목표를 효과적으로 달성하려면 아기가 원하는 것을 얼른 해 주기 전에 아기 스스로 문제를 풀 기회를 꾸준히 주는 것이 좋다.

다음 사례는 이 원칙을 잘 실천한 예다.

아기　(울음) 트럭, 트럭.

부모　트럭 갖고 놀고 싶은데 트럭이 안 보이는구나. [적극적 듣기]

아기　(소파 아래를 들여다보지만 트럭을 찾을 수 없다.)

부모　트럭이 거기 없나 보네. [비언어적 메시지 되묻기]

아기　(방으로 달려가 보지만 못 찾는다.)

부모　거기에도 없구나. [비언어적 메시지 확인되묻기]

아기　(잠시 생각한 후 뒷문 쪽으로 간다.)

부모　뒷마당에 있을지도 모르겠구나. [비언어적 메시지 확인]

아기　(뒷마당으로 가서 모래밭에서 트럭을 찾아내고는 자랑스러워한다.) 트럭!

부모　네 힘으로 트럭을 찾았구나. [적극적 듣기]

이 부모는 직접 개입이나 충고를 자제함으로써 문제를 해결할 책임을 아기가 계속 가지고 있게 했다. 그랬기 때문에 아기는 자기 힘으로 문제를 해결할 수 있었다.

너무 많은 부모가 아기의 문제를 떠맡으려고 한다. 아기를 돕고 싶은 마음이 간절하거나 아기가 욕구 불만을 겪는 것이 불편해서(감정을 받아들이지 못해서) 문제 해결을 자기가 떠맡고 손쉬운 해결책을 아기에게 제시하곤 한다. 이런 식으로 하다 보면 결국 아기가 문제를 해결할 수단과 능력을 발달시키고 독립심을 기르는 과정은 늦어질 수밖에 없다.

6

아이가 귀 기울이도록 말하는 법

적극적 듣기를 배우다 보면 부모들이 조바심을 내며 "아이들이 제 말을 듣게 하는 방법은 언제 배우나요? 우리 집에서는 그게 가장 큰 문제인데요"라고 묻는 일이 적잖이 있다.

실제로 많은 집에서 이런 문제를 겪는다. 아이들은 부모를 화나게 하고 방해하고 실망시킬 수밖에 없다. 자기 욕구를 충족시키려고 다른 사람은 생각하지 않고 행동하기도 한다. 아이들은 작은 강아지처럼 에너지가 넘치고 망가뜨리기도 잘하고 시끄럽고 요구하는 것도 많다. 아이들은 일거리를 만들고 급할 때는 꾸물거리고 피곤할 때는 성가시게 하고 조용히 있고 싶을 때는 재잘거리고 집안을 온통 어질러 놓고 자기 할 일은 안 하고 입버릇처럼 욕을 하고 너무 늦게 들어오는 등 집을 바람 잘 날 없게 만든다.

아이들의 행동이 부모의 욕구를 좌절시킬 때 대처하는 효과적인 방법이 필요하다. 부모에게도 욕구가 있다. 부모도 자기 삶이 있고, 삶에서 기쁨과 만족을 추구할 권리가 있다. 그런데도 많은 부모가 아이 중심으로 집안이 돌아가게 한다. 이런 집에서는 아이가 자기 욕구는 늘 충족시켜 달라고 요구하면서 부모 욕구에는 무심하다.

그러다가 아이가 다 자란 뒤에도 부모의 욕구에 전혀 신경을 쓰지 않는 것을 보고 부모들이 뒤늦게 후회하기도 한다. 이렇게 되도록 내버려 두면 아이는 삶을 자기 욕구만을 계속 충족시켜 나가는 일방통행로라고 생각하게 될지 모른다. 그런 아이를 보면 부모는 아이가 '고마워할 줄 모르고' '이기적'이라며 속상해하고 화를 낸다.

P.E.T. 코스에 등록한 한 어머니는 자기 딸 브리아나가 점점 더 이기적이고 배려심 없는 아이가 되어 가는 것 같아 힘들고 고민이 많았다. 브리아나는 어릴 때부터 엄마 아빠가 응석을 한껏 받아 준 탓에 집에서 아무 일도 하지 않으면서 자기가 원하는 것은 부모가 다 해 주기를 기대했다. 자기 뜻대로 되지 않으면 부모에게 심한 말을 하고 짜증을 부리고 집을 나가 몇 시간이고 돌아오지 않았다. 그런데 이 어머니는 점잖은 가정에서는 갈등이나 격한 감정이 겉으로 드러나서는 안 된다고 배우며 자랐기 때문에, 충돌을 피하고 '가정의 평화와 고요를 유지하기 위해' 브리아나가 요구하는 것은 거의 다 들어주었다. 사춘기가 되자 브리아나는 더욱 방자하고 자기중심적인 아이가 되었다. 내키는 대로 행동하고, 집안일은 거의 거들지 않았으며, 부모의 욕구를 고려해서 행동을 조정한다는 것은 있을 수 없는 일이었다.

브리아나는 부모가 자기를 낳았으니 자기가 원하는 것을 들어줄 의무와 책임이 있다고 말하곤 했다. 어머니는 좋은 부모가 되려고 노력했지만, 이제는 아이를 미워하는 마음이 조금씩 쌓이는 것 같았다. 자기는 딸을 위해서 뭐든지 다 해 주었는데 아이는 자기밖에 모르고 부모는 전혀 생각할 줄 모르는 아이로 자란 것이다.

"우린 주기만 하고, 아이는 받기만 해요." 어머니는 가족의 상황을 이렇게 설명했다. 어머니는 무언가 잘못되었다는 것은 알아도, 자신이 권리를 주장하기 두려워했기 때문에 브리아나가 이렇게 되었다는 생각은 전혀 못 했다. 어머니는 P.E.T. 코스를 통해 자기 욕구가 정당하다는 것을 먼저 받아들이고 나서야 아이가 받아들일 수 없는 행동을 할 때 대처하는 구체적 방법을 배울 수 있었다.

아이의 행동을 진심으로 수용하기 어려울 때는 어떻게 할까? 아이가 부모의 욕구를 배려하게 하려면 어떻게 해야 할까? 지금부터는 아이가 부모 감정에 귀를 기울이고 부모 욕구에도 신경 쓰도록 아이와 대화하는 방법을 살펴보자.

부모에게 아이가 문제를 안겨 줄 때는 아이가 문제를 안고 있을 때와 완전히 다른 대화법이 필요하다. 후자의 경우에는 문제가 아이에게 속하는 반면, 아이의 행동으로 부모가 문제를 느낄 때는 부모에게 문제가 속한다고 할 수 있다. 이 장에서는 아이가 부모에게 문제를 안겨 줄 때 효과적으로 해결하는 방법을 알아보자.

부모가 문제를 겪는 경우

누구에게 문제가 속하느냐 하는 개념을 처음에는 이해하기 어려울 수 있다. 문제를 부모가 아니라 아이에게 귀속시키는 방식으로 생각하는 데 너무 익숙해서 그럴 수도 있다. 그러나 부모에게 속하는 문제와 아이에게 속하는 문제의 차이를 이해하는 것은 아주 중요하다.

부모에게 문제가 있는지 판단하는 가장 좋은 지표는 마음속에서 불만, 짜증, 좌절, 분노 같은 감정이 느껴지느냐 아니냐다. 마음이 불편하고 아이가 하는 행동이 싫고 아이의 행동을 감시하게 될 때가 부모가 문제를 안고 있을 때다.

- ▶ 아이가 저녁 식사 시간에 자꾸 늦는다.
- ▶ 친구랑 대화하는 데 아이가 계속 방해한다.
- ▶ 일하고 있는데 아이가 수시로 문자를 보낸다.
- ▶ 거실에 장난감을 늘어놓고 치우지 않는다.
- ▶ 아이가 러그 위에 주스를 쏟을 것 같다.
- ▶ 자꾸 책을 읽어 달라고 조른다. 다 읽으면 또 읽어 달라고 한다.
- ▶ 가족끼리 대화하는 시간을 갖고 싶은데 식탁에 앉아 밥을 먹으면서 휴대전화로 문자만 주고받는다.
- ▶ 자기가 맡은 집안일을 하지 않는다.
- ▶ 부모 물건을 쓰고는 제자리에 돌려놓지 않는다.
- ▶ 부모 차를 너무 빠른 속도로 몬다.

모두 실제로 혹은 잠재적으로 부모의 욕구를 위협하는 행동이다. 아이의 행동이 부모에게 직접 영향을 미친다. 엄마는 애써 준비한 저녁이 버려지거나 러그가 망가지거나 대화를 방해받기를 바라지 않는다.

이런 행동을 맞닥뜨렸을 때는 아이가 아니라 부모에게 도움이 되는 방법이 필요하다. 다음 표를 보면 문제가 부모에게 속할 때 부모 역할과 아이에게 속할 때 부모 역할이 각각 어떻게 다른지 알 수 있다.

아이가 문제를 느낄 때	부모가 문제를 느낄 때
아이가 대화를 시작한다.	부모가 대화를 시작한다.
부모는 귀를 기울인다.	부모가 말을 한다.
부모는 상담자 역을 한다.	부모가 영향을 준다.
부모는 아이를 돕고 싶다.	부모가 자기 문제를 해결하고 싶다.
부모는 아이 말을 받아 반향한다.	부모가 자기 목소리를 낸다.
부모는 아이가 해결책을 찾는 것을 거든다.	부모 스스로 해결책을 찾아야 한다.
부모는 아이의 해결책을 받아들인다.	부모가 자기 해결책에 만족할 수 있어야 한다.
부모의 일차적 관심은 아이의 욕구다.	부모의 일차적 관심은 자신의 욕구다.
부모는 수동적인 역할을 한다.	부모가 적극적으로 주장한다.

문제를 느낄 때 부모는 다음 세 가지 가운데 하나를 택할 수 있다.

1 아이의 행동을 바로잡으려 한다.

2 환경을 바꾸어 보려 한다.

3 자신의 태도를 바꾸어 본다.

예를 들어 지미라는 아이가 아버지 공구 상자에서 공구를 꺼내 사방에 늘어놓는다고 하자. 아버지는 이 행동을 받아들이기 힘들다. 따라서 문제는 아버지에게 속한다.

이때 아버지는 지미와 대화를 해서 지미의 행동을 바꾸어 보려고 할 수 있다.

아니면 환경을 바꾸는 방법을 시도해서, 지미에게 어린이용 공구 세트를 사 주고 아버지 공구는 건드리지 않길 기대할 수 있다.

혹은 '애들이 그렇지 뭐'라든가 '좀 크면 공구를 제대로 보관해야 한다는 걸 알게 되겠지'라고 생각하면서 지미의 행동에 대한 자기 태도를 바꿀 수도 있다.

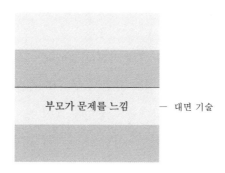

부모가 문제를 느낌 ― 대면 기술

이 장에서는 다음 사각형에서 세 번째 칸, 곧 부모가 겪는 문제에 초점을 맞추고, 첫 번째 방법인 부모가 아이와 대화해서 수용할 수 없는 행동을 바꾸는 방법을 살펴볼 것이다. 나머지 두 방법은 다음 장에서 다시 살펴보자.

아이를 대할 때 효과가 없는 방법

과장이 아니라 수업에 참여한 부모 100명 가운데 99명은 아이의 행동이 부모에게 피해를 줄 때 효과적이지 못한 대화법으로 대처한다. P.E.T. 수업에서는 다음과 같이 가정에서 흔히 일어나고 있는, 아이가 부모의 성질을 돋우는 상황을 예로 들려준다.

> "종일 힘들게 일하고 집에 돌아와 무척 피곤합니다. 텔레비전 뉴스나 보면서 좀 쉬고 싶습니다. 그런데 5살 아들이 자꾸만 같이 놀아 달라고 조릅니다. 팔을 잡아당기고 무릎 위로 올라와 텔레비전 화면을 가립니다. 지금 아이랑 같이 놀고 싶은 마음이 전혀 없는데요."

상황을 설명한 다음 이런 상황에서 아이에게 뭐라고 말할지 그대로 종이에 적어 보라고 한다(독자들도 마찬가지로 자기라면 어떻게 대답했을지 종이에 적어 보자). 이어 다른 상황을 두 가지 더 들려주고 이럴 때는 각각 어떻게 대응할지도 적어 보라 한다.

10살 딸이 소프트볼 팀에 들어갔다. 운동 끝날 시간에 맞춰서 아이를 데리러 갔는데 최근 며칠 동안 번번이 만나기로 한 장소에 아이가 없었다.

아이가 학교에서 돌아와서 부엌에서 샌드위치를 만들어 먹었는데, 엄마가 거의 한 시간 동안 힘들여 치운 부엌을 엉망으로 어질러 놓고는 그냥 가 버렸다.

부모들이 적어 낸 답변을 보면 부모들이 대부분 이런 흔한 상황에 적절히 대응하지 못한다는 사실을 알 수 있다. 부모들이 하는 말은 대체로 이런 결과를 가져올 가능성이 크다.

1 아이가 부모의 말에 저항하고 부모가 지적하는 행동을 바꾸기를 거부한다.
2 아이가 부모가 자기를 똑똑하지 않다고 생각한다고 느낀다.
3 아이의 욕구에 부모가 관심이 없다고 느낀다.
4 아이가 죄책감을 느낀다.
5 아이의 자존감에 상처를 준다.
6 아이가 방어하며 변명하게 된다.
7 아이가 자극을 받아 부모에게 대들거나 반격한다.

부모들은 자기 말이 이런 결과를 초래한다는 사실을 알면 충격을 받는다. 당연히 이렇게 되기를 바라는 사람은 없을 테니 말이다. 아마 부모 대다수는 자기 말이 아이에게 어떤 영향을 미칠지 딱히 생각해 보지 않았을 것이다. 이제 이런 잘못된 대응 방법에 구체적으로 어떠한 것이 있으며 왜 효과가 없는지 살펴볼 차례다.

해결책을 제시하는 메시지

다른 사람을 배려하는 뜻으로 무언가를 할 생각이 있는데 (또는 다른 사람의 욕구를 고려해서 자신의 행동을 수정하려고 하는데) 갑자기 상대가 이렇게 저렇게 하라고 지시하거나 타이르거나 충고할 때가 있지 않았는가? 그럴 때는 보통 이런 기분이 든다. '안 그래도 그렇게 하려고 했는데.' '조금만 더 기다렸으면 말 안 해도 했을 텐데.' 상대방이 나를 믿지 않고 내가 알아서 배려하는 행동을 할 기회를 주지 않았음에 기분이 상할 수도 있다.

이런 말을 '해결책을 제시하는 방법'이라고 한다. 부모들이 가장 자주 사용하는 방법이기도 하다. 아이들이 스스로 사려 깊은 행동을 하도록 기다리는 대신 무얼 어떻게 해야 한다고 말해 주는 방법이다. 다음 메시지들은 모두 해결책을 제시하는 방법에 속한다.

1. 명령, 지시, 통제
"가서 다른 거 하고 놀아."
"게임 좀 그만해!"
"11시까지는 집에 들어와라."
"당장 전화 내려놔."

2. 경고, 주의, 으름장

"그만하지 않으면 소리 지를 거야."

"제시간에 집에 안 오면 외출 금지야."

"당장 나와서 여기 치우지 않으면 휴대전화 압수야."

3. 권고, 훈계, 설교

"사람이 말하고 있을 때는 끼어들면 안 돼."

"그렇게 행동하면 안 되지."

"다들 급할 때 그렇게 꾸무럭거리고 있으면 쓰니."

"일어나기 전에 항상 앉았던 자리를 치워야 한다."

4. 조언, 제안, 해결책 제시

"나가서 놀지 그러니?"

"내가 너라면 그 일은 그냥 잊겠다."

"사용한 다음에는 물건을 제자리에 놓는 게 좋지 않을까?"

이러한 말은 아이에게 부모의 해결책, 즉 아이가 어떻게 해야 한다고 부모가 생각하는 바를 전달한다. 부모가 주도권을 쥐고 통제하고 조종하고 명령한다. 아이의 역할은 그저 따르는 일뿐이다. 첫 번째 범주에 속하는 말은 부모의 해결책을 따르라고 명령하고, 두 번째 것은 으름장을 놓고, 세 번째는 타이르고, 마지막 것은 충고한다는 점만 다르다.

부모들은 "해결 방법을 말해 주는 게 뭐가 문제입니까? 문제를 일으키는 사람은 아이인데요?"라고 묻는다. 맞는 말이긴

한데, 아이에게 문제의 해결책을 직접 지시하면 이런 결과를 가져올 수 있다.

1 어떻게 하라고 지시하면 아이들은 저항한다. 또 부모의 해결책이 마음에 안 들 수도 있다. 어느 쪽이든 아이들은 어떻게 '해야 한다'라든가 '하는 게 좋겠다'라는 소리를 듣고 자기 행동을 바꾸는 것에 거부감을 느낀다.

2 아이에게 해결책을 제시하는 것은 '나는 네가 스스로 해결책을 마련할 것이라고 믿지 않는다'라든가 '내가 겪는 문제를 해결할 방법을 찾을 만한 배려심이 너에게 없다고 생각한다'라는 메시지를 전달하는 것과 같다.

3 해결책을 이야기해 주면 아이는 부모의 욕구가 아이의 욕구보다 더 중요해서, 아이야 어떻게 하고 싶든 부모가 바라는 대로 행동해야만 한다는 뜻이라고 받아들인다("내가 받아들일 수 없는 행동을 네가 하고 있으니 유일한 해결책은 내 말대로 하는 거다").

집에 놀러 온 친구가 무심코 새로 산 식탁 의자에 발을 올려놓는다고 하더라도 친구한테 이렇게 말하지는 않을 것이다.

"당장 의자에서 발 내려놔."
"새로 산 의자에 발을 올려놓으면 안 되지."
"의자에서 발 내려놓지 않으면 후회할 거야."
"다시는 내 의자에 발을 올리지 않으면 좋겠다."

친구한테 이렇게 말한다는 건 있을 수 없는 일이다. 친구는 당연히 더 존중하며 대하지 이렇게 사정없이 깎아내리지 않는다. 친구한테는 문제가 무엇인지 말해 주기만 하면 스스로 해결 방안을 찾을 정도의 머리가 있으리라 믿고 단순히 자기감정만 전한다. 친구가 당연히 자기 기분을 헤아려 주고 그 말에 반응하리라고 생각하기 때문이다. 의자 주인은 아마 이런 말로 자기 의사를 전할 것이다.

"사실 새 의자라서 더러워질까 봐 좀 걱정이 돼."
"새 의자에 발이 올라가 있으니까 왠지 좀 불안해."
"미안하지만 그 의자 산 지 얼마 안 된 거라, 때가 탈까 봐 무지 조심하고 있어."

이 메시지들은 '해결책'을 이야기하지 않는다. 친구들한테는 늘 이런 식으로 말하면서 아이들한테는 왜 그렇게 말하지 않을까? 어떤 행동을 바로잡고 싶더라도 친구한테는 명령, 훈계, 으름장, 충고 등의 방식으로 말하는 것을 자제하면서, 아이들한테는 매일 이런 식으로 말하는 것이다.

아이들이 반항하거나 방어적·적대적으로 대응하는 것도 그럴 만하다. 아이들이 억눌리고 통제당하는 느낌을 받는 것도 당연하다. 굴욕감을 느끼는 것도 당연하다. 또 그러다 보면 아이는 늘 누군가가 해결책을 제시해 주길 기대하는 수동적인 사람으로 자란다. 아이들이 가정에서 너무 책임감이 없고 부모의 욕구를 배려하지 않는다고 불평하는 부모가 많다. 그렇지만 아이가 부모를 배려해서 스스로 책임감 있는 행동을 할 기회를 매번 빼앗는데 어떻게 아이가 책임감을 배울 수 있겠는가?

아이에게 굴욕감을 주는 메시지

비난하거나 비판하거나 비웃거나 망신 주는 말을 들으면 굴욕감을 느끼게 된다는 것을 모를 사람은 없다. 그런데도 부모는 아이에게 이런 말들을 많이 쓴다. 굴욕감을 주는 메시지는 이렇게 나눌 수 있다.

1. 비판, 비난, 나무라기

"그러면 안 된다는 건 알 텐데."

"너무 생각이 없구나."

"참 못됐다."

"너처럼 생각 없는 아이는 처음 봤다."

"너 때문에 힘들어 죽겠다."

2. 매도, 조롱, 망신 주기

"버릇없는 놈 같으니라고."

"알았다, 잘난 척 박사야."

"그냥 날로 먹겠다는 거냐?"

"부끄러운 줄 알아야지."

3. 해석, 진단, 정신 분석

"관심 끌려고 그러는 거지."

"엄마를 화나게 하려고 그러는 거야?"

"얼마나 더하면 엄마가 화를 낼지 보고 싶은 거구나."

"넌 항상 내가 일하는 데에서 놀고 싶어 하더라."

4. 가르치기, 알려 주기

"다른 사람 말을 끊으면 예의에 어긋나."

"착한 애라면 그런 짓은 하지 않아."

"내가 너한테 그렇게 하면 좋겠니?"

"한번 착하게 좀 굴어 보면 어때."

"네가 다른 사람한테 잘해야 너도 좋은 대접을 받는 거야."

"먹은 그릇 그대로 내버려 두는 거 아냐."

이런 말은 모두 아이에게 굴욕을 주는 말이다. 아이의 인격을 깎아내리고 무시하고 결함을 강조한다. 아이를 향해 비난의 손가락질을 하는 말이다.

이런 메시지들은 어떤 효과가 있을까?

1 평가나 비난을 받으면 아이는 죄책감과 가책을 느낀다.

2 아이가 '난 잘못한 거 없는데' '못되게 굴려고 그런 게 아닌데'라고 생각하고 부모가 공정하지 않다고 느낀다.

3 아이가 '내가 뭔가 잘못해서 엄마가 날 미워해'라고 생각하고 사랑받지 못한다고 느낀다.

4 아이가 반항하고 고집을 부린다. 부모를 성가시게 하는 행동을 그만둔다면 부모의 비난이나 평가가 온당하다고 인

정하는 것이 되기 때문이다. 아이는 "나 방해 안 했어" 또는 "접시 안 씻어서 누구 피해 본 사람 있어?"라고 되묻는다.

5 아이가 부모에게 반격하는 때도 있다. "엄마도 어지를 때 있잖아." "아빠는 늘 피곤하다고만 해." "손님만 오면 잔소리가 많아져." "집에서는 좀 편히 있으면 안 돼?"

6 이런 말을 들으면 아이는 풀이 죽고 자존감을 잃는다.

아이에게 굴욕을 주는 메시지는 아이의 자아 개념 발달에 매우 부정적인 영향을 미친다. 이런 메시지를 계속 들으며 자란 아이는 자신을 못되고 쓸모없고 게으르고 생각 없고 남을 배려할 줄 모르고 멍청하고 모자라고 부모의 마음에 차지 않는 아이라고 생각하게 될 것이다. 어린 시절에 형성된 자아 개념은 어른이 되어서까지 유지되기 때문에, 굴욕적인 말은 아이가 평생 정서 장애를 지니고 살게 만드는 씨앗이나 다름없다.

이렇게 부모는 날마다 조금씩 아이의 자아와 자존감을 무너뜨릴 수 있다. 일상적으로 던지는 말들이 댓돌 위에 떨어지는 낙숫물처럼 눈에 보이지 않을 정도로 서서히 아이를 무너뜨린다.

효과적으로 아이를 상대하는 방법

한편 부모의 말이 아이를 건강하게 기르는 양분이 되기도 한다. 부모들은 아이를 깎아내리는 말이 얼마나 파괴적인 영향을 미치는지 알고 나면 어떻게 달리 말해야 할지 알고 싶어 한다.

당연한 이야기지만 아이의 자존감을 무너뜨리고 싶은 부모는 없기 때문이다.

너-메시지와 나-메시지

효과적인 방법과 그렇지 못한 방법의 차이는 '너-메시지'와 '나-메시지'의 차이라고 생각하면 이해하기 쉽다. 앞에서 살펴본 효과적이지 못한 메시지들을 다시 들여다보면 흥미롭게도 거의 다 주어가 '너'이다. 다음과 같은 메시지는 주어가 생략되어 있어도 모두 주어가 '너'인 메시지다.

"그만해."
"그러면 못 써."
"다시는 그러지 마라."
"그만하지 않으면 혼날 줄 알아."
"이렇게 하는 게 어때?"
"버릇없어."
"아기처럼 굴지 마."
"관심 끌려고 그러지?"
"말 좀 들어."
"그러면 안 되는 거 알잖아."

만약 부모가 받아들일 수 없는 아이의 행동에 대해 단순히 자기가 느끼는 감정만을 진술한다면, 대개 부모 자신이 중심인 나-메시지가 된다.

"피곤해서 놀고 싶지가 않아."

"너 데리러 갔을 때 네가 거기 없으면 아빠는 힘이 빠진다."

"네가 할 일 안 하고 전화만 보고 있는 걸 보면 엄마는 정말
기운이 쏙 빠져."

나–메시지와 너–메시지의 차이와 의미를 더 뚜렷이 이해
하기 위해 앞에서 적극적 듣기를 설명하면서 사용했던 의사소
통 과정을 다시 살펴보자.

아이의 행동이 부모가 삶을 즐기거나 욕구를 충족시킬 권
리를 방해하여 수용하기 어려울 때는 부모에게 문제가 속한다
고 앞서 이야기했다. 부모가 화가 나거나 맥 빠지거나 피곤하
거나 걱정이 되거나 괴롭거나 부담을 느낄 때, 부모의 감정을
아이가 알게 하려면 적당한 언어 기호를 선택해야 한다. 피곤
해서 5살 아이와 함께 놀고 싶지 않은 부모가 있다면 이런 그
림을 그릴 수 있다.

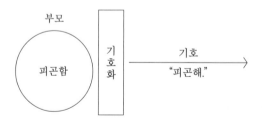

하지만 부모가 이때 '너' 중심의 기호를 선택하면 아이는
부모가 피곤하다는 것을 명확하게 이해하지 못한다.

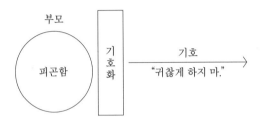

　"귀찮게 하지 마"는 부모의 피곤함을 표현하기에 적절하지 않은 기호다. 명확하고 뚜렷하게 말하려면 나-메시지를 써야 한다. "피곤해" "지금은 놀고 싶지가 않아" "좀 쉬고 싶어" 이런 말은 부모가 느끼는 감정을 표현한다. 너-메시지를 통해서는 감정이 전달되지 않는다. 너-메시지는 부모가 아니라 아이에 관해 이야기하는 메시지이기 때문이다.

　메시지를 듣는 아이 관점에서 이 두 메시지를 생각해 보자.

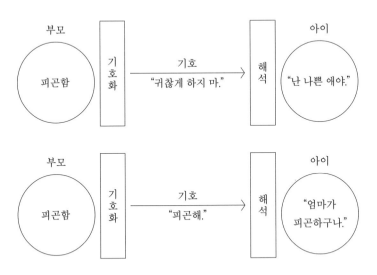

　첫 번째 메시지는 아이에게 자기에 대한 평가로 들리지만,

두 번째는 부모에 관한 어떤 사실을 이야기하는 것으로 들린다. 너-메시지는 부모의 감정을 전달하는 데 부적절한 기호다. 아이가 듣기에는 아이가 무엇을 해야 한다거나(해결책을 제시), 아이가 나쁘다고(비난이나 평가) 말하는 것으로만 해석되기 때문이다.

나-메시지의 세 가지 구성 요소

부모가 보내는 나-메시지가 다음 세 요소를 갖추고 있다면 아이가 자발적으로 행동을 바꿀 가능성이 커진다. 첫째, 받아들일 수 없는 행동이 어떤 것인지 설명한다. 둘째, 부모의 감정을 설명한다. 셋째, 아이의 행동이 부모에게 구체적으로 어떤 영향을 미치는지 설명한다. [행동+감정+영향]

받아들일 수 없는 행동이 무엇인지만 말한다

여기에서 행동은 아이가 하는 말과 행동을 합해서 가리키는 말이다. 일단 받아들일 수 없는 아이의 행동을 단순히 묘사하기만 한다. 그 행동에 대한 부모의 평가나 판단이 들어가서는 안 된다.

예를 들어 아침에 아이가 학교에 가면서 학교 끝나자마자 집에 오겠다고 말했다고 하자. 그런데 아이가 전화도 하지 않고 한 시간 늦게 집에 돌아왔다. 그 점을 아이에게 말하려면 행동을 단순 묘사만 하고 행동에 관한 판단은 내놓지 않아야 한다.

야단치지 않고 행동을 묘사하기	판단 또는 평가
"학교 끝나고 바로 집에 오지 않으면서 전화나 문자로 늦을 거라고 말해 주지 않아서……."	"전화 한 통 안 하다니 생각이 없구나."

아이 행동에 대한 감정을 그대로 표현한다

너-메시지로 이야기할 때는 부모의 감정이 아이의 행동에서 비롯되는 것이라는 인과 관계는 말하지 않고 명령, 으름장, 비난의 메시지만 전하게 된다. "너 때문에 미치겠다" "이 게으른 녀석아" 같은 예가 그렇다. 나-메시지로 이야기할 때는 다르다. 나-메시지를 보내려면 부모는 자기감정이 어떤지를 일단 알아야 한다. 화가 났는지 겁이 났는지 걱정이 되는지 부끄러운지 아니면 다른 어떤 감정이 드는지 생각해 본다.

"학교 끝나고 바로 집에 오지 않으면서 전화도 안 해서 걱정됐어."

나-메시지로 이야기하다 보면 아이의 행동이 달라지는 것을 볼 수 있을 뿐 아니라 부모 자신도 크게 변하는 것을 느낄 수 있다. 나-메시지를 쓰다 보면 훨씬 더 솔직해진다고 부모들이 말한다.

"감정을 숨길 필요가 없다는 걸 알게 되었어요."

"더 솔직해졌어요."

"속 시원히 말하니 기분이 좋네요."

'행동하는 대로의 사람이 된다'라는 옛말이 틀리지 않는다. 새로운 형태로 의사소통을 하면서 부모들은 자기 마음속에 있던 솔직함을 느끼게 된다. 나-메시지는 진짜 감정을 들여다보는 도구가 된다. (감정에 대해서는 다음 장에서 더 자세히 살펴보자.)

아이 행동이 부모에게 끼치는 문제를 설명한다

나-메시지로 이야기했는데도 아이가 부모에게 문제를 안기는 행동을 고치지 않을 수 있는데, 부모가 완전하지 못한 나-메시지를 보냈기 때문일 수 있다. 앞에서 말한 두 구성 요소(받아들일 수 없는 행동에 대한 묘사와 부모의 감정)만 갖추어 나-메시지로 이야기해도 아이가 달라질 수 있지만, 효과를 발휘하려면 세 번째 요소가 있어야 할 때가 있다. 아이의 행동이 왜 문제가 되는지 아이가 이해할 수 있어야 하기 때문이다. 그래서 아이의 행동이 부모에게 어떤 실질적이고 구체적 영향을 미치는지 말해 주어야 한다.

실질적이고 구체적인 영향이란, 아이의 행동으로 인해 부모가 돈이 더 든다거나 시간이 걸린다거나 일을 더 해야 한다거나 불편을 겪는 것 등이다. 아니면 뭔가 하고 싶은 것을 못하게 되는 일일 수도 있다. 부모의 몸을 힘들게 하거나 지치게 만들거나 고통스럽게 만드는 일도 있다.

"학교 끝나고 바로 집에 오지 않으면서 전화로 알려 주지 않아서 걱정돼서 일에 집중을 못 했어."

세 요소를 갖춘 완전한 나-메시지를 보내면 아이에게 전체를 다 설명해 주는 셈이 된다. 아이가 하는 행동, 그것에 대해 부모가 느끼는 감정, 그리고 그 행동이 어째서 문제가 되는지까지 말하는 것이다.

예를 들어 보자.

받아들일 수 없는 행동	감정	실질적이고 구체적인 영향
네가 입어 보지 않고 청바지를 사려고 한다.	청바지를 사기가 꺼려진다.	청바지가 안 맞으면 내가 다시 쇼핑몰에 와서 바꿔야 하기 때문이다.
네가 언제 집에 올지 문자로 알려 주지 않는다.	마음이 불안하다.	언제 저녁을 차려야 하는지 알 수 없기 때문이다.
차를 쓰고 기름이 바닥나기 직전인데 채워 놓지 않았다.	화가 났다.	출근 도중에 주유해야 해서 회사에 늦었기 때문이다.

나-메시지를 보내는 목적은 아이가 하는 행동을 변화시키기 위한 것임을 명심하자. 아이에게 단순히 어떤 행동을 받아들일 수 없고, 그래서 화가 났다거나 속상하다고 말하는 것만으로는 충분하지 않을 수 있다. 왜 그런지도 충분히 알려 주어야 한다.

아이의 입장이 되어서 생각해 보자. 아이가 욕구를 만족시키기 위해서 (또는 불쾌한 무엇을 피하고자) 어떤 행동을 한다. 이때 다른 사람이 "네가 하는 행동 때문에 기분이 상했다"라고 말한다면, 그렇다고 해서 반드시 그 행동을 그만두어야겠다는 생각이 들까? 아마 아닐 것이다. 충분히 타당한 이유를 듣지 못했기 때문이다.

그러므로 아이의 행동이 부모에게 어떤 실질적이고 구체적인 영향을 미치는지 분명히 말해야 한다. 그렇지 않으면 아이는 자기 행동을 바꿔야 하는 이유를 납득하지 못 하기 때문이다.

그런데 세 요소를 온전히 갖추어 나-메시지로 이야기하다 보면 부모도 달라진다. '실제적인 영향'을 말하려다 보면 그 어떤 실제 영향도 없다는 것을 발견할 때가 종종 있기 때문이다. 한 어머니가 이런 경험을 이야기한 적이 있다.

"나-메시지가 특히 유용하다고 느꼈던 까닭은, 내가 아이들을 얼마나 기준 없이 대했는지를 깨닫게 해 주었기 때문이었어요. 세 요소를 모두 갖추어서 이야기하려고 애쓰다 보면 그 행동이 나한테 어떤 영향을 미치는지를 먼저 설명해야 하지요. 그러다 보면 '글쎄, 화를 낼 만한 이유가 없는 것 같네!' 하는 생각이 들어요. 예를 들어서 '집에서 그렇게 시끄러운 소리를 내는 것을 도저히 못 참겠다고 아이에게 말하고는 왜 그런지를 이야기하려고 나 자신에게 먼저 물어요. '시끄러우면 왜 화가 나지?' 그런데 생각해 보면 사실 별로 화가 안 났다는 걸 깨닫게 돼요. 그래서 이제는 방금 지적한 행동이 나한테 아무 실제 영향을 미치지 않는다는 걸 깨달으면 그냥 아이한테 이렇게 말해요. '내가 방금 한 말 취소야.' 화를 낼 만한 타당한 이유가 없다는 생각이 들어서요…… 거의 절반 정도는 내가 화내는 데 아무 이유가 없다는 것을 알게 돼서 문제가 깔끔해졌어요."

이 어머니는 나-메시지가 왜 유용하다고 생각했을까?

"저는 언제나 아이들을 통제하려고 했던 것 같아요. 아이가 여럿이다 보니 전부 통제해야 집안이 잘 굴러갈 거라고 생각했죠. 하지만 지금 가만히 생각해 보면 과연 그게 가능한 일인가 싶어요. 전엔 아이들이 하는 일을 일일이 간섭하고 통제하려다 보니 제가 해야 하는 일이 오히려 더 많았어요. 지금은 한발 물러서서 이렇게 말하죠. '그러면 뭐 어때?'"

세 요소를 모두 갖춘 나-메시지를 보내려고 하다가 부모들이 사실은 나-메시지를 보낼 필요조차 없다는 사실을 깨닫게 된다니, 수십 년 전 처음 이 교육을 시작할 때는 상상도 못하던 일이었다. 어떤 행동을 왜 받아들일 수 없는지를 아이들에게 설명하려다 전에는 받아들일 수 없었던 행동을 받아들이게 되는 예상하지 못한 결과가 있었던 것이다.

왜 나-메시지가 더 효과적인가?

나-메시지는 받아들일 수 없는 행동을 바꾸도록 아이에게 영향을 미칠 수 있을 뿐 아니라 아이의 성장과 부모와 아이의 관계에도 긍정적인 영향을 준다.

나-메시지는 저항이나 반항을 불러일으킬 가능성도 더 낮다. 아이의 행동이 부모에게 어떤 영향을 준다는 설명은 어떤 행동이 나쁘다는 지적보다 아이에게 훨씬 덜 위협적으로 느껴진다. 아이가 부모 정강이를 걷어찼을 때 부모가 보일 수 있는 두 반응에 아이가 각각 어떻게 다르게 반응할지 생각해 보자.

"아! 너무 아파. 발로 차면 싫어."
"나쁜 녀석 같으니라고. 다시는 그러지 마!"

첫 번째 반응은 발로 차여서 어떤 기분인지만 말하고 있다. 이는 아이가 반대할 수 없는 사실이다. 두 번째 반응은 아이가 '나쁘다'라고 말하고 다시 그러지 말라고 경고한다. 아이는 자신을 향한 이 비난과 경고에 모두 반박하고 강하게 반발할 수 있다.

또한 나-메시지는 행동을 고칠 책임을 아이에게 전적으로 맡기기 때문에 효과적이다. "아! 너무 아파"와 "발로 차면 싫어"라는 말은 감정만을 전달하고, 어떻게 행동할지는 전적으로 아이의 책임으로 남겨 놓는다.

결과적으로 나-메시지는 아이가 성장하게 하고 자기 행동에 책임을 지는 법을 배우게 한다. 나-메시지는 또한 '아이에게 책임을 맡긴다' '아이가 이 상황을 잘 해결할 것이라고 믿는다' '아이가 부모의 필요를 존중할 것이라고 믿는다' '더 나은 행동을 할 기회를 주겠다'는 메시지를 아이에게 전달한다.

나-메시지는 솔직한 표현이기 때문에 아이도 영향을 받아서 자기감정을 솔직하게 전달하게 되기도 한다. 반면 두 사람 사이에서 한 사람이 너-메시지를 전달하면 상대방도 마찬가지로 응대하곤 한다. 그러다 보면 갈등이 어느새 욕설과 비방으로 번지기 일쑤다.

엄마 아침 먹고 나서 네 밥그릇은 네가 닦기로 해 놓고
      이게 뭐니. 요즘 아주 불성실하구나. [너-메시지]

아이 엄마도 설거지 안 할 때 있잖아요. [너-메시지]

엄마 그건 경우가 다르지. 엄마는 할 일이 너무 많잖아.
      너희들이 종일 집안에다 어질러 놓은 것만 치워도
      하루가 다 갈 지경이야. [너-메시지]

아이 난 안 어질렀어요. [방어적 메시지]

엄마 너도 똑같아. 잘 생각해 봐. [너-메시지]

아이 엄마는 모든 사람이 완벽해야 한다는 거예요? [너-
      메시지]

엄마 글쎄, 여하튼 집안 정리에서는 넌 정말 아직 멀었
      어. [너-메시지]

아이 엄마는 너무 깔끔을 떨잖아요. [너-메시지]

부모가 너-메시지로 아이를 상대할 때 대화가 흔히 이렇게 되곤 한다. 그러다 예외 없이 번갈아 공격하고 방어하는 말다툼이 된다.

나-메시지를 쓰면 다툼으로 끝날 가능성이 훨씬 작다. 그렇다고 해서 부모가 나-메시지를 보내기만 하면 모든 것이 기분 좋고 깔끔하게 해결된다는 말은 아니다. 자기 행동이 부모에게 문제를 일으킨다는 말을 들으면 아이는 기분이 좋지만은 않을 것이다(어른도 마찬가지로 누가 자기 행동 때문에 고통스럽다고 말하면 마음이 불편할 것이다). 하지만 상대를 비난하지 않고 그냥 어떤 기분인지만 말한다면 위협감은 훨씬 덜 느낀다.

나-메시지로 말하려면 상당한 용기가 필요하지만, 분명히 노력이 아깝지 않은 성과를 거둘 것이다. 마음속 감정을 드러내려면 용기와 자신감이 필요하다. 솔직한 나-메시지를 전달하는 사람은 상대방에게 자기를 있는 그대로 드러낼 용기가 있는 사람이다. 나-메시지는 마음을 열고, 투명하게 솔직해지고, 인간적인 면을 드러내는 행동이다. 상대방에게 자신이 상처받을 수 있고 부끄러움, 두려움, 실망, 화, 낙담 등의 감정을 느끼는 한 인간임을 이야기하는 일이다.

감정을 드러내는 것은 상대에게 자기를 열어 보인다는 의미이기도 하다. 상대가 나를 어떻게 생각할까? 내 마음을 이해하고 받아들여 줄까? 나에 대해서 나쁘게 생각하게 되지 않을까? 이런 두려움을 감수하는 일이다. 특히 부모는 아이들에게 약점도 결함도 실수도 없는 사람으로 보이고 싶다 보니 자신을 솔직하게 터놓지 못할 때가 많다. 그래서 많은 부모가 인간적인 면을 드러내는 대신 감정을 숨기고 너-메시지로 아이를 나무란다.

하지만 아이를 꾸밈없이 대하면 부모와 아이 사이는 더 좋아진다. 솔직하게 터놓으면 친근감이 자란다. 아이는 부모를 있는 그대로의 모습으로 알게 되고 그러면 자기 속마음도 스스럼없이 터놓게 된다. 진실한 사람들끼리 본모습을 기꺼이 보여 주는 진정한 관계가 만들어진다.

부모와 아이가 마음을 열고 솔직해지면 식구들이 '한집안의 낯선 이들'이 될 일은 없을 것이다. 부모는 진짜 살아 있는 사람의 부모가 되는 기쁨을 누리고 아이도 진짜 살아 있는 사람을 부모로 두는 행복을 누리게 된다.

7

나-메시지를 효과적으로 사용해 보자

P.E.T. 수업에서 나-메시지로 아이의 행동을 바꿀 수 있다고
하면 부모들은 반가워한다. "빨리 집에 가서 해 보고 싶어요.
애가 몇 달 전부터 엄청나게 거슬리는 행동을 하거든요"라고
말하기도 한다.

하지만 첫 시도에서 기대한 만큼의 효과를 얻기는 쉽지
않다. 여기에서는 나-메시지를 쓸 때 저지르기 쉬운 실수를 짚
어 보고 여러 사례를 살펴 숙련도를 높여 보자.

나-메시지를 가장한 너-메시지

십대 아들 둘을 둔 아버지가 나-메시지를 처음 시도했다가 참
담하게 실패했다고 말했다. "수업에서 배운 것하고는 다르게
우리 아들이 평소와 똑같이 바로 너-메시지로 내 말을 받아치
던데요." 강사는 "나-메시지로 얘기하셨는데도요?"라고 물었

다. 아버지가 답했다. "그럼요. 그런 것 같아요. 노력은 했어요."

강사는 자기가 아들 역을 할 테니 그 상황을 다시 재현해 보자고 했다. 아버지는 당시 상황을 설명한 다음 대화를 시작했다.

아버지 　나는 네가 할 일을 제대로 안 하고 있다고 생각한다.

아들 　뭘요?

아버지 　잔디 깎는 일만 해도 그래. 네가 농땡이를 부리면 나는 화가 나. 지난 토요일에도 그랬지. 네가 잔디 안 깎고 몰래 나가 버려서 화가 났었어. 무책임한 행동이라고 생각해서 화가 났어.

이때 강사는 상황 재현을 그만두고 아버지에게 말했다. "주로 나는 어떻게 생각했다라는 식으로 말씀하긴 했지만, 나-메시지 말고 다른 얘기도 한 건 아닐까요? 다른 분들에게 한번 물어봅시다."

사람들이 "아들한테 자기 일을 제대로 안 하고, 농땡이를 부리고, 몰래 도망갔고, 무책임하다고 하셨어요"라고 말하자, 아버지는 부끄러운 듯 이렇게 말했다. "제가 그랬다고요? 그런 것 같기도 하네요. 결국 너-메시지로 말한 셈이네요."

이 아버지는 많은 부모가 흔히 하는 실수를 했다. 내가 어떻게 느낀다는 말만 앞뒤로 끼워 넣어 너-메시지를 나-메시지인 양 포장해 전달하는 실수다.

실제 상황을 다시 되짚어 보면 "나는 네가 게으름뱅이라고 생각해"라는 말이 "넌 게으름뱅이야"라는 말과 똑같은 너-메시지라는 것이 뚜렷이 보인다. 그러므로 감정을 말할 때는 '생각한다'는 말을 빼고 이런 식으로 말하는 것이 좋다. "실망했다." "일요일에 잔디가 말끔하게 보이길 바랐어." "토요일에 잔디를 깎기로 했는데 안 해서 화가 났었어."

부정적인 감정을 강조하지 않는다

나-메시지가 아직 익숙하지 않은 부모들이 흔히 저지르는 실수 가운데 또 하나는, 나-메시지로 부정적인 감정만을 전달하고 긍정적인 감정은 전혀 이야기하지 않는 것이다.

린다는 데이트하고 아무리 늦어도 밤 12시 반 전에는 집에 돌아오기로 약속했다. 어느 날 린다가 새벽 1시 반에 집에 들어왔다. 어머니는 잠도 못 자고 기다리면서 무슨 안 좋은 일이 일어난 건 아닌가 걱정했다.

수업 시간에 이 사건을 재현해 보았는데 한 어머니가 이런 식으로 대화했다.

어머니 (린다가 집에 들어오자) 엄마 화났어.
린다 늦은 거 알아요.
어머니 너 때문에 잠도 못 자고 정말 기분 안 좋아.

린다	주무시지 그랬어요? 걱정하지 말고 주무셨으면 좋았을걸.
어머니	어떻게 잠이 오니? 화도 났고 혹시 무슨 사고라도 생기지 않았나 걱정돼서 죽는 줄 알았다. 약속을 안 지켜서 너한테 정말 실망했어.

여기에서 역할 연기를 멈추고 강사는 어머니에게 "잘하셨습니다. 나-메시지를 상당히 잘 사용하셨어요. 하지만 부정적인 말만 하셨네요. 린다가 집에 돌아왔을 때 실제로 어떤 감정이셨나요? 첫 느낌이 어땠어요?" 하고 물었다.

어머니는 "처음에는 애가 무사히 돌아와서 정말 다행이라고 생각했어요. 딸애를 안아 주고 아무 탈 없이 돌아와서 너무 기쁘다고 하고 싶었죠"라고 대답했다. 강사는 "그러셨을 거예요. 이번에는 이 진짜 감정을 나-메시지로 이야기해 보세요. 다시 해 봅시다"라고 말했다.

어머니	아이고, 다행이다. 아무 탈 없어서 다행이야. (강사를 안는다.) 혹시 무슨 사고라도 난 게 아닌가 얼마나 걱정했는데.
린다	와, 엄마 나를 봐서 정말 기쁜 것 같네요?

그러자 수업을 듣는 사람들이 다들 감탄하며 '지금 현재'의 감정을 표현하자 대화가 전혀 다른 양상으로 전개되어 놀랐다고 했다. 이어서 아이에게 긍정적인 감정, 사랑하는 감정

을 솔직히 전할 기회를 얼마나 자주 놓치는가 하는 주제로 열띤 토론을 벌였다. 부모들은 아이를 가르치고 싶은 마음이 앞서는 바람에 이보다 더 중요한 사실을 아이에게 알려 줄 황금 같은 기회를 놓치고 만다. 우리가 아이를 얼마나 사랑하는지, 아이가 다치거나 아이에게 안 좋은 일이 생기면 얼마나 고통스러울지 같은 사실 말이다.

약속한 것이 지켜지지 않은 것에 대한 실망감은 먼저 자기감정을 솔직히 표현하고 난 다음에도 얼마든지 이야기할 수 있다. 먼저 긍정적인 나-메시지를 보내고 나면 대화가 얼마나 달라지겠는가!

부모의 솔직한 감정을 전해야 한다

P.E.T. 수업에서는 과녁에 닿지 못하고 떨어지는 나-메시지 사례도 이야기하곤 한다. 처음에는 자기가 느끼는 감정의 강도에 걸맞은 나-메시지를 전달하기가 쉽지 않기 때문에, 메시지가 충분히 멀리 날아가 전달되지 못해 아이에게 영향을 미치지 못하기도 한다.

한 어머니가 아들 브랜든에게 나-메시지를 보냈는데도 브랜든이 자기 행동을 바꾸려 들지 않았던 일을 들려주었다. 6살 브랜든이 아빠의 테니스 라켓을 들고 놀다가 아직 아기인 동생의 머리를 때렸다. 엄마가 나-메시지를 보냈는데도 브랜든은 동생을 계속 때렸다.

교실에서 이 사건을 재현했더니 어머니가 감정을 충분히 표현하지 못했음이 드러났다.

어머니   브라이언, 새미를 때리면 엄마가 속상해.

강사는 "이상한데요. 아기가 단단한 테니스 라켓으로 맞았는데 그렇게 감정이 평온하셨다니 말이에요"라고 말했다. 어머니는 "평온하긴요. 아기 머리를 다쳤을까 봐 기겁했죠. 머리가 깨진 거 아닌가 했다니까요"라고 대답했다. 강사는 "그러면 그 강렬한 감정을 실제 느낀 강도에 맞는 나-메시지로 말해 보세요"라고 주문했다.

실제 감정에 솔직해도 된다고 허락을 받자 어머니는 강한 목소리로 이렇게 외쳤다. "브랜든, 아기 머리를 때리다니 놀라서 기절하는 줄 알았어! 아기가 다치면 엄마는 정말 괴로울 거야! 그리고 큰 사람이 어린 사람을 아프게 하는 걸 보면 엄마는 정말 화가 나. 으아아, 이 작은 머리가 깨질까 봐 얼마나 놀랐다고."

이번에는 다들 더 솔직하고 정확한 메시지가 전달되었다고 생각했다. 이렇게 솔직한 나-메시지가 진정한 감정에 더 가깝고 아이에게 영향을 줄 가능성도 더 크다.

감정이 폭발할 때는 어떻게 해야 할까

나-메시지로 빨리 문제를 해결하고 싶어서 그동안 쌓여 온 감정을 화산처럼 분출하고 토해 내는 경우가 있다. 어떤 어머니는 나-메시지를 쓰고는 일주일 내내 아이들과 사이가 좋지 않았다고 했다. 어머니가 감정을 폭발하는 바람에 아이들이 너무 겁에 질려 버렸기 때문이다.

문제가 있을 때 대처한다는 말을 분노를 분출시켜도 된다는 말로 받아들이는 부모가 있다면 부모와 아이 사이의 분노에 대해서도 되짚어 보는 것이 좋을 것 같다. 부모는 왜 분노를 분출하며 그것이 왜 아이에게 해로울까? 이를 피하려면 어떻게 해야 할까?

다른 감정과 달리 분노는 언제나 어떤 사람을 향한다. '나 화났어'라는 메시지는 대개 '너한테 화났어' 또는 '너 때문에 화났어'라는 뜻이다. 그러니까 이 말은 실제로 나-메시지가 아니라 너-메시지다. '내가 화가 난다'라고 표현해도 이것이 사실상 너-메시지임을 숨길 수 없다. 그래서 아이들은 이 말을 너-메시지처럼 듣는다. 아이는 자기가 부모의 화를 돋웠고 그래서 비난받는다고 느낀다. 아이는 너-메시지를 들었을 때와 마찬가지로 핀잔과 비난을 들었다고 생각하고 죄책감을 느낀다.

또 분노는 부모가 어떤 감정을 먼저 경험한 다음에 만들어 내는 감정이라고도 할 수 있다. 일차적 감정을 느끼고 그 결과로 분노가 마음속에서 생성된다는 말이다. 예를 들어 설명하면 이렇다.

고속도로를 달리는데 갑자기 어떤 차가 위험하게 끼어들어 사고가 날 뻔했다. 내가 처음 느낀 감정은 공포다. 그 차가 나를 겁에 질리게 했으므로 나는 잠시 뒤에 경적을

울려서 내가 화가 났다는 것을 행동으로 보인다. 아니면 큰소리로 "얼빠진 놈, 무슨 운전을 이따위로 해!"라고 소리 지를 수도 있다. 이 메시지는 말할 것도 없이 순전한 너-메시지다. 내가 화났음을 행동으로 보이는 까닭은 상대 운전자가 나를 놀라게 한 것에 대해 미안하게 생각하고 다시는 그렇게 하지 않게 하려고 벌주는 의미가 있다.

이와 비슷하게 화가 난 부모는 보통 아이들에게 다시는 그러지 말라고 가르치기 위해서 화를 내거나 화가 난 척한다.

한 어머니가 마트에서 아들을 잃어버렸다. 엄마의 일차 감정은 공포다. 아이한테 나쁜 일이 일어날까 봐 겁이 난다. 아이를 찾는 와중에 누군가가 기분이 어떠냐고 물었다면 엄마는 "무서워 죽을 것 같아요"라든가 "너무너무 걱정돼요"라고 말했을 것이다. 아이를 찾고 나면 순간 엄청난 안도감을 느낀다. 마음속으로 '하느님 감사합니다. 아무 일 없어서 천만다행이야'라고 생각할 것이다. 하지만 입 밖으로는 전혀 다른 말을 쏟아 낸다. 화가 난 척하면서 "이 말썽꾸러기야!" 또는 "너 때문에 미치겠다. 바보같이 대체 어디로 간 거야?" "정신 딴 데 팔지 말고 엄마 쫓아오라고 했어, 안 했어?" 이런 말들을 할 것이다. 이 상황에서 엄마는 화가 난 것처럼 행동한다(이차 감정). 엄마를 놀라게 한 것에 대해 아이를 벌주고 다시 그러지 말라고 가르치기 위해서다.

이차 감정인 분노는 예외 없이 아이를 비판하거나 나무라는 너-메시지의 형태로 표현된다. 부모의 분노는 아이가 다른 일차 감정을 일으키는 행동을 했기 때문에 아이를 나무라거나 벌주거나 가르치려고 일부러 의식적으로 취하는 태도일 때가 많다. 상대에게 영향을 주고 상대가 한 행동이 어떤 것인지 알려 주고 교훈을 주고 다시 그러지 않게 만들려고 화를 내는 액션을 취하는 것이다. 그렇다고 해서 분노가 진짜 감정이 아니라는 뜻은 아니다. 분노는 진짜 감정이고, 화가 나면 속이 부글부글 끓거나 몸이 부들부들 떨리기도 한다. 하지만 화는 저절로 생겨나는 것이 아니라 사람들이 '내는' 것이다. 예를 들어 보자.

아이가 음식점에서 소란을 피운다. 부모의 일차 감정은 '부끄러움'이다. 이차 감정은 분노다("점잖게 좀 굴어!").

아이가 아빠 생일을 잊어버리고는 생일 축하한다는 말도 안 하고 선물도 준비하지 않았다. 아빠의 일차 감정은 '섭섭함'이다. 분노가 이차 감정으로 나타난다("너도 자기밖에 모르는 요즘 애들하고 똑같구나").

아이가 좋지 못한 성적표를 들고 집에 왔다. 엄마의 일차 감정은 '실망'이다. 이차 감정은 분노다("이번 학기 내내 게으름 피우더니 그럴 줄 알았다. 그렇게 네 성적이 자랑스럽냐?").

어떻게 하면 아이에게 분노의 너-메시지를 보내는 것을 피할 수 있을까? P.E.T. 코스에서는 먼저 부모들이 일차 감정과 이차 감정의 차이를 이해하도록 한다. 그러고 나서 가정에서 어떤 상황이 일어났을 때 일차 감정에 더 집중하도록 한다. 그러자 아이에게 이차 감정인 분노를 표출하는 대신 일차 감정을 전달할 수 있었다. 화가 날 때 자기 마음속에 진짜로 있는 것이 무엇인지, 즉 일차 감정이 무엇인지를 더 잘 인식하게 된 것이다.

한 어머니가 P.E.T. 수업 시간에 자기가 12살 딸에게 자주 화를 내는 것은 아이가 자기가 어렸을 때만큼 열심히 성실하게 공부하지 않아서 느낀 실망감에 대한 이차 반응임을 깨달았다고 말했다. 또 아이의 학교 성적에 거는 기대가 너무 큰 나머지 성적이 좋지 않을 때마다 너-메시지로 분노를 폭발시켜 왔다는 사실도 알게 되었다고 한다.

전문 상담사인 한 아버지가 11살 딸과 외출할 때마다 왜 자꾸 화를 내게 되는지 이제 알았다고 했다. 아버지는 무척 사교적인 성격인 데 반해 딸은 내성적이다. 딸을 다른 사람에게 소개할 때마다 아이는 악수를 하지 않으려고 손을 뒤로 뺐다. '안녕하세요' '반갑습니다' 같은 인사도 잘 못 하고 들릴 듯 말 듯하게 웅얼거리기만 했다. 아버지는 P.E.T. 수업을 들으면서, 자기가 아이에게 지나치게 엄격하게 대해서 아이가 소극적이고 겁에 질려 있다고 사람들이 오해할까 봐 걱정해 왔음을 깨달았다. 이 사실을 인식하고 나자 이런 상황이 와도 분노를 쉽게 억제할 수 있었다. 이제는 그저 아이의 성격이 자기랑 다를 뿐이라는 것을 인정한다. 아버지가 화를 덜 내자 아이도 다른 사람들 앞에서 더 편해지는 듯했다.

P.E.T. 수업에서는 또 화가 나서 너-메시지를 자주 쏟아 놓는 부모들에게 거울을 앞에 놓고 스스로 이런 질문을 던져 보라고 한다. "지금 내 마음속에 있는 것이 무엇인가?" "아이의 행동 때문에 나의 어떤 욕구가 위협받았나?" "나의 일차 감정은 무엇인가?" 한 어머니는 자기가 아이들에게 화를 자주 냈던 까닭이 아이들을 키우느라 대학원 진학을 포기할 수밖에 없어 크게 좌절했기 때문이었음을 용기 내어 인정했다. 화가 난다고 생각했지만, 실제 감정은 계획이 좌절된 것에 대한 원망이었다.

부모의 감정을 알게 되면 아이들은 어떻게 반응할까
나-메시지는 예상하지 못한 결과를 가져올 수 있다. 아이들이 부모가 어떻게 느끼는지를 알고 정말 깜짝 놀라더라는 이야기를 부모들에게서 자주 듣는다. 아이들이 이렇게 말한다고 한다.

"엄마가 그렇게 귀찮아하는 줄 몰랐어."
"그렇게 속상해하시는 줄 전혀 몰랐어요."

"진작 말씀하시지 그랬어요."

"이게 정말 마음에 안 드나 보네. 그렇죠?"

아이들은 자기 행동이 다른 사람에게 어떤 영향을 미치는지 잘 모를 때가 많다. 자기 목표에 몰두해서 다른 사람에게 어떤 영향을 미칠지 의식을 못 하는 것이다. 하지만 말로 알려 주면 대개는 더 신경을 쓰려고 한다. 아무 생각 없이 행동하던 아이도 자기 행동이 다른 사람에게 미치는 영향을 알게 되면 바로 조심하고 배려한다.

한 어머니가 가족끼리 휴가 때 일을 들려주었다. 미니 밴 뒷좌석에 앉은 아이들이 너무 시끄럽게 야단법석을 피웠다. 한참 못마땅한 채로 가다가 마침내 남편이 더는 참지 못할 지경이 되었다. 남편은 갑자기 속도를 줄이고 길옆에 차를 세우더니 이렇게 말했다. "이렇게 소리 지르고 난동 부리는 거 더는 못 참겠다. 나도 휴가를 즐기고 운전도 즐겁게 하고 싶어. 그런데 뒤에서 그렇게 소리를 질러 대면 불안해서 운전하기가 싫어. 나도 휴가를 즐길 권리가 있다고 생각해."

이 말을 듣고 아이들은 깜짝 놀랐다고 말했다. 아이들은 자기들이 차 안에서 노는 것이 아버지한테 영향을 미치리라고는 꿈에도 생각하지 못했단다. 이 일이 있고 난 다음에 아이들은 훨씬 더 신경 쓰면서 조용히 놀았다.

반항아나 문제아를 위한 특수학교 교장 G 씨는 마치 소설과도 같은 이야기를 들려주었다.

몇몇 아이들이 학교 규칙을 계속 무시하는데 저는 몇 주 동안 화를 억누르며 참았습니다. 그러다 어느 날 교장실 창문 밖을 내다봤는데 이놈들이 교정에서 아무렇지도 않다는 듯 담배를 피우는 모습이 눈에 들어오더군요. 당연히 교칙 위반이죠. 이제 더는 못 봐주겠더라고요. P.E.T. 코스에서 나-메시지를 막 배우고 난 터라 저는 건물 밖으로 나가서 애들한테 내 감정을 이야기하기 시작했어요. "정말 속상하다! 나는 너희들이 어떻게든 학교를 졸업할 수 있게 하려고 최선을 다했는데. 이 일에 몸과 마음을 다 바쳤다고. 그런데 너희들은 어떻게 교칙을 아무렇지도 않게 위반하니? 복장 규제도 합리적으로 완화하려고 얼마나 애썼는데, 너희는 그 규정조차도 안 지키지. 담배 피우는 것도 교칙 위반이잖아. 정말 지금이라도 이 학교 그만두고 보통 학교에 가고 싶다. 거기에서는 적어도 내가 뭔가 한다는 생각이 들 테니. 이 학교에서는 내가 완전히 실패했다는 생각만 들어."

그날 오후에 놀랍게도 아이들이 교장실로 찾아왔습니다. "선생님, 아까 일 생각해 봤는데요, 선생님이 그렇게 화를 내실 줄은 생각 못 했어요. 전에는 화내지 않으셨잖아요. 다른 교장 선생님은 싫어요. 그래서 말인데요, 이제부터는 학교에서 담배 피우지 않겠습니다. 다른 교칙도 지키려고 노력할게요."

이 말을 듣고 나는 어안이 벙벙했습니다. 곧 정신을 차리고 아이들을 데리고 옆방으로 가서 복장 규정에 관해 이야기를 나누었습니다. 아이들과 요즘 어떤 패션이 유행이고 뭐는 아닌지 이야기하면서 얼마나 재미있던지요. 아이들과 가까워진 기분이었습니다. 방에서 나갈 때는 같이 문제를 해결했을 때 생기는 따뜻한 감정과 친밀감을 느꼈습니다.

G 씨의 이야기를 들으면서 나-메시지의 효과에 감탄할 수밖에 없었다. 어른이 욕구를 솔직히 이야기할 때 아이들이 얼마나 잘 헤아려 주는지를 크게 과소평가해 왔음을 확인할 수 있었으니 말이다. 어른들이 눈높이를 맞추어 대해 주면 대개 아이들은 귀 기울여 듣고 책임감 있게 행동한다.

비난하거나 창피를 주거나 해결책을 제시하지 않는 효과적인 나-메시지의 예를 더 살펴보자.

직장에서 돌아온 엄마는 이메일을 훑어보면서 조금 쉬고 싶다. 그런데 아이가 자꾸 무릎 위로 올라와 스마트폰을 밀어낸다. 엄마가 이렇게 말한다. "네가 무릎에 앉아 있으면 스마트폰을 볼 수가 없어. 엄마는 피곤해서 좀 쉬고 싶고, 지금은 너랑 같이 놀고 싶지 않아."

아이가 방을 치우겠다고 약속해 놓고는 며칠째 안 치운다. 그러고는 영화관에 데려가 달라고 조른다. 엄마가 이렇게 말한다. "너한테 뭔가 해 주고 싶은 생각이 별로 안 들어. 네가 방을 치우겠다는 약속을 안 지키니까."

아이가 손님들이 오기 전에 화장실 청소를 해 놓기로 했다. 그런데 종일 꾸물거리고만 있다. 손님이 오려면 한 시간밖에 안 남았는데 아직도 그대로다. 엄마가 말한다. "정말 기운 빠진다. 엄마는 손님 맞을 준비를 하느라 종일 일했는데 아직도 화장실 때문에 걱정해야 하니까."

아이와 같이 신발 사러 가기로 했는데 아이가 집에 오기로 한 시간보다 늦게 왔다. 엄마가 서둘러야 하게 되었다. "네 신발 사러 가려고 그것에 맞춰 일정을 짜 놓았는데 네가 제시간에 안 오고 문자도 안 하면 기분이 좋지 않아."

아기들에게 비언어적인 나-메시지를 전하기

두 살 아래 아기를 둔 부모들은 말을 잘 알아듣지 못하는 아기들에게는 나-메시지를 어떻게 보내냐고 묻는다.

사실 아주 어린 아기도 나-메시지를 이해할 수 있는데 부모들은 그런 능력을 과소평가하는 경향이 있다. 두 돌 정도 되면 대부분 아이는 부모가 자기를 받아들이는지 못마땅해하는지, 기분이 좋은지 나쁜지, 자기가 하는 행동을 좋아하는지 싫어하는지 안다. 두 돌이면 부모가 하는 "아, 아파" "싫어" "지금 놀기 싫어" 같은 말을 이해한다. 또 "이건 네 장난감이 아니야"

"뜨거워" "그러다 다친다" 같은 말도 알아듣는다.

그보다 더 어린 아기들도 비언어적 메시지를 민감하게 포착하기 때문에 몸짓, 표정 같은 신호로 아기에게 감정을 전달할 수 있다.

엄마가 옷을 입혀 주는데 아기가 버둥거린다. 엄마는 그러지 못하게 부드러우면서도 확고하게 아이를 붙들고 계속해서 옷을 입힌다. (메시지: "버둥거리면 옷을 입힐 수가 없어.")

아이가 소파에서 펄쩍펄쩍 뛰어서 엄마는 그러다가 소파 옆 램프가 쓰러질까 봐 걱정된다. 엄마는 아이를 바닥에 내려놓고 아이와 함께 바닥에서 뛴다. (메시지: "소파 위에서 뛰지 말았으면 좋겠어. 바닥에서 뛰는 건 괜찮아.")

시간이 급한데 아이가 꾸물거리고 차에 타지 않으려고 한다. 아빠가 아이의 등을 밀며 아이를 차로 데려간다. (메시지: "늦었으니까 지금 차를 타면 좋겠다.")

엄마가 모임에 가려고 막 꺼내 입은 새 옷을 아이가 잡아당긴다. 엄마는 아이의 손을 치맛자락에서 떼어 낸다. (메시지: "내 옷을 잡아당기지 않았으면 좋겠다.")

아빠가 아이를 안고 슈퍼마켓에 갔는데 아이가 아빠 배를 걷어찬다. 아빠는 아이를 바로 땅에 내려놓는다. (메시지: "나를 발로 차면 너를 안고 있기 싫어.")

엄마가 자기 앞에 덜어 놓은 음식을 아이가 가지고 간다. 엄마는 아이한테서 자기 음식을 다시 가져오고, 아이한테는 새로 덜어 준다. (메시지: "내 접시에 있는 음식을 가져가지 말았으면 좋겠다.")

아주 어린 아기들도 이런 행동으로 된 메시지를 잘 알아듣는다. 이렇게 하면 아이를 나무라거나 벌을 주지 않고 부모가 원하는 것이 무엇인지 아이에게 전달할 수 있다.

나-메시지를 쓰다가 문제를 맞닥뜨렸을 때

나-메시지를 사용하다 보면 이런저런 문제를 맞닥뜨리기 마련이다. 해결 불가능한 문제는 없지만 이 문제들을 극복하려면 약간의 기술이 필요하다.

아이들이 부모의 나-메시지를 무시할 때도 있는데, 특히 부모가 처음으로 보낸 나-메시지를 무시할 가능성이 크다. 자기 행동이 다른 사람의 욕구를 침해한다는 말을 듣고 좋아할 사람은 없다. 아이들도 마찬가지라 자기의 행동 때문에 부모가 어떤 기분인지를 '듣지 않으려고' 한다.

첫 번째 나-메시지에 아이가 아무 반응이 없다면 다시 메시지를 보내 본다. 두 번째 메시지는 더 강한 감정을 담아 더 확고하고 크게 말해야 할 것이다. 두 번째 메시지는 진심으로 하는 말이니까 들어 보라는 의미다.

때로는 아이들이 '그래서 어쩌라고'라고 말하는 듯 어깨를 으쓱하고 그냥 가 버릴 수도 있다. 이때는 더 강력하게 다시 얘기하면 효과를 볼 수 있다. 이런 식으로 말이다.

"내 기분을 이야기하는 거야. 나한테는 중요한 거야. 그러니까 내 말을 무시하지 말았으면 좋겠다. 내 감정은 들으려고도 안 하고 그냥 가 버리면 섭섭해. 내가 정말 문제를 겪고 있는데 무시하는 건 불공평하다고 생각해."

이는 아이에게 "나 지금 진지해!"라고 말하는 방법이다. 이런 식으로 말하면 아이가 돌아와 이야기를 들을 수도 있다.

아이들이 나-메시지에 자기도 나-메시지를 보내며 응대할 때도 있다. 바로 자기 행동을 고치는 대신 자기감정이 어떤지도 부모가 알아주기를 바라는 것이다. 다음 대화를 보자.

엄마   네가 학교에서 돌아오자마자 깨끗했던 거실이 어지럽혀지는 걸 보면 기분이 안 좋아. 힘들게 청소했는데 그러면 기운 빠져.

아들   엄마는 집을 지나치게 깔끔하게 하려고 해.

P.E.T. 교육을 받지 않은 부모는 이런 상황에서 발끈해서 "그렇지 않아" "네가 뭐라고 할 일은 아니잖아" "네가 어떻게

생각하든 관심 없어" 하는 식으로 자기방어를 할 수 있다. 이런
상황에 효과적으로 대처하려면 우리의 첫 번째 원칙을 상기
해야 한다. 아이가 어떤 감정을 갖거나 문제를 가지고 있을 때
는 적극적 듣기를 한다는 원칙이다. 이것을 '기어 바꾸기'라고
부른다. '맞서 대응하기'에서 '듣기'로 전환하는 것이다. 앞 사
례에서는 엄마의 나−메시지가 아이에게 문제를 안겨 주었다
(나−메시지는 보통 그런다). 그러니 이제는 아이에게 문제가
생겼으니 이해와 수용을 보여야 할 때가 된 것이다.

> 엄마 내가 지나치게 까다롭게 군다고 생각하는구나.
> 아들 응.
> 엄마 음, 그럴지도 모르지. 한 번 생각해 볼게. 하지만 내
>   생각이 바뀌기 전에는 내가 한 일이 아무 소용 없
>   게 된 걸 보면 속이 상할 거야. 지금 이 방을 보니
>   내가 그래.

　　아이는 그저 부모가 자기감정을 이해해 주기만을 바랄 때
가 많다. 부모가 자기감정을 알아준다는 것을 알면 아이가 자
기 행동을 고칠 가능성도 커진다. 이해받고 나면 부모의 감정
에 대해서도 뭔가 좋은 방향으로 행동하고 싶다는 생각을 한다.
　　그리고 또 한 가지 놀라운 점은, 일단 적극적 듣기로 아이
의 감정을 밖으로 꺼내고 나면 부모가 애초에 가졌던 못마땅
하고 속상한 감정이 사라지거나 누그러질 때도 있다는 것이다.
아이가 자기감정을 이야기하도록 유도하다 보면 상황을 완전

히 새로운 시각에서 보게 된다. 앞에서 살펴보았던 잠들기를 두려워하는 아이를 떠올려 보자. 엄마는 아이가 자지 않으려고 떼쓰는 것을 보고 화가 나서 나-메시지로 이야기했다. 그러자 아이는 자다가 입이 다물어져 질식할까 봐 잠들기가 무섭다고 엄마에게 말했다. 이 메시지가 이전까지 아이의 행동을 받아들이지 않던 엄마의 마음을 일순간에 바꾸어 놓았다.

다음 상황은 적극적 듣기로 대화가 이어지면서 부모의 감정이 바뀐 사례다.

아버지　저녁 먹은 그릇이 싱크대에 그대로 있는 걸 보니 화가 나. 저녁 먹고 네가 치우기로 하지 않았니?

딸　　　어젯밤에 숙제하느라 새벽 3시까지 못 잤더니 저녁 먹고 너무 피곤해서 못 했어요.

아버지　어제 잠을 못 자서 저녁 먹고 났을 때 설거지할 기분이 아니었나 보네.

딸　　　네. 그래서 방에서 잠깐 잤어요. 자기 전에 하고 자려고요. 그럼 되죠?

아버지　그래.

나-메시지의 다른 사용법

칭찬 대신 나-메시지를 사용한다

처음 P.E.T. 교육을 시작했을 때는 나-메시지를 아이의 행동이 못마땅할 때 대처하는 방법으로만 소개했다. 그랬더니 어떤 부모들이 나-메시지를 왜 이렇게 제한적으로 사용하는지 의아해하며 통찰력이 깃든 이런 질문을 하기도 했다. "아이의 행동이 마음에 들 때 칭찬이나 긍정적인 감정도 나-메시지로 표현할 수 있지 않나요?"

사실 긍정적 평가를 담은 메시지가 덮어놓고 좋은 것이라고 말하기는 힘들다. 칭찬이 실은 아이를 통제하기 위한 것일 때가 많아 부모와 아이 사이에 나쁜 영향을 줄 수 있기 때문이다. 다시 말해, 부모가 생각하는 대로 아이가 행동하도록 만들기 위해 아이를 칭찬할 때가 많다는 것이다. 또는 아이가 부모가 못마땅하게 생각하는 행동은 하지 않고 칭찬으로 보상받을 수 있는 '좋은' 행동만 반복하기를 바라는 마음으로 칭찬하기도 한다.

심리학 분야에서 동물과 인간을 대상으로 한 여러 실험 결과, 어떤 행동을 한 직후에 보상하면 그 행동을 '강화'하는 효과가 있음이 의심의 여지 없이 입증되었다. 강화란 그 행동이 다시 일어날 가능성을 높인다는 뜻이다. 사람들은 이전에 자기에게 어떤 보상을 가져다주었던 행동을 반복하며 살아간다. 논리적으로 당연하다. 그 행동을 함으로써 필요하거나 원하는 것을 얻을 수 있기 때문에, 즉 보상을 받기 때문에 자꾸만 그 행동을 반복하는 것이다.

칭찬은 물론 보상의 일종이다. 적어도 많은 사람이 보상으로 생각한다. 그래서 '착한' 행동을 하면 칭찬하고 '나쁜' 행동을 하면 벌주는 시스템을 만든다. 벌을 주면 그 행동이 반복될 가능성이 줄어든다는 것 역시 입증이 되었기 때문이다. 벌에 관해서는 뒤에서 다시 이야기하기로 하자.

자녀 교육 분야에서 아이가 '좋은' 행동을 하면 칭찬해 주어야 한다는 생각만큼 확고부동한 위치를 차지한 명제가 또 있을까? 육아에 관련된 거의 모든 책과 글이 이런 생각을 지지한다.

하지만 칭찬 같은 보상을 아이의 행동에 영향을 주기 위해 사용하는 일에는 함정이 있다. 먼저, 효과가 있으려면 아이가 칭찬을 보상으로 느껴야 한다. 그런데 실제로는 그렇지 않을 때도 많다. 부모가 아이를 칭찬해도 아이가 잘했다고 스스로 느끼지 않으면 아이는 칭찬을 무시하기도 하고 반박하기도 한다.

부모   정말 잘한다. 수영 실력이 엄청나게 늘었어.

아이   내가 로리보다 못했는데.

부모   왜? 멋진 경기였어.

아이   아냐. 창피해서 죽을 것 같아.

어쨌든 나-메시지가 칭찬, 기쁨, 감사, 안도, 고마움, 행복 같은 긍정적인 감정을 표현하기에도 좋은 방법이라는 생각에는 일리가 있다.

부모들은 아이를 칭찬할 때 거의 예외 없이 너-메시지로 말한다.

"착한 아이구나!"

"잘했어!"

"음식점에서 점잖게 잘 있었어."

"학교 성적이 많이 올랐구나!"

이 메시지들은 모두 아이를 판단하고 평가하는 말임을 유의하자. 이 말들을 긍정적인 나-메시지와 비교해 보자.

"엄마 대신에 쓰레기를 버려 주니 정말 고마워!"

"공항에 동생 데리러 나가 줘서 고맙다. 덕분에 내 고생을 덜었네. 정말 고마워."

"집에 몇 시에 올지 미리 말해 주니까 걱정 안 해도 돼서 정말 마음이 놓여."

긍정적인 나-메시지가 대체로 다음 두 조건을 충족하면 칭찬이더라도 조종하고 통제하기 위한 것으로 느껴지지 않는다.

1 바람직한 행동을 아이가 반복하도록 하려고(아이의 앞으로의 행동을 변화시키려고) 의도적으로 하는 말이 아니다.
2 그 순간에 경험한 일시적 감정, 곧 지금 현재의 진솔한 감정을 표현하는 말이다.

P.E.T. 모델에 이 개념을 더하자 칭찬에 내재한 위험을 피하면서 그 순간의 고마운 감정을 아이와 나누는 방법을 찾을

수 있었다. 전에는 아이를 칭찬할 때도 위험할 수 있으니 주의하라고 경고만 수차례 들었지 긍정적 감정을 표현할 적절한 방법을 알지 못했기 때문에 많은 부모들이 혼란스럽고 답답했을 것이다.

예방을 위해 나-메시지를 사용한다

아이와의 관계가 현재 아무런 문제가 없을 때(사각형 그림에서 '문제없음' 영역에 있을 때), 앞으로 받아들일 수 없는 행동이 일어나는 것을 방지하기 위해 어떤 메시지를 보내고 싶을 수도 있다. 이러한 예방적 나-메시지는 아이에게 부모의 계획과 욕구를 미리 알려 주려는 목적이 있다.

> "내가 온라인 수업을 듣기 시작했으니까, 주말에 컴퓨터를 어떻게 나누어 쓸지 미리 정해 놓자."
> "여행 가기 전에 준비해야 할 것을 먼저 생각해 보자. 나중에 닥쳐서 허둥대지 않게."
> "오늘 길게 전화 통화를 할 일이 있어서, 몇 시에 저녁을 먹을 수 있을지 미리 알았으면 해."

이렇게 자기주장을 해서 늘 원하는 것을 얻을 수는 없겠지만, 그래도 부모가 생각하는 것을 미리 말해 주는 편이 아이가 생각 없이 부모 욕구에 어긋나는 행동을 할 때까지 기다리는 것보다는 훨씬 낫다. 적절한 때 예방적인 나-메시지를 보내면 아이와 대립하는 일을 피할 수 있다.

이보다는 덜 뚜렷하지만, 예방적 나-메시지에 한 가지 효과가 더 있다. 부모도 인간이고 다른 사람처럼 욕구와 필요와 기호와 소망이 있다는 사실을 아이들이 알게 되는 것이다. 또 아이가 어떻게 하라는 지시를 받기 전에 부모 뜻을 거스르지 않는 방식으로 행동할 기회를 줄 수 있다는 점도 있다.

이혼하고 세 아들을 키우는 한 어머니는 한 아이의 학교 행사를 앞두고 이런 예방의 메시지를 보냈다고 한다.

"댄과 저는 가깝고 편한 사이예요. 제 생각을 쉽게 말할 수 있거든요. 댄이 학교 행사에서 기타를 치면서 노래하게 되어서 어느 날 이 일을 가지고 얘기하게 되었어요. 아이는 제가 보러 오기를 바랐지만, 저는 학교에 한 번도 가 보지 않아서 아는 사람도 없이 어색하게 있을 일이 걱정되더군요. 그래서 이렇게 말했죠. '댄, 너희 학교 모임에 한 번도 가 보지 않아서 조금 부담이 돼. 아는 사람이 하나도 없잖니. 거기 갔을 때 나 좀 도와주면 좋겠어.' 그랬더니 댄이 정말 그렇게 해 준 거 있죠! 나를 데리고 다니며 사람들에게 소개해 주고 차를 가져다주기도 했어요. 우리 애가 나를 돌봐 주었다니까요!"

문제 해결을 위해 나-메시지를 사용한다

다시 세 부분으로 이루어진 나-메시지로 돌아가 보자. 나-메시지로 아이에게 대응할 때, 아이가 자기 행동이 부모에게 미치는 영향을 충분히 알고도 행동을 바꾸려 들지 않을 수도 있다. 때로는 아주 명백한 나-메시지도 효과가 없어서, 아이가 부모의 욕구를 저해하는 행동을 멈추지 않을 때가 있다. 어떤 방식으로 행동하고 싶은 아이의 욕구가 그런 행동을 원하지 않는 부모의 욕구와 충돌하기 때문이다.

P.E.T.에서는 이런 경우를 '욕구 충돌' 상황이라고 부른다. 사람들 사이의 관계에서 피할 수 없는 이러한 상황이 바로 두 사람 관계에서 가장 결정적인 순간이라고 할 수 있다.

이러한 욕구 충돌 상황을 해결하는 방법은 9장에서부터 다룰 텐데, 이 부분이 이 책의 핵심이라고 할 수 있다.

8

환경을 바꾸어 문제를 해결하기

주변 환경을 바꾸어서 아이의 행동을 변화시키는 방법도 있다.

보통 환경을 바꾸는 방법은 큰 아이들보다는 유아나 어린 아이들에게 더 많이 쓴다. 아이가 자랄수록 아이를 깎아내리거나 권위로 위협하는 등 말에 더 의존하기 쉽기 때문이다. 하지만 환경을 바꾸는 방법은 아이의 나이와 관계없이 쓸 수 있는 간단하고 유용한 방법이다. 다양한 활용 방법을 알면 어렵지 않게 사용할 수 있을 것이다.

1 주변 환경을 풍부하게 하기

2 환경을 간소하게 하기

3 환경을 단순하게 하기

4 환경을 제한하기

5 환경을 안전하게 만들기

6 어떤 행동을 다른 행동으로 바꾸기

7 아이가 환경 변화에 대비하게 하기

8 큰 아이들과 함께 미리 계획하기

주변 환경을 풍부하게 만든다

어린이집 교사들은 아이가 여러 재미난 일을 할 수 있게 해 주면 받아들일 수 없는 행동을 멈추거나 예방하는 효과가 있다는 사실을 잘 안다. 그래서 장난감이나 책, 게임, 클레이, 인형, 퍼즐 등으로 환경을 풍부하게 꾸민다. 양육자도 이 원칙을 활용할 수 있다. 아이가 무언가 재미난 것에 몰두할 때는 '사고를 치거나' 부모를 성가시게 할 가능성이 작다.

뒷마당이나 차고 같은 곳에 특별 영역을 만들어 놓고 아이들이 마음대로 파헤치고 두들기고 만들고 칠하고 어지를 공간으로 꾸며 주었더니 아주 좋더라는 이야기를 많이 들었다. 아이가 무얼 망가뜨리는 일 없이 하고 싶은 것 다 할 수 있는 장소를 부모가 지정해 주는 방법이다.

자동차를 타고 멀리 여행할 때 아이들이 특히 부모를 많이 괴롭힌다. 그러니 아이가 지루해져 칭얼대지 않도록 차에 장난감, 게임, 퍼즐 등을 꼭 챙기는 것이 좋다.

또 친구를 집에 불러 같이 놀면 보통 더 잘 논다. 혼자 있을 때보다는 두세 명이 함께 있을 때 문제가 되는 행동을 덜 한다.

그림을 그릴 종이, 클레이, 인형 극장, 인형과 인형의 집, 플레이도, 물감, 카드게임 등을 마련해 놓으면 공격성, 과잉행동, 문제 행동이 크게 줄어든다. 어른도 그렇듯이 아이한테도 뭔가 빠져들 수 있는 일, 재미있고 도전하고 싶은 일이 필요하다.

주변 환경을 간소하게 만든다

아이들에게 자극이 없는 환경이 필요할 때가 있다. 예를 들면 잠들기 직전 같은 때가 그렇다. 아버지들이 특히 잠들기 전이나 식사 전에 아이를 지나치게 흥분시키곤 하는데 그래 놓고 아이가 갑자기 차분하고 얌전해지기를 기대하기는 어렵다. 이런 때는 아이의 환경을 풍부하게 할 것이 아니라 간소하게 만들어야 한다. 아이의 환경에서 자극 요인을 줄이면 불필요한 충돌이나 스트레스를 피할 수 있다.

주변 환경을 단순하게 만든다

주변 환경이 너무 복잡하고 힘들어서 아이들이 받아들이기 힘든 행동을 하게 되기도 한다. 이럴 때 아이들은 도와 달라고 부모를 조르거나 아예 못 하겠다고 포기하거나 공격성을 보이거나 물건을 집어던지고 징징대고 도망가거나 울음을 터뜨리기도 한다.

집안 환경을 아이가 많은 일을 스스로 하고, 물건을 안전하게 다루고, 뜻대로 안 되어 좌절하지 않도록 바꾸어 줄 필요가 있다. 아이의 환경을 단순하고 손쉽게 만드는 방법에는 이런 것이 있다.

- ▶ 아이가 혼자 입기 쉬운 옷을 산다.
- ▶ 옷장 위쪽이나 수도꼭지에 손이 닿도록 발받침을 놓는다.
- ▶ 아이용 식사 도구를 산다.
- ▶ 벽장 옷걸이를 낮게 단다.
- ▶ 깨지지 않는 컵을 산다.
- ▶ 아이 손이 닿는 위치에 미닫이문 문고리를 단다.
- ▶ 아이 방의 벽에는 낙서해도 지울 수 있는 벽지를 바른다.

활동 공간을 제한한다

말썽을 부리는 아이를 울타리로 된 아기 놀이 공간 안에 넣어 두면 아이의 활동 반경을 제한해서 아이의 행동을 받아들일 수 있는 행동으로 바꿀 수 있다. 마당에 놀이 공간을 구획해 주면 아이가 길거리로 뛰쳐나가거나 꽃밭을 망쳐 놓거나 길을 잃을 위험이 없다.

집 안에 찰흙 놀이나 그림 그리기나 종이를 자르고 풀칠하는 등 방을 더럽히기 쉬운 활동을 하는 특별 구역을 정해 놓는 방법도 있다. 아이들이 시끄럽게 굴고 몸 놀이를 하고 흙장난을 할 수 있는 특별 구역을 정할 수도 있다.

이 테두리 안에서도 욕구를 충분히 충족시킬 수 있다면 아이도 이런 제약을 잘 받아들인다. 물론 때로는 저항하고 반발할 수도 있다. (이런 충돌을 해결하는 방법은 다음 장에서 살펴보자.)

안전하고 깨끗한 환경을 만든다

약, 칼, 위험한 화학 물질 등은 다들 아이의 손이 닿지 않는 곳에 치워 놓고, 더 완벽히 하려면 다음과 같은 것에도 신경을 쓴다.

- ▶ 가스레인지 위에 냄비를 올려놓을 때 손잡이를 안쪽으로 돌려놓는다.
- ▶ 깨지지 않는 컵을 산다.
- ▶ 성냥이나 라이터는 보이지 않는 곳에 둔다.
- ▶ 낡은 전선과 플러그를 교체한다.
- ▶ 깨지기 쉬운 비싼 물건은 치운다.
- ▶ 날카로운 물건은 손 닿지 않는 곳에 치운다.
- ▶ 욕조 안에 미끄럼방지 매트를 깐다.
- ▶ 난간을 튼튼하게 보수한다.
- ▶ 미끄러지기 쉬운 깔개나 러그는 치운다.

집안을 샅샅이 살피며 위험 요소를 미리 없앨 필요가 있다. 약간의 수고를 들이면 집을 아이에게 안전한 곳으로 바꿀 방법을 찾고 아이가 문제가 되는 행동을 할 소지를 없앨 수 있다.

어떤 행동을 다른 행동으로 바꾸게 한다

아이가 날카로운 칼을 가지고 놀고 있다면 손을 다치지 않을 플라스틱 칼로 바꾸어 준다. 아이가 화장대 서랍 안을 뒤지려고 하면 빈 병이나 빈 상자를 주고 바닥에서 놀게 한다. 아이가 아직 읽지 않은 잡지를 찢으려고 하면 다 읽은 잡지를 대신 준다. 벽에 크레용으로 낙서하려고 하면 큼지막한 포장지를 주고 거기에 마음껏 그리게 한다.

대용품을 주지 않고 무작정 빼앗으면 아이는 실망해 울음을 터뜨린다. 하지만 부모가 조용히 다정하게 대체할 물건을 주면 아이는 대개 순순히 받아들인다.

아이가 환경 변화에 대비하게 한다

아이가 환경 변화에 대비할 수 있게 하면 받아들일 수 없는 여러 행동을 미리 막을 수 있다. 예를 들어 금요일마다 오던 베이비시터가 이번 주부터 바뀌게 되었다면, 적어도 전주 수요일부터는 새로운 베이비시터가 올 거라고 말해 준다. 여름 휴가에 바닷가에 가기로 했다면 앞으로 있을 일을 몇 주 전부터 미리 아이에게 말해 준다. 낯선 곳에서 자게 된다는 것, 새로운 사람을 많이 만날 거라는 것, 자전거는 가지고 갈 수 없다는 것, 바다에 파도가 친다는 것, 배를 타면 안전하게 행동해야 한다는 것 등.

아이들은 변화에 적응하는 능력이 아주 뛰어나서 부모가 미리 이런 일들을 말해 주기만 하면 별문제 없을 것이다. 주사 맞으러 병원에 갈 때처럼 아프거나 불편할 것이 예상될 때도 마찬가지다. 잠깐 따끔하고 아플 거라고 미리 솔직하게 말해 주면 아이들이 상황에 훨씬 잘 대처한다.

큰 아이의 경우 주변 환경을 함께 조성한다

청소년기 아이들과 같이 계획해서 환경을 꾸미면 갈등을 예방할 수 있다. 아이들한테도 개인적 물건을 놓을 공간, 프라이버시, 독립적 활동을 할 기회가 필요하다. 큰 아이들을 위해 '부모가 받아들이는 행동의 영역을 확장'하는 몇몇 방법이 있다.

▶ 아이에게 알람 시계를 준다.

▶ 물건을 걸 수 있는 공간을 마련한다.

▶ 집 안에 메모를 주고받는 메시지 센터를 만든다.

▶ 아이가 일정을 적어 넣을 수 있게 아이 혼자 쓰는 달력을 준다.

▶ 가족 요금제에 가입한다.

▶ 손님이 오기로 되어 있으면 미리 말해 주어서 아이가 방 정리를 할 수 있게 한다.

▶ 아이가 좋아하는 열쇠고리를 달아서 집 열쇠를 하나 준다.

▶ 용돈을 일주일에 한 번씩 주지 말고 한 달에 한 번씩 준다. 그리고 용돈으로 사면 안 되는 것은 무엇인지 미리 이야기해서 서로 합의한다.

▶ 귀가 시간, 자동차 보험, 차 사고가 났을 때의 책임, 알코올과 약물 같은 어려운 문제를 미리 논의한다.

▶ 아이가 자기 빨래는 스스로 하기로 했다면, 필요한 물품이나 세제 같은 것을 미리 준비해 주어 쉽게 할 수 있게 한다.

▶ 전화 배터리가 다 될 때를 대비해 보조배터리를 가지고

다니라고 한다.

- ▶ 냉장고 안의 음식 가운데 손님용으로 따로 보관해 놓은 것은 미리 알려 준다.
- ▶ 손님맞이를 위해 특별히 무엇을 해야 할 때는 아이에게 미리 말해 준다.
- ▶ 아이를 급하게 찾아야 할 경우를 대비해서 친구들 전화번호를 알려 달라고 한다.
- ▶ 가족 여행을 갈 때 아이가 챙길 물건 목록과 일정표를 스스로 작성하게끔 한다.
- ▶ 아이에게 일기예보를 확인하고 학교에 갈 때 무얼 입을지 결정하라고 한다.
- ▶ 아이를 재우고 회사 일을 해야 할 때, 아이에게 평소보다 일찍 씻기고 일찍 재울 거라고 미리 이야기해 준다.
- ▶ 여행을 갈 때는 미리 말해 주어서 아이가 여행 가서 무얼 하고 놀지 계획을 세울 수 있게 한다.
- ▶ 집안의 규칙을 정할 때 아이와 함께 정한다.
- ▶ 아이 방에 들어가기 전에는 항상 노크한다.
- ▶ 아이에게도 영향을 줄 가족 공동의 계획은 아이와 함께 의논한다.

이외에도 비슷한 예를 여럿 생각해 볼 수 있다. 환경을 바꾸는 방법을 많이 사용할수록 아이와 함께 사는 삶이 더 즐거워지고 아이와 부딪치는 일도 줄어든다.

이렇게 환경을 바꾸어 가다 보면 아이와 아이의 권리에

관한 생각 자체가 근본적으로 바뀌는 경험을 하게 되기도 한다. '이 집은 누구의 집인가?'라는 질문을 스스로 던지게 되는 것이다. 많은 부모가 가정의 중심은 부부고 아이들은 부모에게 맞추어 행동하도록 가르쳐야 한다고 생각한다. 다시 말해 아이들이 '부모의 집'에서 어떻게 행동해야 하는지를 간섭받고 꾸지람당하며 고통스럽게 배워 나가야 한다고 생각하는 것이다. 이렇게 생각하는 부모는 새로 아이가 태어나도 가정환경을 아이에게 맞게 바꾸어야 한다는 생각을 잘 못 한다. 집은 그대로 놓아두고 아이가 거기에 맞추기를 바란다.

그런데 수강생들에게 "여러분의 부모님 가운데 한 분이 몸이 편찮아져서 다음 주부터 집에서 모시고 살기로 했는데, 부모님이 목발이나 휠체어를 사용해야 한다면 집안을 어떻게 바꾸겠습니까?"라고 물으면 이런 여러 아이디어를 내놓는다.

▶ 밟고 미끄러질 위험이 있는 러그를 치운다.
▶ 계단 손잡이를 설치한다.
▶ 휠체어가 다닐 수 있도록 가구를 움직여 공간을 만든다.
▶ 자주 쓰는 물건은 찾아 쓰기 쉽도록 손 닿기 쉬운 낮은 칸으로 옮긴다.
▶ 문제가 있을 때 누를 수 있게 침실에 벨을 단다.
▶ 샤워실에 샤워 의자를 설치한다.
▶ 실수로 넘어뜨릴 위험이 있는 불안정한 테이블을 치운다.
▶ 현관 계단에 경사로를 만들어서 휠체어로 출입할 수 있게 한다.

▶ 욕조에 미끄럼방지 매트를 깐다.

몸이 불편한 부모를 모시고 살 때 집안 환경을 얼마나 많이 바꾸어야 할지 생각해 보면, 아이를 위해서도 환경을 개선해야 한다는 사실을 더 잘 이해할 수 있게 된다.

'누구의 집인가?'라는 질문에 대해서도, 몸이 불편한 부모에 대한 태도와 아이에 대한 태도가 얼마나 다른지 생각해 보면 놀라게 된다. 부모님과 같이 살게 되면 부모님이 마음 편하게 지낼 수 있도록 이 집을 당신 집처럼 생각하시게 하려고 갖은 애를 쓸 것이다. 그런데 아이들한테는 그렇게 하지 않는다.

사람들이 자기 아이보다 손님을 오히려 더 존중하고 신경쓰는 걸 보면 이상하다는 생각이 든다. 아이들은 그냥 알아서 환경에 적응해야 한다고 생각하는 부모가 너무 많다.

9

부모와 아이 사이 피할 수 없는 갈등
— 누가 이겨야 하나?

아이에게 문제에 관해 이야기하거나 환경을 바꾸었는데도 아이가 행동을 바꾸지 않고 부모의 욕구를 계속 저해할 수도 있다. 이런 일은 부모와 아이 사이에서 반드시 일어날 수밖에 없다. 아이가 자기 행동이 부모의 욕구를 방해한다는 것을 알게 되더라도 그렇게 계속 행동하고 싶은 욕구가 있을 수 있기 때문이다.

▶ 30분 후에 집에서 출발해야 한다고 엄마가 수도 없이 말했는데 아이가 계속 게임을 하고 있다.

▶ 아이가 부엌을 치우기로 약속했는데 직장에서 돌아와 보니 싱크대에 설거짓거리가 쌓여 있다.

▶ 아이가 주말에 친구들과 등산 가는 것이 불안하다는 부모의 말을 듣지 않는다. 부모는 받아들일 수 없다고 하지만 아이는 너무 가고 싶다.

아이의 욕구와 부모의 욕구 사이의 갈등은 어떤 가정에서나 있을 수 있는 흔한 일이다. 사소한 의견 불일치도 있고 아주 심각한 다툼도 있을 수 있다. 이런 문제는 아이에게만 속한 문제도 부모에게만 속한 문제도 아니고 관계에서 발생하는 문제다. 부모와 아이 둘 다 관련되어 있고 양쪽 모두의 욕구가 달린 문제다. 따라서 '문제가 관계에 속한다'고 할 수 있다. 다른 방법을 시도해 보았지만 행동을 바꿀 수 없었던 상황이다.

앞에서 살펴보았던 그림을 참고로 하여 관계에서 일어나는 갈등은 어디에 속하는지 보자.

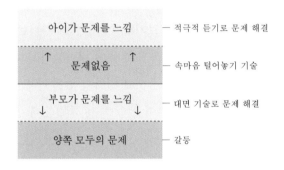

갈등은 관계의 향방을 정하는 가장 결정적인 일이다. 관계가 얼마나 탄탄한지 시험하는 시험대이자 관계를 돈독하게 할 수도 허물 수도 있는 계기이며 영원한 원망, 적의, 정신적 상처를 일으킬 수도 있는 중대한 사건이다. 갈등을 통해 서로 멀어질 수도 있고 더 끈끈해질 수도 있다. 붕괴의 원인이 될 수도 결속하는 계기가 될 수도 있다. 날을 세우고 공격하는 전쟁이 될 수도 있고 서로의 속마음을 이해하는 시작점이 될 수도 있다.

따라서 갈등을 어떻게 해결하느냐는 부모와 아이의 관계에서 가장 중요하고 결정적인 요소다. 갈등은 삶의 일부이며 반드시 나쁜 것만은 아니라는 것을 받아들이기가 쉽지는 않다. 많은 사람이 부부 사이의 갈등이든 아이들 사이의 갈등이든 부모와 아이 사이의 갈등이든 가정 안에서의 갈등은 어떻게든 피하려고 한다. 어떤 부부는 자기들은 한 번도 심하게 다툰 적이 없다고 자랑스럽게 말하곤 한다. 의견 충돌이 없다는 것이 사이가 좋다는 것을 뜻한다고 굳게 믿는 것이다.

아이들에게는 "좋아, 저녁 식탁에서는 싸우지 말자. 식사를 망치고 싶지 않아" 하고 말한다. 아니면 "그만 싸워! 지금 당장 멈춰!" 하고 소리를 지르기도 한다. 십대 자녀를 둔 부모가 아이가 크면서 집안에 불화와 갈등이 많아졌다고 한탄하는 일도 많다. "전에는 거의 모든 것에 생각이 일치했었는데 말이죠" "전에는 애가 정말 협조적이고 말을 잘 들었는데, 지금은 서로 전혀 이해 못 해요"라고 한다.

물론 갈등을 좋아하는 사람은 없다. 갈등이 일어나면 괴롭고 어떻게 대처할지 고민이 된다. 그런데 사실 사람 사이에서 욕구가 충돌하지 않기란 정말 힘든 일이다. 두 사람 이상이 있으면 갈등이 일어날 수밖에 없다. 사람들이 서로 다르고 생각도 다르고 욕구도 원하는 바도 다 다르기 때문이다.

갈등은 어느 관계에나 있을 수밖에 없으니 꼭 나쁘다고는 할 수 없다. 사실 갈등이 없는 관계가 갈등이 잦은 관계보다 오히려 더 건강하지 못할 수 있다. 남편에게 복종하는 아내라든가, 부모를 너무 무서워해서 감히 부모의 뜻을 거스를 생각을 못 하는 아이를 생각해 보라. 청소년이 범죄를 저질렀을 때 그 아이의 부모가 자기 아이가 그랬을 리 없다고, 자기 아이는 지금까지 한 번도 자기 말을 거스른 적이 없었다고 말하는 기사도 종종 본다.

한편 소소한 갈등은 늘 있지만 그러면서도 정말 행복하고 화목한 가족도 있다. 가족의 갈등을 솔직히 드러내고 자연스러운 것으로 받아들이는 편이 아이에게는 훨씬 긍정적이다. 이런 집에서는 아이가 갈등을 경험하고 해결하는 법을 배워서 나중에 집 밖에서 생기는 갈등에도 슬기롭게 대처할 수 있다. 집에서 갈등을 건설적으로 해결한다면 아이가 살면서 겪을 수밖에 없는 갈등에 대비하는 데도 도움이 된다.

어떤 관계에서든, 갈등이 얼마나 잦느냐가 아니라 갈등이 어떻게 해결되느냐가 중요하다. 관계가 건강한지, 서로에게 만족스러운지, 얼마나 우호적인지, 얼마나 깊은지, 얼마나 친밀한지를 결정하는 데도 결정적이다.

부모와 아이의 힘겨루기
─누가 이기고, 누가 질 것인가?

많은 사람이 갈등 해결이라는 말을 누군가가 이기고 누군가는 지는 것으로 생각한다. 아이에게 엄격할 것인가(부모가 이긴다) 아니면 관대할 것인가(아이가 이긴다)를 가지고 고민하는 부모가 많은데, 바로 이렇게 '이기거나 지거나'로 생각하기 때문에 하게 되는 고민이다.

사람들 대부분이 훈육 문제를 엄격하게 할까 너그럽게 할까, 강하게 할까 유하게 할까, 권위적으로 할까 허용적으로 할까 하는 식으로 접근한다. 이것 아니면 저것 식의 접근 방법에 갇혀 있으므로 아이와의 관계를 마치 힘겨루기나 기 싸움, 승자를 가리는 전쟁이라고 생각하는 것이다. 오늘날 부모와 아이들은 흔히 누가 이기고 지느냐의 관점에서 부딪친다. 부모와 아이 사이의 다툼을 전쟁과 관련된 용어로 표현하는 것도 흔히 듣는다.

어떤 아버지가 이렇게 강력하게 말하는 것을 들은 적이 있다.

"초반에 주도권을 잡아야 합니다. 그러지 않으면 아이들이 부모를 얕보고 조종하려고 해요. 아내는 이미 그 꼴이 됐어요. 매번 결국 아이들한테 져 주고 말죠. 엄마는 늘 져 준다는 걸 애들이 알아요."

십대 아이를 둔 어머니는 이렇게 말했다.

"대개는 아이가 하자는 대로 하게 둬요. 그러고는 나만 괴롭죠. 그냥 무시당하게 됐어요. 한발 양보하면 아이가 열 발을 넘어와요."

또 다른 어머니는 딸과의 '문신 전쟁'에서 절대로 지지 않겠다고 맹세했다고 한다.

"아이가 어떻게 생각하든지 상관없고, 다른 부모들이 뭐라고 하는지도 내 알 바 아니에요. 내 딸은 절대로 문신을 할 수 없어요. 이 문제에서만은 결코 물러서지 않을 겁니다. 아무도 나를 꺾을 수 없어요."

아이들도 부모와 관계를 이기고 지는 힘겨루기로 생각한다. 15살 노라는 부모와 전혀 대화를 안 해서 부모가 걱정하고 있었는데, 어느 날 상담 시간에 이런 말을 했다.

"말해 봤자 무슨 소용이에요? 언제나 엄마 아빠가 이기는데요. 말다툼을 시작도 하기 전에 이미 결과를 알아요. 어쨌거나 엄마 아빠 뜻대로 할 테니까요. 자기들이 부모니까 항상 옳대요. 그래서 이제는 뭐라고 해도 아예 대꾸를 안 하고 그냥 가 버려요. 그러면 물론 부모님이 화를 내지만, 신경 안 써요."

중학생인 켄은 부모와 갈등에 대처하는 다른 방식을 알아냈다.

"뭔가 진짜 하고 싶은 일이 있으면요, 절대로 엄마한테는 얘기 안 해요. 엄마는 무조건 안 된다고 하니까요. 아빠가 오실 때까지 기다린 다음에 아빠한테 이야기하면 제 편을 들어 줘요. 아빠는 엄마보다 물렁해서 보통 제가 바라는 대로 되거든요."

부모와 아이 사이에서 갈등이 일어나면 많은 부모는 자기가 이기고 아이가 지는 방식으로 해결하려고 한다. 갈등을 피하고 아이에게 실망을 주지 않으려고 늘 져 주는 방식으로 해결하는 부모도 일부 있다. 오늘날 양육자가 겪는 가장 큰 문제는 이렇게 이기거나 지는 방법밖에 모르기 때문에 생긴다.

이기거나 지는 갈등 해결 방식의 한계

P.E.T. 코스에서는 이기거나 지는 갈등 해결 방식을 각각 '방법 1'과 '방법 2'라고 부른다. 둘 다 한쪽은 지고 한쪽은 이기고, 한쪽은 자기 뜻을 관철하고 다른 쪽은 뜻을 접는 방식이다. 부모와 아이 사이에서 방법 1이 적용될 때를 살펴보자.

부모와 아이의 욕구가 충돌하는 상황이다. 부모가 어떻게 해결할지 결정한다. 다음에 아이에게 말하고 아이가 받아들이기를 기대한다. 아이가 해결책을 받아들이지 않으면 처음에는 설득하려 한다. 설득이 효과가 없으면 대개 힘과 권위를 이용해 따르게 만든다.

다음 예에서 아버지와 10살 딸의 갈등은 방법 1로 마무리되었다.

제인   학교 다녀오겠습니다.
아버지   비 오는데 코트 입고 가야지.

제인	싫어.
아버지	싫다고? 비 맞아서 감기에 걸리면 어쩌려고.
제인	비 별로 오지도 않는데.
아버지	많이 오잖아.
제인	어쨌든 입기 싫어. 코트 입기 싫어.
아버지	자, 자. 코트 입으면 훨씬 따뜻하고 포근할 거야. 가서 코트 가져와.
제인	그 코트 싫어. 안 입을 거야!
아버지	당장 방으로 가서 코트 가져와! 이렇게 궂은 날에 코트도 안 입고 학교 가게 내버려 두지 않을 거야.
제인	정말 싫단 말이야.
아버지	토 달지 말고. 안 입으면 집 밖에 못 나가게 할 거다.
제인	(화가 나서) 알았어. 알겠다고! 입으면 되잖아!

아버지가 이겼다. 제인은 코트를 입고 싶지 않았지만 아빠의 주장을 결국 따랐다. 아버지가 이기고 아이가 졌다. 아이는 마지못해 아버지의 위협(처벌)에 굴복했다.

다음으로 방법 2는 이렇게 갈등을 해결한다.

부모와 아이의 욕구가 충돌하는 상황이다. 부모가 미리 생각한 해결 방법이 있을 수도 있고 없을 수도 있다. 있으면 아이가 받아들이도록 설득해 본다. 그런데 아이에게 다른 생각이 있고 아이는 부모가 그것을 받아들이게 만들려고 한다. 부모가 저항하면 아이는 힘을 써서 부모가 자기 뜻을 따르게 만든다. 결국 부모가 굴복한다.

방법 2라면 코트 문제가 이렇게 전개될 것이다.

제인   학교 다녀오겠습니다.

아버지   비 오는데 코트 입고 가야지.

제인   싫어.

아버지   싫다고? 비 맞아서 감기에 걸리면 어쩌려고.

제인   비 별로 오지도 않는데.

아버지   많이 오잖아.

제인   어쨌든 입기 싫어. 코트 입기 싫어.

아버지   난 네가 코트를 입었으면 좋겠다.

제인   그 코트 싫어, 안 입어! 절대 안 입을 거야!

아버지   알았다! 네 맘대로 해. 더는 말다툼하고 싶지 않아. 네가 이겼다.

이번에는 제인이 바라는 대로 됐다. 아이가 이기고 아버지가 졌다. 아버지는 힘을 사용하겠다는 아이의 위협(이 경우에는 아버지에게 화를 내겠다는 것)에 마지못해 손을 들었다.

방법 1과 방법 2는 결과는 전혀 다르지만 공통점이 있다. 두 경우 다 각자가 자기 방식대로 되기를 원하고 상대가 받아들이게 하려 한다는 것이다. 양쪽 모두 '나는 내 뜻대로 하고 싶으니까 싸워서 관철할 거야'라는 자세다. 방법 1에서는 부모가 아이의 욕구를 배려하거나 존중하지 않는 결론이 나고 방법 2에서는 아이가 부모의 욕구를 배려하거나 존중하지 않는다. 두 경우 모두 한쪽은 져서 상대에게 화가 난 상태로 물러선다. 두 방법 다 힘겨루기 과정이 있고 이기기 위해서 힘을 사용하기를 꺼리지 않는다.

방법 1이 효과적이지 않은 이유

갈등을 해결할 때 방법 1에 의존하는 부모는 자기가 얻은 '승리'에 대해 뼈아픈 대가를 치러야 한다. 방법 1이 어떤 결과를 가져올지는 불 보듯 뻔하다. 아이는 이 해결책을 따르고 싶은 마음이 없고 부모에게 화가 난다. 억지로 시키려니 부모도 힘이 든다. 아이가 자율성을 발달시킬 기회도 없다.

부모의 방식을 강요하면 아이의 의견이 전혀 반영되지 않았기 때문에 아이는 실천하고 싶은 동기나 욕구를 느끼지 않는다. 아이가 시키는 대로 한다고 해도 외부적 강요 때문이지 내적 동기가 생겨서 움직이는 것이 아니다. 벌을 받거나 야단을 맞을까 두려워서 원하지 않는데 억지로 한다. 그래서 아이는 주어진 결론을 따르지 않으려고 빠져나갈 구석을 찾는다. 빠져나갈 구석이 없을 때는 마지못해 '하는 시늉'을 하면서 최소의 노력만을 들여 시킨 것만 겨우 하고 그 이상은 절대로 하지 않는다.

보통 방법 1로 아이에게 무언가를 강요하면 아이는 화를 낸다. 부당하다고 생각하고 부당한 것을 강요한 부모에게 화를 낸다. 방법 1을 사용하면 아이가 일단 따르게 만들 수는 있을지 몰라도 그 대가로 아이에게 미움받게 된다.

방법 1로 갈등을 해결했을 때 아이는 예외 없이 화난 표정을 짓거나 적의를 담은 말을 하거나 심지어 부모에게 덤비기도 한다. 방법 1은 부모와 아이의 관계를 나쁘게 만드는 씨앗을 뿌리는 일이나 다름없다. 사랑과 애정이 사라지고 원망과 미움이 들어선다.

방법 1에는 또 다른 값비싼 대가가 있다. 결정한 바를 아이가 제대로 따르는지 감시하고 잔소리하고 부추기고 재촉하는 데 시간과 노력이 많이 든다는 점이다. 방법 1이 갈등을 가장 빨리 해결하는 방법이라고 생각할 수 있는데, 그렇게 보일 뿐이지 실제로는 아닐 수 있다. 이후에 제대로 수행되는지 확인하는 데 시간이 더 들기 때문이다. 아이들에게 끝없이 잔소리해야 한다고 불평하는 부모는 사실 알고 보면 방법 1을 쓰는 부모다. 부모들과 다음과 같은 대화를 나눈 적이 얼마나 많았는지 모른다.

부모   우리 애들은 집안일을 전혀 안 도와요. 집안일 시키기가 정말 고역이에요. 아이들이 맡은 일을 하게 하려고 토요일마다 전쟁을 벌인다니까요. 말 그대로 옆에 서서 감시를 해야 할 지경이에요.

상담사   어떤 일을 할지는 어떻게 정하나요?

부모   물론 우리 부부가 정하죠. 우리가 무슨 일을 해야 하는지 아니까요. 토요일 아침마다 해야 할 일 목록을 만들어 아이들한테 보여 주고 뭘 하면 될지 알려 줘요.

상담사 아이들이 일을 하고 싶어 하나요?

부모   당연히 아니죠!

상담사 해야만 하는 일이라고 생각하겠네요.

부모   그렇죠.

상담사 어떤 일을 할지 정할 때 아이들하고 같이 정한 적은 없나요? 아이에게 발언권이 있나요?

부모   아니요.

상담사 누가 어떤 일을 어떻게 나누어 할지 결정할 기회를 주었나요?

부모   아뇨. 보통 우리가 최대한 공평하게 일을 나누어 줘요.

상담사 그러니까 무슨 일을 해야 하는지 누가 할지를 전부 결정하시는 거죠?

부모   맞아요.

아이들이 스스로 일하려 들지 않는다는 사실과 방법 1로 집안일에 관한 결정이 이루어졌다는 사실에 어떤 연관이 있는지 잘 모르는 사람이 많다. 그런데 아이가 '비협조적'이라면 대개 부모가 방법 1을 사용해서 의사 결정을 하고 아이에게 협조할 기회를 주지 않았기 때문이다. 어떻게 하라고 강요해서는 결코 협조를 구할 수 없다.

방법 1을 사용했을 때의 또 다른 결과로 아이가 자율성을 기를 수 없다는 문제가 있다. 마음에서 우러나와 자발적이고 책임감 있는 행동을 할 기회가 아이에게 주어지지 않는다. 아이에게 어떤 일에 대한 책임을 지우면 아이가 자제력 있고 책임감 있는 사람으로 큰다고 생각하지만 이런 생각은 육아 분야에 깊이 뿌리박은 허상 가운데 하나다. 부모의 권위에 순종하다 보면 대체로 외부의 권위가 있어야만 자기 행동을 조절할 수 있는 사람이 된다. 청소년이나 어른으로 자라난 후에도 자신을 통제하지 못하고, 삶의 문제에 해답을 주거나 어떻게 하라고 지시할 권위를 지닌 사람에 계속 의존하게 된다. 자율성, 자제력, 책임감 등을 기를 기회가 없었기 때문이다.

부모들이 이 책에서 단 한 가지만을 배운다면, 이것이었으면 좋겠다. 힘과 권위를 이용해서 아이에게 무엇을 강요하면 자제력을 키우고 책임감을 배울 기회를 박탈하게 된다는 것이다.

앨릭스는 엄격한 부모 밑에서 자란 17살 청소년이다. 앨릭스의 부모는 늘 힘을 이용해서 아이가 숙제를 하게 했다. 앨릭스는 이렇게 말했다. "부모님이 집에 없을 때는 스마트폰을 도저히 손에서 놓을 수가 없어요. 부모님이 숙제를 시키는 것에 익숙해져서 부모님이 없을 때는 나 스스로 숙제할 생각이 전혀 안 들어요."

P.E.T.에 참가한 부모들은 대부분 엄격하게 아이들을 대하면 어떻게 될지 비판적으로 생각해 보지 않았다고 했다. 대개

는 권위를 사용하는 것이 부모로서 당연하고 마땅하다고 생각한다. 하지만 방법 1이 부정적인 영향을 미친다는 설명에는 대부분 수긍한다. 부모들도 한때는 어린아이였고 부모의 권위에 나름의 방식으로 대처해 보았기 때문이다.

방법 2가 효과적이지 않은 이유

보통 아이들이 이기고 부모가 져 주는 분위기의 가정에서 자라면 어떻게 될까? 아이가 쉽게 자기 뜻대로 할 수 있을 때는 어떤 결과가 있을까? 당연히 이런 가정의 아이들은 방법 1이 갈등 해결의 주요 방법으로 쓰이는 가정의 아이들과는 많이 다른 모습일 것이다. 자기 뜻대로 하게 내버려 둔 아이들은 반항적이거나 적대적이거나 의존적이거나 공격적이거나 순종적이거나 순응적이거나 소극적이지는 않다. 이 아이들은 부모의 권위에 대처하는 방법을 발달시킬 필요가 없었다. 대신 아이가 자기 힘을 사용해서 부모를 굴복시킨다.

이 아이들은 성질을 내서 부모를 조종하는 법, 부모가 죄책감을 느끼게 하는 법, 부모를 비난하고 무시하는 말을 하는 법 따위를 익힌다. 이런 아이들은 거칠고 제멋대로이며 말을 듣지 않고 충동적이다. 자기의 욕구가 다른 누구의 욕구보다 우선한다고 생각한다. 이 아이들은 자제력이 없고 자기중심적이고 이기적이고 바라는 것이 많은 사람으로 자란다. 다른 사람의 물건이나 감정을 존중할 줄 모르기도 한다. 이 아이들에게는 삶이 끊임없이 무엇을 얻어 내고 차지하는 과정이다. 언제나 내가 먼저다. 당연히 집안일도 돕지 않는다.

친구들과 관계에서도 심각한 문제를 겪을 수 있다. 아이들은 제멋대로인 아이와는 같이 놀기 싫어한다. 방법 2를 주로 쓰는 가정의 아이들은 부모와의 관계에서 늘 제 뜻대로 해 왔기 때문에 친구들하고 있을 때도 자기 하고 싶은 대로 하려 든다. 학교에 적응하는 데에도 어려움을 겪는다. 학교는 방법 1을 중심으로 하는 기관이기 때문이다. 방법 2에 익숙한 아이들은 학교에 들어가면서 갑작스러운 충격을 받는데, 선생님들은 대체로 권위와 힘에 의존하여 방법 1로 갈등을 해결하기 때문이다.

방법 2의 가장 심각한 문제는 아이가 부모의 사랑에 대해 마음속 깊은 불안감을 가지게 된다는 점이다. 늘 부모를 누르고 이기려 하는 아이를 늘 사랑스럽고 긍정적으로 보기는 쉽지 않다는 사실을 생각해 보면 알 수 있다. 방법 1을 주로 쓰는 가정에서는 아이가 부모에게 미움을 품게 되지만, 방법 2가 주조인 가정에서는 반대로 부모가 아이에게 그런 감정을 느끼게 된다. 이 아이들은 부모가 자기를 원망하고 못마땅해하고 미워한다는 것을 느낄 수 있다. 나중에 또래나 다른 어른들한테서도 비슷한 느낌을 받으면 아이는 사랑받지 못한다고 느끼게 된다. 그게 사실이기 때문이다.

방법 2로 자란 아이가 방법 1로 자란 아이보다 더 창의적이라는 연구 결과가 있긴 하다. 창의적인 아이를 기르기 위해 아주 비싼 값을 치르는 셈이다. 때로는 부모가 아이를 도무지 참을 수 없다고 느끼기도 한다. 부모들이 지쳐서 이렇게 말한다.

"항상 자기 하고 싶은 대로 해요. 도저히 내 말을 듣게 할
　수가 없어요."

"아이들이 다 학교에 가고 나면 이제야 좀 평화를 누리겠
　다며 안도해요."

"부모 노릇이 너무 힘들어요. 종일 애들 뒤치다꺼리만 하고
　내 시간은 조금도 없어요."

"어떤 때는 애들을 도저히 참을 수가 없어요. 그냥 뛰쳐나
　가고 싶어요."

"나도 내 삶이 있는데 애들은 전혀 몰라 줘요."

"심지어 어떨 때는요, 이런 생각을 한다는 것에 죄책감이
　들긴 하지만, 애들 할머니 집으로 보내 버리고 싶은 생각
　이 들어요."

"애들을 밖에 데리고 나가는 것도 친구들이 집에 와서 애
　들 꼴을 보는 것도 부끄러울 정도예요."

　방법 2가 주된 갈등 해결 방법이 된다면 부모 역할이 즐거
운 일일 수가 없다. 사랑할 수도 없고 같이 있기조차 싫은 아이
를 기른다는 것은 얼마나 불행하고 슬픈 일인가.

방법 1과 방법 2의 또 다른 문제점

그런데 또 방법 1이나 방법 2 가운데 하나만 일관되게 쓰는 경
우는 별로 없다. 한 집안에서도 한쪽 부모는 방법 1을 많이 쓰
고 다른 부모는 방법 2로 기울기도 한다. 이런 가정에서 자란
아이가 심각한 정서 문제를 겪을 가능성이 더 크다는 연구도

있다. 어느 한 극단으로 가는 것보다도 일관성 없는 태도가 오히려 더 위험하다는 이야기다.

처음에는 방법 2를 사용하다가 아이가 점점 자라서 독립심과 고집이 커지자 점차 방법 1로 옮겨 가기도 한다. 항상 제 뜻대로 해 온 아이가 급작스러운 반전을 경험하면 아이에게 좋지 않을 수밖에 없다. 반대로 방법 1에 의존하다가 점차 방법 2로 옮길 수도 있다. 아이가 부모의 권위에 저항하고 반항해서, 부모가 결국 포기하고 아이에게 져 주기 시작하는 경우다.

첫째 아이는 방법 1로 대했다가 잘 안 되니까 둘째 아이는 방법 2로 바꾸는 부모도 있다. 그러면 첫째 아이가 둘째 아이를 미워할 수 있다. 자기는 갖지 못했던 것을 동생은 다 가질 수 있게 해 주기 때문이다. 첫째 아이는 부모의 태도를 부모가 동생을 편애한다는 증거로 받아들인다.

가장 흔한 형태는, 특히 허용적인 교육관에 영향받은 부모들에게서 자주 보이는데, 대체로 죽 아이 뜻대로 하게 해 주다가 도저히 참을 수 없게 되면 갑자기 방법 1로 돌아가는 패턴이다. 그리고 나서는 미안해져서 다시 방법 2로 돌아가는 식으로 계속 반복한다. 이런 태도를 명쾌하게 표현한 부모가 있었다.

"그냥 내버려 두다가 도저히 애들을 참을 수가 없으면 권위를 내세워요. 그러다가 내가 나를 더 못 견딜 지경이 되면 또 그만두죠."

어느 쪽이든 방법 1 아니면 방법 2에 묶여 있는 부모가 많다. 어떤 신념이나 관습의 영향으로 방법 1을 옹호하는 부모가 있을 수 있다. 한편 이 방법이 별 효과가 없다는 것을 경험으로 이미 알거나 이런 방법을 쓰는 것에 죄책감을 느끼면서도 사용한다. 엄격하고 폭압적이고 벌을 주는 부모가 되기는 싫은데, 그것 말고 자기가 아는 방법은 아이 멋대로 하게 놓아두는 방법 2밖에 없는 것이다. 그런데 방법 2가 더 나은 방법이 아니라는 것도 안다. 그러니 아이가 속상해하고 관계는 점점 악화하는 것을 빤히 보면서도 방법 1을 고집한다.

방법 2를 사용하는 부모들은 아이에게 권위를 행사하는 것에 신념상 반대하거나, 폭력이나 갈등을 못 견디는 성격 때문에 권위적인 방법을 쓰기를 꺼린다. 아이들과 충돌하는 것이 두려워서(이런 사람들은 보통 어느 누구와도 충돌하고 싶어 하지 않는다) 방법 2를 쓰는 부모를 많이 보았다. 이들은 자기 의지를 관철하기보다는 차라리 '내가 희생하고 말지' 하는 자세로 포기하고 항복하고 유화 정책을 쓴다.

모든 부모의 공통된 딜레마는 방법 1 아니면 방법 2, 혹은 양쪽을 왔다 갔다 하는 방법밖에 모른다는 것이다. 아무 효과도 없는 '이기거나 지는' 방법 말고는 달리 아는 방법이 없기 때문이다. 부모들은 대개 자기가 어떤 방법을 자주 쓰는지도 알고 그 방법이 효과가 없다는 것도 안다. 어떤 방법을 쓰든 문제라는 건 알지만 그 밖에 다른 길은 모른다. 그러니 스스로 만든 덫에서 나갈 방법을 알게 되면 참 다행이라고 느낄 것이다.

10

부모의 권위, 꼭 필요하고 정당한 것인가?

부모라면 마땅히 권위를 사용해서 아이를 통제하고 가르치고 이끌어야 한다는 생각 역시 육아 분야에서 가장 뿌리 깊은 신념이다. 수업에서 만난 부모 가운데 이런 생각에 의문을 제기하는 사람은 거의 본 적이 없다. 누구나 부모가 권위를 행사해야 한다고 생각한다. 아이에게는 권위로 이끌어 줄 사람이 필요하고 부모가 아이를 가장 사랑하고 아이보다 더 많이 알기 때문에 당연하다고 한다. "아버지만큼 잘 아는 사람은 없다" "어머니 말 들어서 손해 보는 일 없다"라는 말을 감히 의심할 사람은 없다.

권위 있게 아이를 대해야 한다는 질긴 믿음 때문에 수 세기 동안 아이를 대하는 태도나 기르는 방식에 눈에 띌 만한 변화나 발전이 없었다는 생각이 든다. 이런 믿음이 지속하는 까닭은 권위란 실제로 무엇이며 아이에게 어떤 영향을 미치는지 부모들이 제대로 이해하지 못하기 때문이다. 누구나 쉽게 이야기하지만 부모의 권위는 정의하기도 어렵고 권위의 근거가 어디에 있는지도 분명하지 않다.

권위란 무엇인가

부모와 아이의 관계에서 한 가지 기본 특징은 부모가 아이보다 '심리적으로 더 크다'는 것이다. 부모와 아이를 원 모양으로 표현해 보자.

부모 　　　　　아이

그런데 아이가 몇 살이든 아이가 보기에는 부모가 자기와 같은 '크기'로 보이지 않는다. 여기에서 말하는 것은 신체적 크기가 아니라(아이가 청소년이 되기 전까지는 신체적으로도 부모가 크지만) 심리적으로 느껴지는 크기다. 따라서 부모와 아이의 관계를 더 정확하게 그림으로 그리면 이렇게 된다.

부모 　　　　　아이

아이에게는 부모가 언제나 자기보다 심리적으로 커 보이므로, 아이들 입에서 이런 표현이 나오곤 한다. "우리 집 대장."

"엄마의 존재가 내 삶에 중대한 영향을 미쳤다." "아버지가 나에게는 늘 큰 사람으로 느껴졌다." "기회가 있을 때마다 부모님을 깎아내리려고 애썼다." 심리적 문제를 겪는 한 대학생은 나와 상담할 때 학교 작문 시간에 쓴 이런 문장을 보여 주었다.

> "어렸을 때 나는 부모님을 마치 신을 바라보듯 올려다보곤 했다."

아이들은 처음에는 다 부모를 신과 같은 존재로 바라본다. 아이가 보기에 부모는 더 크고 힘도 셀 뿐 아니라 아는 것도 많고 능력도 뛰어나기 때문에 이런 심리적 크기 차이가 발생한다. 부모는 모르는 것도 없고 못 하는 것도 없는 것 같다. 지식이 광범위하고 예측도 정확하고 판단도 현명하다.

이런 생각이 맞을 때도 있지만 아닐 때도 있다. 아이들은 실제로는 존재하지 않는 성향, 특징, 능력을 부모에게 부여해 생각한다. 사실 부모가 아이들이 생각하는 만큼 많이 알기란 불가능하다. 경험이 언제나 최고의 선생인 것도 아니다. 그리고 나이가 든다고 현명해지는 것도 아니다. 부모들이 인정하기는 쉽지 않겠지만 솔직히 들여다보면 엄마와 아빠에 대한 아이의 평가는 많이 부풀려 있음을 알 수 있다.

이미 훨씬 큰 심리적 크기를 차지하여 유리한 위치에 있으면서도 부모들은 이 차이를 더 과장하곤 한다. 결점이나 실수를 아이에게 보이지 않으려고 감추고 "뭐가 너한테 최선인지는 우리가 가장 잘 안다"든가 "너도 나이 들면 우리 말이 다

옳았다는 걸 알 거다" 같은 말로 이런 믿음을 부추긴다.

재미있게도 부모들도 자신의 부모가 어떤 실수를 했고 어떤 점이 부족했는지는 조목조목 잘 안다. 그러면서도 자기도 그렇게 아이에 대해 잘못된 판단을 할 가능성이 있다는 생각은 전혀 하지 못한다.

그럴 자격이 있든 없든 어쨌든 부모는 심리적으로 큰 위치를 차지하고 있고, 그 때문에 아이에게 권위를 행사할 수 있고 아이에게 지대한 영향을 줄 수도 있다. 이 권위를 '부여된 권위'라고 부르기로 하자. 아이가 부모에게 부여한 권위이기 때문이다. 그럴 만한 자격이 있는지 없는지는 여기에서 중요하지 않다. '심리적 크기'가 아이에게 영향력을 행사할 힘을 준다는 사실이 중요하다.

이것과 전혀 다른 힘이 있는데, 아이가 필요로 하는 물건을 부모가 소유한다는 사실에서 나오는 힘이다. 아이가 기본 욕구를 충족시키기 위해 부모에게 의존할 수밖에 없으므로 힘과 권위가 발생한다. 아기는 무기력한 상태로 세상에 태어나므로 양분을 공급받고 안전을 보장받으려면 다른 사람에게 의존할 수밖에 없다. 아기에게는 욕구를 충족시킬 수단이 없다. 부모가 이 수단을 가지고 통제한다.

아이가 자랄수록 아이는 부모에게서 더 많이 독립할 수 있고 따라서 부모의 힘도 자연히 줄어든다. 하지만 아이가 완전히 독립적인 어른으로 성장하고 자기 힘으로 기본 욕구를 충족하게 되기 전까지는 부모가 계속 어느 정도 영향을 행사할 수밖에 없다.

아이의 기본적 욕구를 충족시킬 수단이 있다는 것은 아이에게 보상할 수 있다는 뜻이다. 심리학에서 말하는 '보상'에는 아이의 기본 욕구를 충족시키는(아이에게 보상이 되는) 것이라면 무엇이든 포함될 수 있다. 아이가 배가 고플 때(음식에 대한 욕구) 젖병을 준다면 아이가 보상을 받았다고 말한다(아이의 욕구가 충족되었다).

부모는 또 아이를 아프게 하거나 불편하게 할 수단도 지니고 있다. 아이가 필요로 하는 것을 주지 않거나(배고플 때 먹을 것을 주지 않는다), 아프게 하거나 불편하게 할 행동을 할 수도 있다(아이가 동생 우유를 마시려고 손을 뻗을 때 손을 찰싹 때린다). 심리학에서는 보상의 반대인 이 개념을 '처벌'이라고 부른다.

힘을 사용해서 아이들을 다룰 수 있다는 것은 누구나 아는 사실이다. 보상과 처벌을 적절히 사용함으로써 부모는 아이가 특정 방식으로 행동하게 부추기고 다른 방식으로는 행동하지 않도록 억누른다. 사람이든 동물이든 보상이 생기는 행동(욕구를 충족시켜 주는 행동)은 반복하고, 보상을 얻지 못하거나 처벌을 부르는 행동은 피한다. 그래서 부모는 어떤 행동은 보상으로 강화하고 어떤 행동은 처벌로 사라지게 한다.

아이가 거실 테이블 위에 있는 값비싼 유리 장식품 대신 장난감 자동차를 가지고 놀게 하고 싶다고 해 보자. 장난감 자동차를 가지고 노는 행동을 강화하기 위해서 아이가 자동차를 가지고 놀 때는 옆에 앉아서 웃으면서 "잘 노네"라고 말한다. 유리 장식품을 가지고 노는 행동은 못 하게 하려고 손이나 엉덩이를 때리거나 얼굴을 찌푸리며 "그럼 못써"라고 말한다. 아이는 장난감 차를 가지고 놀면 부모와 좋은 관계가 되고 유리 장식품을 가지고 놀면 그렇게 되지 않는다는 것을 금세 배운다.

부모들은 종종 이런 방식으로 아이의 행동을 바로잡는다. 이것을 '훈육'이라고 부른다. 사실상 아이가 부모가 원하는 대로 행동하고 원하지 않는 행동은 하지 못하게 힘을 행사하는 것이다. 개를 훈련할 때나 서커스에서 곰이 자전거를 타게 조련할 때도 같은 방법을 사용한다. 개 조련사는 개가 따라오게 하려면 개에게 목줄을 맨 다음 줄을 잡고 걷기 시작한다. 그리고 "따라와" 하고 말한다. 개가 조련사를 따라가지 않으면 줄이 목을 조여 아픔을 느끼게 된다(처벌). 따라오면 조련사는 개를 쓰다듬어 준다(보상). 그러다 보면 개는 곧 명령에 따라 조련사를 따라가는 방법을 익힌다.

힘을 사용하는 일에 효과가 있다는 것은 의심할 여지가 없다. 비싼 유리 장식품 대신 장난감 자동차를 가지고 놀게 아이를 훈련할 수 있고, 따라오도록 개를 훈련할 수 있고, 곰이 자전거를 타도록 훈련할 수도 있다.

어린아이에게 보상과 처벌을 몇 번 주고 나면, 어떤 행동을 하면 보상을 받고 어떤 행동을 하면 처벌을 받을지 미리 알려 주기만 해도 아이를 통제할 수 있다. 정말 편리하게도 어떤 행동을 하기를 기다렸다가 보상해서 강화하거나 처벌해서 없앨 필요도 없다. "이렇게 하면 상을 받을 테고, 저렇게 하면 벌을 받을 거야"라고 말하기만 해도 아이를 좌지우지할 수 있는 셈이다.

권위를 사용했을 때의 한계

보상과 처벌의 사용(또는 보상할 것이라는 약속과 처벌할 것이라는 위협)이 아이를 다루기에 유용한 방법이라는 생각은 어떤 면에서는 맞지만 다른 면에서는 아주 크게 틀린 생각이다. 무엇보다도 힘이나 권위 행사가 언제나 효과가 있는 것은 아니다.

이 방법에는 부작용도 많다. '말을 잘 듣도록 훈련을 받은' 아이들은 소심하고 주눅이 들고 때로는 자기를 길들이려는 사람에게 적대적으로 돌변할 수도 있다. 어렵거나 싫은 일을 억지로 하다가 육체적, 정신적으로 무너져 내릴 수도 있다. 이렇듯 힘을 행사하다 보면 여러 해로운 부작용이 있다.

부모는 결국 힘을 잃게 된다

힘을 사용해서 아이를 통제하는 방법은 특정한 조건에서만 효과가 있다. 먼저 부모가 확실히 힘을 가지고 있어야 한다. 즉 아이가 좋아할 만한 보상이 있거나 아이가 피하고 싶을 만큼 처벌이 강력해야 한다. 그리고 아이가 부모에게 의존해야 한다. 부모가 가진 것(보상)에 아이가 많이 의존할수록 부모는 더 큰 힘을 갖는다.

어떤 인간관계에서나 마찬가지다. 무엇인가가 정말로 필요하다고 해 보자. 먹을 것을 살 돈이 절박하게 필요한데 돈이 나올 구석은 고용주 한 명뿐이라면 그 사람은 나에게 엄청난 힘을 행사할 수밖에 없다. 나는 돈을 벌기 위해 그 고용주에게 전적으로 의지하고 있으니 그 사람이 원한다면 무슨 일이라도 할 것이다. 다만 이 힘은 내가 힘이 없고 부족한 것이 있어 그 사람에게 의존하는 동안만 지속한다.

아이가 자라면서 무력함이나 의존성이 줄어들면 부모는 점차로 힘을 잃는다. 그래서 아이가 어릴 때는 잘 통하던 보상과 처벌 방식이 아이가 자라면서 아무 힘이 없어지는 걸 보고 부모들은 당황한다.

부모들은 "우리 애는 이제 제 말을 듣지 않아요"라거나 "전에는 우리의 권위를 존중해 주었는데, 이제는 전혀 그렇지 않아요. 어떻게 해 볼 도리가 없네요"라고 말한다. "우리 애는 이제 아주 제멋대로예요. 내 말을 귓등으로도 안 들어요"라고도 한다. 16살 된 한 아이의 아버지는 자신이 얼마나 무기력한 기분인지 털어놓았다.

> "이제는 권위를 뒷받침하는 데 쓸 수 있는 게 차 하나밖에 안 남았어요. 그런데 이것도 지금은 별 소용이 없네요. 친구들 차를 얻어 타고 나가니까요. 우리가 집에 없으면 아무 때나 나가 버려요. 아이한테 절실히 필요한 것 가운데 우리가 가진 게 하나도 없으니 이제 벌을 줄 수도 없게 됐어요."

아이들이 자라서 부모에게 더 의존하지 않게 될 때 많은 부모가 이와 비슷한 감정을 느낀다. 아이가 청소년기에 접어들면 피할 수 없는 일이다. 아이는 (학교, 운동, 친구, 과외 활동

등에서) 자기 스스로 많은 보상을 얻고 부모의 처벌을 피하는 방법도 알아낸다. 힘에 의존해 아이를 다루고 통제했던 부모들은 아이가 자라면서 힘이 사라져 아이를 좌우할 수 없게 되면 충격을 받을 수밖에 없다.

부모의 권위에 도전하는 십대

'청소년기의 스트레스와 긴장'에 관한 이론은 예외 없이 청소년기의 신체적 변화, 성적 성숙, 사회적 기대의 변화, 아이에서 어른으로 변모해 가는 시기의 고통 따위에만 초점을 맞추어 왔다. 이 시기가 부모에게나 아이들에게 특히 어려운 시기인 까닭은 아이가 부모에게서 독립하여 더는 보상이나 처벌만으로 통제할 수 없게 되기 때문이다. 많은 부모가 보상과 처벌에 크게 의존하기 때문에 청소년들이 독립적이고 반항적이고 적대적인 행동으로 대응하는 것이다.

청소년기의 반항과 적개심은 성장 단계에서 어쩔 수 없이 겪어야 하는 일이라고 생각하는 부모가 많다. 하지만 그보다는 청소년이 되면서 저항하고 반발할 능력이 더 발달했기 때문에 일어나는 일이라고 보아야 한다. 이제 아이는 부모의 보상이 그다지 필요하지 않아서 보상으로 통제할 수 없게 된다. 부모에게 육체적으로 고통이나 불편을 줄 수단도 별로 없으므로 아이는 벌을 주겠다는 위협에도 꿈쩍 않는다. 자기 욕구를 충족할 힘과 능력을 충분히 갖추게 되어 부모의 힘을 겁낼 필요가 없는 청소년은 반항한다.

이 말은 곧 아이는 부모에게 저항하는 것이 아니라 힘에 저항한다는 의미다. 아이가 어릴 때 부모가 힘을 사용하는 방법을 덜 쓰고 힘을 사용하지 않는 방법을 더 썼다면 청소년이 되어도 저항할 만한 것이 별로 없다. 아이의 행동에 영향을 미치기 위해 힘을 사용하는 방법은 바로 이러한 심각한 한계를 가지고 있다. 부모는 힘을 잃어버릴 수밖에 없다. 그 순간은 생각보다 빨리 온다.

힘으로 훈련하려면 엄격한 조건을 지켜야 한다

보상과 처벌을 사용하는 방법에는 또 다른 중요한 난점이 있다. 훈련할 때 항상 일정한 조건을 유지해야 한다.

심리학 실험실에서 동물을 훈련하여 학습 과정을 연구할 때 가장 어려운 일은 모든 조건을 완벽하게 통제해야 한다는 점이다. 아이를 보상과 처벌을 통해 훈육하려고 할 때 이런 조건을 다 맞추기란 불가능에 가깝다. 효과적인 '훈련'에는 다음과 같은 규칙이 필요하지만, 부모는 한두 가지라도 위반할 수밖에 없다.

1 훈련 대상에게 확고한 동기가 있어야 한다. 즉 보상을 얻고자 하는 강한 욕구가 있어야 한다. 쥐가 미로를 통과해서 음식에 도달하는 방법을 배우려면 배가 고파야 한다. 부모는 사실 아이가 별로 원하지 않는 보상을 제공하면서 아이에게 영향을 주려 할 때가 많다(지금 잠자리에 들면 자장가를 불러 주겠다고 아이한테 말해도 아이는 말을 듣지 않는다).

2 처벌이 너무 심하면 훈련 대상은 그 상황을 아예 피하려고 한다. 쥐가 미로에서 막다른 골목에 들어가지 않게 하려고 전기 충격 장치를 설치해 놓았는데 그 충격이 너무 강하다면 쥐는 미로를 탐사하려고 시도조차 하지 않을 것이다. 아이가 실수했을 때 지나치게 벌을 주면 아이는 아예 시도하지 않는 편을 택한다.

3 행동에 영향을 주려면 즉시 보상해야 한다. 음식을 얻기 위해서 특정한 손잡이를 누르게끔 쥐를 훈련하려는데, 맞는 손잡이를 누르고 나서 한참 지난 후에 먹이가 나온다면 쥐는 어떤 것이 원하는 손잡이인지 배울 수 없다. 오늘 집안일을 마쳐 놓으면 3주 후에 바닷가에 데리고 가겠다고 아이에게 말하는 예가 그런 식이다. 이렇게 멀리 있는 보상은 지금 아이를 움직일 만한 힘이 없다.

4 바람직한 행동에 상을 주거나 그렇지 못한 행동에 벌을 줄 때는 철저히 일관되어야 한다. 개가 식탁에 있는 음식을 달라고 할 때 평소에는 그냥 주다가 손님이 왔을 때는 벌을 주면 개는 혼란스러워한다. 많은 부모가 보상과 처벌을 일관성 없이 사용한다. 예를 들어 어떤 때는 식사 전에 간식을 먹어도 내버려 두다가, 저녁 식사로 무언가 특별한 것을 준비했을 때는 입맛을 망치면 안 된다고 간식을 금지한다든가 하는 식으로 말이다.

5 보상과 처벌이 복잡한 행동을 가르치는 데에는 효과적이지 않다. 복잡한 행동을 가르치려면 아주 복잡하고 시간이 오래 걸리는 강화 방법을 써야 한다. 그렇게 해서 닭이 탁

구를 하거나 비둘기가 미사일을 유도하도록 훈련한 사례가 있긴 하지만 이런 성과를 얻으려면 극도로 통제된 조건 아래에서 엄청나게 까다롭고 시간이 오래 걸리는 훈련 과정을 거쳐야 했다.

동물을 길러 본 사람은 개가 집 마당 안에서만 놀게 한다든가 비가 오면 스스로 겉옷을 챙겨 입게 한다든가 다른 개와 개 비스킷을 나눠 먹게 가르치는 일이 얼마나 힘들지 상상이 갈 것이다. 그러면서도 자기 아이에게는 보상과 처벌을 통해 이런 행동을 당연히 가르칠 수 있다고 생각한다.

거실 테이블 위에 있는 것은 건드리지 않아야 한다거나 무얼 달라고 할 때는 "주세요"라는 말을 붙여야 한다는 걸 가르칠 수 있을지는 모른다. 그러나 좋은 공부 습관이라든가 정직한 태도, 다른 아이들과 사이좋게 지내는 법, 집안일을 돕는 법 등을 보상과 처벌로 가르치는 일은 쉽지 않다. 이러한 복잡한 행동 양식은 가르칠 수 있는 것이 아니다. 여러 요인에 영향을 받는 다양한 상황을 경험하면서 아이가 스스로 배워 나갈 수밖에 없다.

보상과 처벌로 아이를 가르치는 것의 한계는 이뿐만이 아니지만 이쯤에서 넘어가기로 하자. 학습과 훈련을 깊이 연구한 심리학자들은 여기에 더 많은 것을 보탤 수 있을 것이다. 보상과 처벌을 통해 아이나 동물이 복잡한 행동을 하도록 훈련하는 것은 넓은 지식과 한없이 많은 시간과 노력이 드는 전문적인 기술이기도 하지만, 무엇보다 중요한 사실은 부모가 원하는 대로 아이가 행동하게 만들려고 서커스 동물 조련사나 동물 실험을 하는 심리학자들을 따라 하는 것이 바람직할 수는 없다는 것이다.

부모가 권위적일 때 아이는 어떻게 될까

힘을 사용하는 방법에는 이렇게 중대한 한계가 있는데도, 부모들은 이상하게도 학력이나 사회적 경제적 지위를 막론하고 하나같이 이 방법을 최선이라고 생각한다.

그래도 힘을 행사할 때의 부작용을 이야기하면 놀랍게도 다들 잘 이해한다. 사실 본인의 부모가 힘을 행사했을 때 어떠했는지를 물어보기만 해도 된다. 어렸을 때 부모가 실력을 행사하면 어떤 기분이었는지는 잘 기억하면서 자기 아이에게는 그와 똑같이 대한다니 참 이상한 역설이다. 수업에 참여한 사람들에게 어릴 때 부모가 힘을 쓸 때 어떻게 대처했는지 적어보라고 했더니 대략 이와 비슷한 목록이 나왔다.

1 저항, 반항, 반발, 거부
2 분개, 분노, 적대
3 공격, 보복, 반격
4 거짓말, 감정 숨기기
5 다른 사람 탓하기, 고자질, 속이기
6 지배하려고 함, 대장 노릇, 괴롭힘
7 무조건 이기려고 하기

8 조직적으로 부모에게 대항하기

9 복종, 순종, 굴복

10 비위 맞추기, 조르기

11 순응, 창의력 부족, 도전 정신 결핍, 수동적 태도

12 도피, 물러서기, 공상에 빠지기, 퇴행

저항, 반항, 반발, 거부

한 부모는 자기 아버지와 늘 이런 식으로 충돌했다고 했다.

부모 입 닥치지 않으면 한 대 때려 줄 거야.

아이 때려요, 때리란 말예요!

부모 (아이를 때린다.)

아이 더 때려요. 더 세게. 아무리 때려도 날 못 막아요!

부모가 권위를 행사하면 아이는 부모가 바라는 것과 정반대로 행동하기도 한다. 한 어머니에게 들은 이야기다.

"우리는 아이에게 딱 세 가지를 권위를 이용해서 요구했어요. 정리 정돈 잘하라는 것, 교회에 가라는 것, 술을 마시지 말라는 것. 이 세 가지에 대해서는 항상 엄격했죠. 그런데 지금 딸이 사는 집에 가 보면 집은 개판이고 교회는 발 끊은 지 오래고 밤마다 와인을 마시더라고요."

한 청소년과 상담하다가 들은 이야기다.

"학교에서 좋은 성적을 받고 싶은 생각이 전혀 없어요. 부모님이 하도 공부해라, 공부해라 해서요. 제가 공부를 잘하면 부모님이 기뻐하실 테고, 그럼 결국 부모님이 옳고 부모님이 이긴 게 되는 것 같아요. 그건 싫어요. 그래서 공부 안 해요."

다른 남학생은 머리를 염색했다고 부모님이 잔소리하면 이런 기분이 든다고 했다.

"그렇게 들들 볶지만 않으면 염색 안 할 수도 있을 것 같아요. 하지만 부모님이 나를 바꾸어 놓으려고 하는 한은 나도 내 고집대로 하려고요."

어른의 권위에 아이가 이렇게 저항하는 것은 흔한 일이다. 유사 이래 언제나 젊은 세대는 기성세대에 저항하고 도전했다. 아이도 어른과 다를 바 없이 자유와 자립을 위협받으면 격렬히 저항한다.

분개, 분노, 적대

아이는 자기에게 힘을 행사하는 사람을 싫어한다. 불공평하고 부당하다고 생각되기 때문이다. 아이는 부모나 선생님이 자기보다 크고 힘이 센 것도 못마땅하다. 이런 위치를 이용해서 이래라저래라 자유를 제한하기 때문이다. 어른이 힘을 행사할 때 아이는 '힘으로 누르다니 너무 불공평해' 하고 생각한다.

나이와 관계없이 사람은 누구나 욕구를 충족시키기 위해
의존해야 하는 대상에게 마음속 깊은 적개심을 느끼기 마련이
다. 보상을 주거나 주지 않을 힘을 가진 사람에게 좋은 마음을
갖기는 힘들다. 자기 욕구를 충족시킬 수단을 다른 사람이 쥐
고 있다는 사실이 못마땅하고 스스로 그걸 통제하고 싶어 한
다. 또 다른 사람에게 의존하는 상태는 불안하기 때문에 자립
을 갈구한다. 자기가 기대는 사람이 믿을 만한 사람이 아닐 위
험이 있기 때문이다. 그 사람이 불공정하고 편견이 있고 일관
성 없고 불합리한 사람일 수도 있고, 보상의 대가로 자신의 가
치와 기준을 따르기를 강요할 수도 있다. 그래서 수당이나 보
너스 등으로 선심 쓰면서 고용인이 감사하기를 바라는 고용주
가 미움을 받는 일도 많다. 역사 속 노사 관계를 연구해 보니
경영자가 '아버지처럼 온정주의적으로' 경영해 온 기업에서 가
장 격렬한 파업이 일어났다고 한다. 국가 간의 관계에서도 유
사하게 부유한 나라에서 가난한 나라에 원조하다 보면 의존해
온 나라 쪽에서 적개심이 자라는 일도 있다.

공격, 보복, 반격

부모가 권위로 억누르면 아이의 욕구는 종종 좌절된다. 좌절된
욕구가 공격성을 유발하므로 권위에 의존하다 보면 아이가 어
떤 방식으로든 공격성을 드러내게 된다. 아이는 보복하고 부모
를 깎아내리고 비난하고 버릇없이 대꾸하거나 아예 입을 다물
어 버리는 등 부모를 반격하거나 상처를 입힐 수 있는 다양한
공격 행동을 한다.

'나를 아프게 했으니, 나도 아프게 할 거야. 그러면 앞으로는 나를 아프게 하지 않겠지'라는 논리를 따르는 대처 방법이다. 뉴스에서 보는 자식이 부모를 살해한 사건은 이런 대응 기제가 극단적 형태로 나타난 것이다. 학교나 경찰, 정치적 권위에 대한 저항, 공공 기물 파손 등도 무언가에 보복하려는 욕망에서 나온다.

거짓말, 감정 숨기기

어린 나이에 거짓말로 벌을 모면할 수 있다는 것을 깨닫는 아이들이 있다. 어떤 때는 보상을 받으려고 거짓말을 하기도 한다. 아이들은 부모의 가치 체계, 즉 부모가 어떤 것은 칭찬하고 어떤 것은 못마땅해하는지를 알아 가면서 이런 식으로 대처한다. 상담 치료를 하면서 만난 아이 가운데 부모가 보상과 처벌을 많이 사용하는 아이들은 예외 없이 부모에게 거짓말을 많이 한다고 이야기했다. 한 십대 여자아이는 이렇게 말했다.

"저희 엄마는 남자 친구를 못 만나게 해요. 그럼 전 다른 친구한테 우리 집에 와서 저랑 같이 영화 보러 가는 것처럼 해 달라고 부탁해요. 그러고 나서 남자 친구를 만나러 가는 거죠."

다른 아이는 이렇게 말했다.

"엄마가 가슴이 파인 옷을 못 입게 해서 밖에 나갈 때는 위에 옷을 하나 더 걸치고 나가요. 집에서 멀어지면 겉옷을 벗었다가 집에 돌아오기 전에 다시 입어요."

아이가 부모의 보상과 처벌 때문에 거짓말을 많이 한다고 해서 거짓말을 하는 것이 아이의 자연스러운 천성이라고는 생각하지 않는다. 거짓말은 아이가 부모의 통제에 대처하기 위해 습득한 대응 기제다. 아이를 받아들이고 자유를 존중하는 가정에서는 아이가 거짓말을 할 일이 없다.

아이가 자기 이야기를 잘 하지 않는다면 부모가 처벌을 많이 했을 가능성이 크다. 아이들은 이런 부모에게 대처하는 방법을 습득해 가는데, 그 가운데 하나가 말을 하지 않고 감추는 것이다.

다른 사람 탓하기, 고자질, 속이기

아이가 여럿 있는 가정에서는 아이들이 보상을 받고 처벌을 피하려고 서로 경쟁한다. 그러다 보면 또 다른 대처 방법을 알게 되는데, 다른 형제를 깎아내리고, 나쁘게 보이게 하고, 고자질하고, 책임을 전가하는 방법이다. '다른 사람을 나쁘게 보이게 하면 상대적으로 내가 나아 보인다'라는 간단한 논리에 근거한 행동이다. 부모로서는 실망스러울 수밖에 없다. 아이들이 우애 있게 지내기를 바라더라도 보상과 처벌을 이용하다 보면 경쟁적인 태도가 생긴다. 형제끼리 경쟁하고 다투고 서로 배신하게 된다.

"언니가 나보다 아이스크림 더 많이 먹었어."

"동생은 노는데 왜 난 심부름해야 해?"

"형이 먼저 때렸어. 형이 먼저 시작했단 말이야."

"언니가 내 나이일 때는 이렇게 해도 안 혼냈으면서 왜 나만 혼내?"

"왜 동생은 만날 하고 싶은 대로 다 하게 내버려 둬?"

현실적으로 아이들에게 항상 정확하고 공평하게 보상과 처벌을 나눌 시간적 여유와 식견을 갖춘 부모는 있을 수 없으므로, 아이들 사이에 경쟁과 견제가 일어날 수밖에 없다. 아이는 자연히 자기는 보상을 가장 많이 받고 형제자매는 벌을 가장 많이 받기를 바라게 된다.

지배하려고 함, 대장 노릇, 괴롭힘

아이가 자기보다 더 어린아이를 지배하려고 드는 이유는 무엇일까? 부모가 힘을 사용해서 아이를 지배하려고 한 탓일 수 있다. 그래서 아이는 힘이 약한 아이들 사이에 있으면 늘 자기가 대장이 되어 제멋대로 부리려 한다. 힘을 사용하는 부모의 아이들은 인형 놀이를 할 때 이런 모습을 보인다. 아이는 보통 부모가 아이를 대하는 것과 같은 방식으로 자기 아이인 인형을 다룬다. 그래서 심리학자들은 아이가 인형을 가지고 노는 것을 보고 부모가 아이를 어떻게 대하는지를 파악하기도 한다. 아이가 인형에게 강압적으로 가혹하게 대한다면, 아이의 양육자도 그와 비슷하게 아이를 대할 가능성이 크다.

따라서 아이를 권위적으로 통제하는 양육자는 자기도 모르는 새 아이를 독재적인 사람으로 키울 위험이 있다.

무조건 이기려고 하기

보상과 처벌에 익숙한 아이들은 잘 보이고 이기고자 하는 욕구와 밉보이거나 지지 않으려는 욕구가 강하다. 특히 상금, 상장, 특별 보너스 같은 긍정적 평가 시스템에 크게 의존하는 부모 밑에서 자란 아이들이 그렇다.

안타까운 일이지만 중류층 이상의 가정에 이런 부모가 흔하다. 아이를 처벌하는 것에 반대하는 부모는 많이 보았지만 보상이 나쁘다고 의심하는 부모는 한 번도 보지 못했다. 수도 없이 많은 글과 책에서 많이 칭찬해 주고 보상도 자주 해 주라며 권하고 부모들은 이 조언을 비판 없이 받아들여 아이를 칭찬, 특권, 상, 사탕, 아이스크림, 용돈 따위의 수단으로 조종한다. 이렇게 '점수 따내기'에 연연하며 자란 아이들은 남들 눈에 그럴싸해 보이거나 이기고 우위를 점하고 패배하지 않는 데 집착할 수밖에 없다.

보상 중심 육아의 또 다른 문제점은, 지적 육체적 능력이 부족한 아이들은 점수를 따내기가 힘들다는 것이다. 자기 형제나 반 친구들보다 선천적으로 재능이 부족한 아이는 집에서나 놀이터에서나 학교에서나 늘 '패배자'가 되고 만다. 어떤 가정에든 패배의 쓰라림과 보상을 받지 못하는 좌절감을 계속해서 경험할 수밖에 없는 아이가 있다. 그러다 보면 그 아이는 자존감을 잃고 체념과 패배주의에 물들게 된다. 보상을 강조하는 가정환경은 보상을 얻어 내기 힘든 아이에게 더욱 해롭다.

조직적으로 부모에게 대항하기

부모가 힘과 권위를 이용해 아이를 통제하면 아이가 자라면서 또 다른 대처 방법을 익히게 된다. 집 안팎의 동지와 연대하는 방법이다. 아이들은 '뭉치면 산다'는 것을 깨닫고 노동자가 고용자에 맞서 단결하듯이 세력을 조직화한다.

아이들은 부모에 대항하기 위해 이런 식으로 연대 전선을 형성한다.

▶ 부모에게 이야기하기 전에 자기들끼리 먼저 입을 맞춘다.
▶ 부모에게 다른 애들도 다 그렇게 하는데 왜 자기는 안 되느냐는 식으로 이야기한다.
▶ 문제가 될 법한 행동을 할 때 다른 아이들도 끌어들여서, 부모에게 들키더라도 자기 혼자 혼나지 않게 한다.

요즘 아이들은 부모나 기성세대의 권위에 대항하기 위해 조직화하고 협력하는 것의 진정한 힘을 잘 안다. 친구들과 어울려 약물을 복용하거나 아이들끼리 짜고 숙제를 다 같이 안 해 가기도 하고, 여럿이 수업을 빼먹고 놀러 간다거나 패거리를 만들어 몰려다니며 문제 행동을 하는 경우도 볼 수 있다.

권위를 주요 수단으로 아이의 행동을 규제하려 하다 보면 결국 어른들이 가장 한탄하는 일이 일어난다. 아이들이 힘을 모아서 어른의 힘에 대항하는 것이다. 사회는 젊은 세대와 기성세대, '못 가진 자'와 '가진 자'의 대립으로 양극화된다. 아이는 자기를 가족 구성원이라고 생각하는 대신 기성세대에 맞서는 또래 집단의 일원이라고 생각하게 된다.

복종, 순종, 굴복

부모의 권위에 그냥 복종하는 아이들도 있다. 부모가 특히 가혹하게 힘을 행사할 때 이런 반응이 잘 나타난다. 처벌이 아주 강하면 아이는 처벌에 대한 두려움 때문에 순종하게 된다. 개를 학대하면 개가 겁에 질려 사람을 두려워하듯 아이도 그렇게 된다. 아이가 어릴 때 심한 벌을 주면 저항하거나 반발할 생각은 하지 못하고 쉽게 복종한다. 그러나 고분고분했던 아이도 자라면서 갑자기 달라질 수 있다. 저항하고 반발할 힘과 용기를 얻게 되면 말이다.

한편 청소년이 되고 어른이 되어서도 계속 순종적이고 유순한 사람도 있다. 어렸을 때 부모에게 혹독하게 혼이 난 탓에 자라서도 힘을 지닌 사람에 대해 깊은 두려움을 느끼는 사람이다. 이런 사람은 죽을 때까지 어른으로 자라지 못한다. 언제나 권위에 수동적으로 복종하고, 자기 욕구를 포기하고, 자신을 내세우거나 다른 사람과 충돌하기를 두려워하고, 자기 의견을 입 밖에 내지 못한다. 심리 치료사나 상담사의 도움이 필요한 경우도 많다.

비위 맞추기, 조르기

상이나 벌을 줄 권력을 지닌 사람을 대하는 또 다른 방법으로 그 사람의 '눈에 드는 것'이 있다. 공을 들여 환심을 사고 그 사람이 나를 좋아하도록 애쓴다. '내가 잘하면 나를 좋아하게 될 테고, 상도 더 많이 주고 벌은 덜 주겠지'라는 논리로 부모나 다른 어른들에게 이 방법을 쓰는 아이들이 있다. 아이들은 어른이 주는 상벌이 늘 공정하게 배분되지는 않는다는 것을 안다. 어른들이 어떤 아이는 더 예뻐하고 다른 아이는 덜 예뻐하니 일단 어른의 환심을 사야 한다고 생각하는 것이다. 아이들은 '아부'나 '선생님에게 잘 보이기' '비위 맞추기' 등의 이점을 알고 이용한다.

하지만 어른의 환심을 사는 데 능숙한 아이는 대개 다른 친구들에게 미움을 받기 마련이다. 친구들은 '아부하는' 아이의 의도를 의심하고 경계하면서 비웃거나 따돌린다.

순응, 창의성 부족, 도전 정신 결핍, 수동적 태도

권위적인 분위기의 조직에서는 혁신을 이루기가 쉽지 않듯이 권위적인 가정의 아이는 창의성보다는 순응하는 성향이 발달하기 쉽다. 창의력은 자유롭게 실험하고 새로운 것을 시도하고 새로운 조합을 만들 수 있는 분위기에서 생긴다. 강한 보상과 처벌 체제에서 자란 아이는 수용적 분위기에서 자란 아이만큼 자유를 느끼기 어렵다. 권력은 두려움을 일으키고 두려움은 창의성을 억누르고 순응하는 성향을 기른다. 이런 아이들의 논리는 단순하다. '상을 받으려면 괜한 일을 벌이지 말고 얌전하게 올바른 행동만 해야지. 평소에 하던 행동 말고 다른 것은 하고 싶지 않아. 그러면 벌을 받을지도 모르니까.'

도피, 물러서기, 공상에 빠지기, 퇴행

부모의 권위에 대처하기 너무 힘들다고 느낄 때 아이는 피하거나 도망치려고 할 수 있다. 처벌이 너무 엄격하거나 보상을 일관성 없이 주거나 보상을 얻기가 너무 힘들거나 처벌을 받지 않으려면 어떻게 해야 하는지 알 수 없을 때는 아이가 아예 피해 버릴 수가 있다. '게임의 규칙'을 익히기를 포기해 버리는 것이다. 현실이 너무 고통스럽거나 어려워서 그냥 현실에 대응하기를 그만둬 버린다. 어떻게 해야 환경에 적응할지를 알 수 없으니 차라리 피하는 편이 안전하다고 느낀다.

물러서기나 피하기의 형태는 이따금 다른 세계로 가는 것부터 완전히 현실에서 등을 돌려 버리는 것까지 여러 형태가 있을 수 있다.

- ▶ 몽상, 공상
- ▶ 소극성, 수동성, 무관심
- ▶ 유아적 행동으로 퇴행
- ▶ 게임 중독
- ▶ 몸이 아픔
- ▶ 가출
- ▶ 폭력 조직에 들어감
- ▶ 약물 복용
- ▶ 섭식 장애
- ▶ 자해
- ▶ 우울증

부모의 권위에 대한 오해

자신이 어릴 때 윗사람의 통제를 어떻게 교묘하게 빠져나갔는
지 기억하고 아이들도 똑같이 그렇게 한다는 걸 알면서도, 여
전히 아이를 기를 때는 권위와 권력이 필요하다고 생각하는
사람들이 있다. 따라서 부모의 권위에 대해 여러 관점에서 토
론해 볼 필요가 있다.

아이가 부모의 권위를 원하지 않나?

일반인이나 전문가들이나 흔히 아이가 권위를 원한다고, 아이
는 부모가 한계를 정하고 행동을 제한해 주기를 바란다고 믿
는다. 부모가 무게 중심을 잡아야 아이들이 안정감을 느낀다는
논리다. 제한을 두지 않으면 아이들이 제멋대로 버릇없이 자랄
뿐 아니라 안정감도 잃게 된다는 것이다. 심지어 부모가 권위
를 행사하고 한계를 정해 주지 않으면 아이들은 부모가 자기에
게 관심이 없고 사랑하지도 않는다고 생각하게 된다고도 한다.

아이에게 힘을 쓰는 것을 정당화하려고 이런 생각을 하는
게 아닌가 하는 의심이 들긴 하지만 그래도 아무 근거 없는 자
기합리화라고만 할 수는 없을 것 같다. 이 주장에는 어느 정도
진실이 담겨 있으므로 주의 깊게 검토해 보자.

부모와 관계에서 아이가 어떤 선이 있기를 바란다는 것은
상식적으로나 경험적으로 옳은 말이다. 아이는 어느 정도 선까
지가 받아들여질 수 있는 한계인지를 알아야 한다. 그래야만
어떤 행동을 할지 안 할지를 결정할 수 있기 때문이다. 사실 어

떤 인간관계에서나 이것은 마찬가지다.

예를 들어 내가 하는 행동 가운데 어떤 것을 아내가 받아들이지 못하는지 안다면 마음이 훨씬 편할 것이다. 손님이 오기로 한 날 남편인 내가 종일 운동하러 가거나 출근해 버리는 것은 받아들여지지 않는 행동이다. 아내를 도와 손님을 맞는 대신 밖으로 나가 버리면 아내가 좋아하지 않는다는 걸 알기 때문에, 나는 아내를 화나게 하거나 서로 다툴 일을 만들지 않으려고 나가지 않는다.

하지만 아이가 '부모가 받아들이는 정도'를 알고 싶어 한다는 말과 아이가 부모가 자기 행동을 제한하기를 바란다는 말은 완전히 다른 이야기다. 아내와의 관계를 다시 예로 들어, 손님이 오기로 되어 있는 날 내가 외출하는 행동을 아내가 어떻게 받아들일지를 미리 알면 확실히 도움이 된다. 하지만 아내가 "손님 오는 날에 운동하러 가거나 사무실에 나가는 건 허락할 수 없어. 그건 금지야. 그렇게 하면 안 돼"라고 말하면서 행동을 제한하려고 든다면 나는 발끈하고 화를 낼 것이다.

상대가 이런 식으로 힘을 행사하려 들면 당연히 기분이 좋지 않다. 부부 사이에서는 이런 식으로 행동을 통제하고 지시하는 것이 말도 안 되는 일이다. 그런데 아이들도 부모가 행동을 제약하려고 들면 같은 기분이다. 부모가 일방적으로 한계를 정하면 아이들도 똑같이 발끈하고 화를 낸다. 이런 말들로 부모가 한계를 정해도 좋다고 할 아이는 세상에 없을 것이다.

"12시 전에는 반드시 집에 와야 해. 예외는 없어."

"차 갖고 나가지 마."

"거실에서는 트럭 가지고 놀면 안 돼."

"담배는 금지야."

"그 남자애 절대로 만나지 마."

독자들은 이 말들이 모두 앞에서 살펴본 '해결책을 제시'하는 표현들이고 너-메시지라는 것을 알아차렸을 것이다.

'아이들은 부모가 권위 있게 제한하기를 바란다'라는 주장보다는 이런 말이 더 정확하다.

아이는 자기 행동에 대해 부모가 어떻게 느끼는지에 관한 정보가 필요하다. 그래야 부모가 받아들일 수 있는 쪽으로 행동을 수정할 수 있기 때문이다. 하지만 아이는 부모가 권위를 행사해서 자기 행동을 제한하고 바로잡기를 바라지는 않는다. 다시 말해 아이는 자기 행동에 어떤 한계나 조정이 필요하다는 사실을 확실히 알고 스스로 행동을 제한하고 싶어 한다. 아이도 어른과 마찬가지로 자기 뜻대로 행동하고 싶기 때문이다.

아이는 또 자기 행동을 부모가 전부 받아들여 주기를 바란다. 그러면 어떤 것을 삼가거나 고칠 필요도 없기 때문이다. 나도 아내가 내 행동을 전부 무조건 받아들여 준다면 좋을 것 같다. 하지만 그것은 비현실적이고 불가능한 바람이라는 것도 안다. 따라서 모든 행동이 수용 가능해지는 일은 부모도 아이도 기대할 수 없다. 하지만 아이는 부모가 어떤 행동이 못마땅할 때는 말해 주기를 기대할 것이다("친구랑 이야기하고 있을 때 엄마 잡아끌면 싫어"). 권위를 사용해서 행동을 제약하는 것과는 전혀 다른 문제다.

일관성만 있으면 권위를 행사해도 괜찮지 않나?

일관성만 있으면 권위가 해롭지 않고 오히려 효과적이라고 생각하는 부모도 많다. 일관성이 중요하다는 생각은 절대적으로 옳다. 힘과 권위를 사용하겠다면 일관성은 필수다. 아이도 부모가 일관성 있게 힘을 쓰기를 바란다.

하지만 이 말은 '힘과 권위를 사용하는 상황에서' 그렇다는 말이다. 권위를 사용하는 방법이 해롭지 않다는 말이 아니라, 일관성 없이 사용하면 훨씬 더 해로울 수 있다는 소리다. 아이들이 부모의 권위를 원한다는 것이 아니라, 부모가 정 권위를 행사하겠다면 적어도 일관성은 있게 하기를 바란다는 뜻이다. 일관성이 있어야 아이가 어떤 행동은 벌을 받고 어떤 행동은 상을 받을지 예측할 수 있으니 말이다.

동물의 행동을 수정할 때 일관성 없이 보상과 처벌을 사용하면 악영향이 있음을 입증한 실험이 많다. 심리학자 노먼 메이어의 연구가 대표적이다. 이 실험에서 메이어는 쥐가 단상에서 점프해서 어떤 특정한 그림(예를 들면 사각형)이 그려진 문을 통과하면 보상을 했다. 사각형이 그려진 문에 부딪히면 문이 열리고 문 너머에 먹을 것이 있어 쥐가 보상을 받을 수 있었다. 반대로 삼각형이 그려진 문을 향해 점프하면 벌을 주었다. 이 경우에는 문이 열리지 않아서 쥐가 문에 코를 찧고 아래 그물로 떨어지게 된다. 이렇게 하여 쥐에게 사각형과 삼각형 그림을 구분하는 방법을 가르쳤다. 단순한 조건 형성 실험이었다.

다음에는 보상과 처벌을 '일관성 없이' 주었다. 무작위로 그림을 바꾸어서 조건을 다르게 했다. 사각형이 그려진 문 뒤에 어떤 때는 먹을 것을 놓고, 어떤 때는 열리지 않게 해서 쥐가 떨어지게 했다. 많은 부모가 그러듯 보상과 처벌을 일관성 없이 줘 본 것이다. 그러자 쥐에게 어떤 일이 일어났을까? 쥐는 '신경증' 증세를 보이기 시작했다. 어떤 쥐는 피부 질환을 일으켰고, 어떤 쥐는 긴장증을 보였고, 우리 안에서 미친 듯이 왔다 갔다 하기도 했고, 또 다른 쥐와 어울리지 않거나 먹이를 먹지 않는 쥐도 있었다.

일관성 없는 보상과 처벌은 아이에게도 그만큼 해로울 수 있다. 일관성이 없으면 아이는 '적합한'(보상을 받는) 행동이 무엇인지 배우고 '바람직하지 않은' 행동을 피할 수 없다. 어떻게 하든 이길 수 없는 것이다. 그러다 보면 아이는 혼란스러워하고 분노하고 심하면 심리적 문제를 겪을 수도 있다.

아이에게 영향을 미치는 것이 부모의 책임 아닌가?
권력과 권위에 관해서 부모들이 가장 흔히 하는 말은 아이가 부모나 '사회'(그게 무얼 가리키든 간에)가 바람직하게 여기는 방향으로 행동하게끔 영향을 미치는 것이 부모의 '책임'이라는 것이다. 인간관계에서 권력을 선한 의도로 현명하게 사용한다면, 곧 '상대의 안녕과 이익을 위해서' '사회 전체의 이익을 위해서' 행사한다면 정당한가 하는 논란은 아주 오래전부터 있어 왔다.

문제는 무엇이 사회를 위해 최선인지를 누가 결정하느냐는 것이다. 아이가? 부모가? 누가 더 잘 알까? 대답하기 어려운 문제다. '최선'을 결정할 자격을 부모에게 줘 버리면 위험하기도 하다. 일단 부모가 이런 결정을 내릴 만큼 현명하지 않을 수 있다. 사람은 누구나 틀릴 수 있다. 부모나 권력을 쥔 사람 누구나 마찬가지다. 또 권력을 휘두르는 사람이 상대방의 행복을 위해 하는 일이라고 거짓으로 주장할 수도 있다. 인류 역사를 돌아보면 권력을 행사하면서 그것이 지배받는 대상을 위한 것이라고 주장한 사례는 수없이 많다. '다 너를 위한 것'이라는 주장은 그래서 별 설득력이 없다.

"권력은 부패하기 쉽고, 절대 권력은 절대적으로 부패한다"라고 존 달버그 액턴〖영국의 정치인, 역사가, 1834~1902｜옮긴이〗은 말했다. 셸리〖영국의 낭만주의 시인, 1792~1822｜옮긴이〗는 "권력은 전염병처럼 건드리는 것 전부를 오염시킨다"라고 했으며 에드먼드 버크〖영국의 정치가, 문필가, 1729~1797｜옮긴이〗는 "권력이 크면 클수록 악용의 위험도 커진다"고 했다.

정치가의 눈에나 시인의 눈에나 권력은 위험하게 보인다. 특히 오늘날에는 국가 간 관계에서 힘의 행사가 비난의 대상이 된다. 무력 경쟁보다는 상호 생존이 우선인 현대 사회에는 국제 사법 제도의 필요성도 쇠퇴한다. 한 민족이 다른 민족에게 힘을 행사하는 것은 어떤 방식으로도 정당화되지 않는다.

산업이나 경제 분야에서도 권위적인 경영 방식은 시대에 뒤떨어진 것으로 취급받는다. 남편과 아내 사이의 권력 불균형도 더디기는 하나 분명히 사라져 가고 있다. 교회의 절대 권위도 교권 내외부에서 지속적으로 비판받아 왔다.

인간관계에서 권력의 사용이 용인되는 최후의 아성이 바로 가정 안 부모와 자녀의 관계인 듯도 하다. 그 밖에 한 군데 더, 학교가 있다. 교사와 학생의 관계에서는 학생을 통제하고 조종하기 위해 여전히 권위를 주된 방법으로 사용한다.

왜 아이는 권력과 권위의 잠재적 해악으로부터 보호받지 못하는 최후의 인류가 된 것일까? 아이들이 작고 약해서 '부모가 가장 잘 안다'라든가 '다 너희를 위한 거다'라는 식으로 힘의 사용을 합리화하기가 쉽기 때문일까?

힘과 권위 행사의 비윤리적인 면을 이해하게 되면 부모와 아이의 관계에 대해서도 같은 생각을 하는 사람이 많아질 것이다. 그러면 아이를 대할 때 힘을 이용하지 않는 다른 새로운 방법을 찾을 수밖에 없다.

다른 사람에게 힘을 행사하는 것은 도덕적 윤리적으로도 문제지만, 권위를 사용해 아이에게 영향을 주는 것이 부모의 책임이라는 생각에는 잘못된 개념이 들어 있다. 부모의 힘은 아이에게 '영향'을 주는 것이 아니라 주어진 방식으로 행동하라고 '강요'한다. 설득, 설명, 동기 부여처럼 영향을 주는 방식과 힘의 행사는 전혀 다르다. 권력은 어떤 행동을 강요하거나 금지한다. 아이가 더 힘센 사람에 의해 강요받거나 금지당한다고 해서 그것이 옳다고 납득하지는 않는다. 권위나 권력이 사라지면 바로 아이는 원래 행동을 다시 할 것이다. 아이의 욕구나 욕망은 바뀌지 않은 채로 남아 있기 때문이다. 때로는 굴욕감을 느끼고 욕구가 좌절되어 실망한 탓에 부모에게 대들 수도 있다. 따라서 권력은 희생자에게 힘을 불어넣고 스스로 적을 만들어 자멸의 길을 간다.

힘을 사용하는 부모는 사실상 아이에 대한 영향력을 상실하게 된다. 권력은 저항을 불러일으키기 때문이다(부모가 원하는 것과 정반대의 행동을 함으로써 권위에 대항하는 아이의 경우처럼). 심지어 어떤 부모는 "아이한테 바라는 것과 정반대 방향으로 하라고 아이한테 말했더라면 차라리 아이에게 영향을 더 많이 주었겠다는 생각마저 들더라고요. 그랬다면 아이가 결국 우리가 바라는 행동을 했을 테니까요"라고 씁쓸하게 말한다.

힘을 사용하면 영향력을 잃게 되고, 힘을 포기하고 쓰지 않으면 영향력을 얻게 된다는 것이 역설적이지만 사실이다.

당연한 말이지만 아이에게 영향을 미치기 위해 쓰는 방법이 반항이나 저항을 불러일으키지 않는다면 더 영향을 많이 미칠 수 있을 것이다. 그래서 힘을 사용하지 않는 방법을 택했을 때 아이가 부모의 생각과 감정을 존중해서 결과적으로 부모가 원하는 방향으로 행동을 수정할 가능성이 더 크다. 그렇다고 아이가 언제나 반드시 행동을 바꾸려 들지는 않을 테지만 때로는 바꾸기도 한다. 반면 반항적인 아이가 부모의 욕구를 존중해서 자기 행동을 바꾸는 일은 거의 없을 것이다.

그렇다면 왜 사람들이 지금까지 늘
힘으로 아이를 길러 왔을까?

부모들이 종종 이렇게 물어서 나도 고민을 많이 해 보았다. 권력이 다른 사람에게 미치는 영향을 생각했을 때 부모와 아이 사이를 포함해 어떤 인간관계에서라도 어떻게 권력 행사를 합리화할 수 있는지 잘 이해가 가지 않았다. 그런데 내가 만나 본 많은 부모가 소수를 제외하고는 대체로 아이에게 권위를 행사하기를 싫어했다. 마음이 불편하고 죄책감을 느낄 때가 많다고 했다. 힘을 행사한 후에 아이에게 미안하다고 말하기도 한다. 또는 "다 너 잘되라고 그런 거야" "나중에는 우리한테 고마워할 거야" "너도 부모 돼 보면 왜 우리가 못 하게 했는지 이해할 거야"라고 합리화하여 죄책감을 덜어 보기도 한다.

죄책감도 죄책감이지만 많은 부모가 이 방법이 효과적이지도 않다는 사실을 인정했다. 특히 아이들이 자라서 반항하거나 거짓말을 하고 몰래 빠져나가고 저항하기 시작했다면 효과가 없다는 사실을 인정하지 않을 수 없다.

부모들이 권위를 사용해 온 까닭은 그들 자신의 삶에서 힘을 쓰지 않는 방식으로 영향을 주려 한 사람이 거의 없었기 때문일 것이다. 다들 어릴 때부터 부모, 교사, 교장, 코치, 삼촌, 이모, 조부모, 스카우트 지도자, 캠프 감독관, 군대 상관, 회사 상사 같은 사람들에게 힘으로 통제를 받아 왔다. 인간관계의 갈등을 해소하는 다른 방법을 경험해 본 적도 없고 알지도 못하기 때문에 계속 힘을 사용할 수밖에 다른 도리가 없었던 것이다.

11

갈등을 해결하는 무패 방법

아무도 지지 않는 방법 3

갈등 해결 방법으로 '이기거나 지는' 힘겨루기 방법 말고 다른 방법이 있다고 하면 부모들은 놀라면서도 안도한다. 이해하기는 어렵지 않지만 제대로 사용하려면 훈련과 연습이 필요한 방법이다.

여기에서 살펴볼 대안적 방법은 갈등을 아무도 지지 않게 해결하는 이른바 무패 방법이다. P.E.T.에서는 이것을 방법 3이라고 부른다. 부모와 아이 사이의 갈등 해결 방법으로는 혁신적으로 느껴지지만 사실상 다른 관계에서는 이미 쓰이는 방법이다. 부부 사이에서는 의견 차이가 있을 때 방법 3을 이용해서 이견을 조율할 때가 많다. 사업 파트너들도 충돌이 일어날 때 이 방법으로 자주 합의를 본다. 사업장의 노조와 사용자도 이 방법으로 협상하여 양측 모두 수용할 수 있는 협약에 도달한다. 법적 다툼이 있을 때 방법 3을 이용해 법정 밖에서 합의를 끌어내기도 한다.

방법 3은 서로 동등한 힘을 가진 개인 사이의 갈등을 해결할 때 자주 사용된다. 두 사람 사이에 권력 차이가 거의 없다면 당연히 어느 쪽도 힘으로 밀어붙여 갈등을 해결하려 들지 않을 것이다. 우월한 위치에 있지 않으면서 힘으로 문제를 해결하려 든다면 어리석다고 비웃음을 살 것이다.

예를 들어서 6살 딸아이가 언제 잠자리에 드는 게 좋을지를 두고 나와 아내 사이에서 의견 충돌이 있을 때 이 문제를 방법 1로 해결하려 한다고 해 보자. 나는 밤에 아이랑 놀면서 같이 시간을 보내고 싶다. 아이를 8시에 재우면 내가 아이와 같이 보낼 시간이 너무 적다. 그런데 아내는 아이가 8시에는 자야 다음 날 잠이 부족해서 투정을 부리지 않는다고 한다. 그런데 내가 아내에게 "이제부터는 애를 9시에 재우기로 했어. 그래야 나하고 더 많은 시간을 보낼 수 있으니까"라고 말했다고 해 보자. 일단 아내는 깜짝 놀라며 이런 말들을 할 것이다.

"당신이 정했다고?"
"음, 난 8시 정각에 재우기로 했어!"
"좋은 생각이네! 그럼 내일 아침부터는 애 깨우는 것도 당신이 하고, 애가 잠이 부족해서 아프면 당신이 돌보도록 해!"

나에게 이런 상황에서 방법 1을 사용하는 것이 얼마나 어리석은지 알 만큼의 머리는 있다. 아내에게는 힘이 있으니 내

262

가 이렇게 아내를 굴복시키려는 어리석은 시도를 하면 당연히 비판하고 저항할 것이다.

비슷한 힘을 가진 관계(평등한 관계)에서는 방법 1을 사용하지 않는 것이 당연하다. 상대가 이런 식으로 갈등을 해결하도록 가만히 있지는 않을 테니 말이다. 자기가 힘이 더 세다고 생각하는 사람은 방법 1을 쓰고 싶은 생각이 들 수 있다. 이때 상대도 자기 힘이 더 약하다고 생각하고, 작은 힘으로라도 저항하고 맞서 싸울 생각이 없다면 굴복할 수밖에 없을 것이다.

방법 3은 힘겨루기가 아닌 방법이고 아무도 지지 않는 방법이라는 것을 이제 짐작했을 것이다. 이기거나 지는 방식으로 갈등을 해결하지 않는다. 양쪽 다 받아들일 수 있는 방식으로 해결하므로 둘 다 이긴다고 할 수 있다. 상호 합의를 통해 궁극적 해결책에 도달하는 갈등 해결 방법이다. 이 장에서는 이 방법이 어떻게 쓰이는지 개략적으로 살펴보기로 하자(이어지는 12장과 13장에서는 이 방법을 사용했을 때 부모가 겪을 수 있는 문제와 이 방법을 가정에서 실제로 활용하는 방법을 살펴볼 것이다). 먼저 방법 3을 간단히 설명하면 이렇다.

부모와 아이의 욕구가 충돌하는 상황이다. 부모가 아이에게 둘 다 받아들일 수 있는 해결 방법을 함께 찾아보자고 말한다. 서로 가능한 해결책을 제시한다. 비판적으로 검토하고 양쪽이 합의하여 최종 해결책에 도달한다. 양쪽 모두 동의했으므로 어느 쪽도 손해가 아니다. 결정에 반발할 사람이 없으니 강제로 시킬 필요도 없다.

앞에서 살펴본 코트 문제로 다시 돌아가 보자. 방법 3을 이용했더니 이렇게 해결되었다고 한다.

제인   학교 다녀오겠습니다.

아버지   비가 오는데 코트를 입고 가야지.

제인   싫어.

아버지   비가 많이 오는데. 네가 감기 걸릴까 봐 걱정돼.

제인   그래도 코트 입기 싫어.

아버지   그 코트 입기가 정말 싫은 것 같구나.

제인   맞아. 싫어.

아버지   그 코트가 진짜 마음에 안 드는가 봐.

제인   응. 이상하게 생겼어. 그런 거 입고 학교 오는 애는 아무도 없어.

아버지   다른 아이들과 다르게 입기가 싫은 거구나.

제인   당연하지. 다른 애들은 다 요새 유행하는 거 입고 다닌다고.

아버지   알겠어. 지금 우리 사이에 의견 충돌이 있네. 너는 네 코트가 보기 싫어서 입고 싶지 않고, 나는 네가 그냥 나갔다가 감기 걸리고 학교도 못 가게 될까 봐 걱정이고. 너랑 나랑 둘 다 받아들일 수 있는 해결 방법이 있을까? 어떻게 하면 우리 둘 다 만족할 수 있을 것 같니?

제인   (잠시 생각하더니) 오늘은 엄마 옛날 코트를 빌릴래.

아버지	그 오래된 코트 말이야?
제인	응, 그거 멋있어. 빈티지 스타일이야.
아버지	엄마가 입어도 된다고 할까?
제인	물어볼게. (잠시 후 엄마 코트를 입고 온다. 소매가 길어서 접어 올렸다.) 엄마가 된대.
아버지	그래, 이제 괜찮니?
제인	응. 좋아.
아버지	그래, 네가 추울까 봐 걱정 안 해도 되겠다. 네가 좋다면 나도 좋아.
제인	어, 학교 늦겠다.
아버지	학교 잘 다녀와!

어떤 일이 일어난 걸까? 아이와 아빠는 둘 다 만족하는 방법으로 갈등을 해결했다. 그것도 꽤 짧은 시간에 해결했다. 방법 1에서처럼 아빠가 자기 방법을 받아들여 달라고 호소하느라 시간을 들일 필요가 없었다. 아이도 아빠도 힘을 행사할 필요가 없었다. 게다가 아이와 아빠는 서로 좋은 감정으로 헤어졌다. 아빠는 진심을 담아서 "학교 잘 다녀와!"라고 말할 수 있었고, 아이는 '보기 싫은' 코트를 입어서 창피할 일 없이 가벼운 마음으로 등교할 수 있었다.

다음은 가정에 흔한 갈등을 방법 3을 이용해서 해결하는 예다. 방법 1이나 2로 대처하는 사례는 익숙히 겪어 봤을 테니 굳이 예를 들지 않아도 될 것 같다.

어머니 엘리, 너한테 방 치우라고 얘기하는 것도 이제 신물이 나. 네 옷이 사방에 널려 있어서 빨래하려고 보면 어떤 게 새 옷이고 어떤 게 입은 옷인지도 모르겠고 너무 힘들고 시간도 오래 걸려.

엘리 미안. 그런데 방 정리하고 옷을 걸어 놓고 할 시간이 없어. 축구 연습도 해야 하고 숙제도 있고……. 엄마는 너무 깔끔한 것 같아.

어머니 좋아. 넌 바쁘고, 나는 네 방 때문에 골치가 아프고. 내가 수업에서 배운 거 한번 해 볼까? 우리 둘 다 좋아할 만한 방법이 있나 생각해 보는 거야. 우리 둘 다 만족할 만한 거. 해 볼래?

엘리 글쎄. 생각은 해 보겠지만 내가 방을 치워야 한다는 결론이 나겠지.

어머니 그런 거 아냐. 우리 둘 다 좋을 방법을 생각하자는 거야. 나만 좋은 방법 말고.

엘리 음, 그럼 엄마는 요리를 싫어하지만 청소를 좋아하고 나는 청소가 싫고 요리는 좋으니까, 내가 일주일에 두 번 저녁 준비를 하고 엄마는 일주일에 한두 번 내 방 청소를 해 주면 어때?

어머니 정말로 그렇게 할 수 있을 것 같아?

엘리 응, 가능할 것 같아.

어머니 좋아, 그럼 한번 해 보자. 설거지도 네가 할래?

엘리 그러지 뭐.

어머니 좋아. 그러면 이제 내가 네 방을 치우고 빨래도 더 빨리할 수 있겠다.

방법 3을 사용한 위의 두 예에서 한 가지 중요한 점을 발견할 수 있다. 부모들이 간과하기 쉬운 점이기도 한데, 문제는 같아도 집마다 도달하는 해결책은 다르다는 사실이다. 이 방법은 부모와 아이 모두의 마음에 차는 해결책을 찾는 방법이지, 모든 가족에게 최선인 궁극의 해결책을 찾는 방법이 아니기 때문이다. 다른 집에서는 코트 문제와 같은 문제가 있을 때 방법 3을 이용해서 제인이 우산을 가지고 가는 방법을 떠올렸을 수도 있다. 다른 집에서는 아버지가 제인을 학교까지 차로 데려다주겠다 했을 수도 있다. 또는 제인이 오늘만 그 코트를 입고 가면 곧 다른 코트를 사 주겠다고 합의했을 수도 있다.

자녀 교육서 가운데 '해결책 중심'으로 쓰인 책이 많다. 아이를 기르다가 맞닥뜨리는 특정 문제를 전문가가 권하는 최선의 해결책으로 해결하라고 권한다. 이런 책은 아이의 잠 문제나 음식 투정, 게임 시간 문제, 방 정리 문제, 집안일 따위처럼 수없이 많은 문제에 대한 '가장 좋은 해결 방법'을 제시한다.

하지만 사실 부모들은 갈등 해결을 위해 단 한 가지 방법만 알면 된다. 이 방법은 또 어떤 나이대의 아이든 관계없이 사용할 수 있는 편리한 방법이다. 이 방법에 따르면 모든 가정에 적합한 '최선의' 해결책은 없다. 어떤 가족에게 적합한 해결책이 다른 가족에게는 맞지 않을 수 있다.

아들의 미니바이크(초소형 오토바이) 때문에 생긴 갈등을 어떻게 했는지 아버지가 들려주었다.

"우리 아들은 이름이 롭이고, 14살인데 얼마 전에 미니바이크를 갖게 되었습니다. 그런데 이웃 사람 한 명이 도로에서 미니바이크를 타는 건 불법이라며 항의했습니다. 또 다른 이웃은 롭이 미니바이크를 타고 자기 집 마당에 들어와서 잔디를 다 망쳐 놨으니 보상하라고 했습니다. 애 엄마가 정성스럽게 가꾼 꽃밭도 망가뜨려 버렸고요. 우리는 함께 고민해서 다음과 같이 여러 해결책을 생각해 냈습니다.

1 캠프 갔을 때를 제외하고는 미니바이크를 타지 않는다.
2 집 마당 밖에서는 타지 않는다.
3 꽃밭에 들어가지 않도록 조심한다.
4 매주 한 번씩 몇 시간 동안 탈 수 있도록 공원에 롭을 데려다준다.
5 운동장에서는 타도 되는데, 가는 길에는 미니바이크를 타지 않고 끌고 간다.
6 공터에 도약대를 만든다.
7 다른 집 잔디밭에는 들어가지 않는다.
8 우리 집 잔디밭에서는 앞바퀴 들기를 하지 않는다.
9 미니바이크를 판다.

우리는 1, 2, 4, 9번은 버렸지만 나머지는 전부 합의했습니다. 2주가 지났는데 지금까지는 아주 좋습니다. 모두 만족하고 있어요."

그러니까 방법 3은 특정한 한 부모가 특정한 한 아이와 겪는 특정한 문제를, 양쪽 다 만족하는 본인들만의 해결책을 찾아 해결하는 방식인 셈이다.

이렇게 접근하는 것이 현실적일 뿐 아니라, 부모가 한 가지 방법만 배우면 되니까 부모 교육도 훨씬 간단해진다. 한 가지 방법만 배워서 온갖 다양한 갈등을 해결할 수 있다면 부모들은 더 효과적으로 부모 역할을 할 수 있을 것이다. 효과적인 육아란 이전에 부모나 전문가들이 생각했던 것처럼 그렇게 복잡하고 까다로운 일이 아니다.

아이에게 해결책을 따르고자 하는 동기가 있다

방법 3을 이용하여 충돌을 조정하고 나면 아이는 결정된 바를 실천하려는 동기를 얻는다. 자신도 같이 참여해서 얻은 결론이기 때문이다. 누구나 다른 사람에 의해 강요된 결정 사항보다는 의사 결정 과정에 함께 참여해 결정한 사항에 더 강한 실천 의지를 느낀다.

이는 산업 분야에서 지속해서 입증된 사실이다. 고용인은 의사 결정 과정에 참여했을 때 상급자가 일방적으로 지시했을 때보다 결정 사항을 더 열심히 실행한다. 팀원에게 영향을 미치는 일을 결정할 때 팀원이 적극적으로 참여하도록 하면 생산성, 직업 만족도, 사기 등이 높아지고 이직률은 낮아지는 효과가 있다.

아이가 정말 합의된 해결책대로 열심히 실천할지는 보장

할 수 없지만, 그럴 가능성은 확실히 커진다. 아이는 방법 3으로 내린 결정을 자신도 함께 내린 결정이라고 느낀다. 스스로 결정했으니 그대로 해야 할 책임감을 느낀다. 그리고 부모가 아이의 뜻을 꺾고 부모의 생각을 관철하지 않았기 때문에 기분이 좋기도 하다.

방법 3으로 얻은 해결책은 아이가 스스로 생각해 낸 것일 때가 많다. 그러니 아이는 당연히 이 방법이 효과가 있는지 알아보고 싶을 것이다. 다음 이야기는 한 부모가 방법 3으로 갈등을 해결한 예로 들려준 것이다.

엄마가 친구 집에 놀러 가려는데 4살 반이 된 월버가 가고 싶어 하지 않는다. 엄마 친구에게는 베키라는 딸이 있는데 월버와 친구다. 그런데 월버가 가고 싶어 하지 않아서 엄마는 영문을 알 수 없다.

어머니 베키네 집에 가기가 싫어?
월버 응.
어머니 베키네 집에 뭔가 맘에 들지 않는 게 있나 보네.
월버 응. 버네사. (버네사는 베키의 언니다.)
어머니 버네사 때문에 그러는구나.
월버 버네사가 발로 차고 때릴까 봐 겁나. 그래서 가기 싫어.
어머니 버네사가 괴롭힐까 봐 그러는구나. 그래서 집에 있고 싶다고?

윌버	응.
어머니	이거 문제네. 나는 친구 집에 놀러 가고 싶은데, 너는 버네사 때문에 가기 싫으니까. 어떻게 하면 좋겠니?
윌버	가지 말자.
어머니	그러면 내가 섭섭한데. 베키네 집에 있을 때 엄마 옆에서 놀면 어때? 그러면 버네사랑 같이 안 놀아도 되잖아.
윌버	어, 응……. 알았다! 버네사가 때리지 못하게 하는 법 알아! (달려 나가서 종이와 연필을 들고 온다.) '때리지 마'라고 어떻게 써? (엄마가 써 주자 윌버는 글씨를 정성스레 따라 쓴다.) …… 이제 '때리지 마'라는 표지판이 생겼으니까 버네사가 때리려고 하면 이걸 보여 주면 돼. 그러면 나를 안 때리겠지? (윌버는 방으로 가서 장난감을 챙긴다.)

이 사례는 결정을 내리는 데 아이가 참여했을 경우 그것을 실천하려는 의지가 얼마나 강해지는지 잘 보여 준다. 방법 3으로 의사 결정을 하면, 문제를 해결하려고 노력했기 때문에 결정 사항에 어떤 의무감을 느낀다. 또 부모가 아이가 해결 방안을 생각해 낼 수 있다고 아이를 신뢰하는 태도를 보여 주었기 때문에 아이는 신뢰받고 있다고 느끼고 더욱 책임감 있게 행동한다.

더 좋은 해결책을 찾아낼 가능성이 커진다

이렇게 얻은 해결책은 아이가 수긍하고 실천할 가능성이 클 뿐 아니라 질적으로도 좋은 해결책일 때가 많다. 더 창의적이고, 대립을 해소하는 데 더 효과적이며, 부모와 아이 양쪽의 욕구를 충족시키는, 부모나 아이 혼자서는 생각해 내지 못했을 해결책이다. 딸이 식사 준비를 대신 맡으면서 방 청소 문제를 해결한 가족의 예처럼 전혀 생각지도 못했던 새로운 해결 방법을 찾을 수 있다. 엄마와 딸 모두 생각해 보지 못한 결론에 도달했다는 사실에 놀랐을 것이다.

방법 3을 이용해 좋은 해결 방안을 찾아낸 또 다른 예가 있다. 두 딸이 저녁 시간에 하는 텔레비전을 보고 싶어 하는데, 소리가 너무 커서 저녁 식사를 방해하는 문제가 있었다. 그런데 한 아이가 텔레비전 소리를 끄고 화면만 보자고 제안했다. 모든 식구가 새로운 아이디어에 동의했다. 물론 이런 방법이 어느 집에서나 받아들여질 해결책은 아니다.

아이의 사고력을 키운다

방법 3은 아이가 생각하게 한다. 부모가 아이에게 "여기 문제가 있으니 함께 머리를 맞대고 고민해 보자. 좋은 해결 방법을 생각해 보자"라고 말하는 방법이기 때문이다. 방법 3은 부모에게나 아이에게나 논리적 사고를 연습하게 한다. 마치 어려운 퍼즐을 푸는 것처럼 깊이 고민하고 머리를 굴려야 한다. 방법 1

이나 방법 2를 사용하는 가정보다 방법 3을 쓰는 가정의 아이들이 지적 능력이 더 뛰어나다는 연구 결과가 나온다고 해도 놀랄 일이 아니다.

적대감이 줄고 사랑이 커진다

꾸준히 방법 3을 사용하자 아이가 적대감을 보이는 일이 놀랍게 줄었다고 말하는 부모가 많다. 당연한 결과다. 두 사람이 합의하여 결론에 도달하는 과정에서는 미움이나 적대감이 발생할 까닭이 없다. 부모와 아이가 문제를 함께 고민하고 서로 만족하는 해결책을 찾고 나면 오히려 서로에 대한 사랑과 따뜻한 감정이 솟아난다. 갈등이 사라져서 기쁠 뿐 아니라 자기가 손해 보는 일이 없어서 또 기분이 좋다. 그리고 서로 욕구와 권리를 존중해 주었기 때문에 따뜻한 고마움의 감정이 남는다. 그래서 방법 3은 관계를 단단하고 더 끈끈하게 만든다.

갈등이 해결되는 순간에는 어떤 기쁨을 느낄 수 있다고들 한다. 아이와 부모가 함께 웃고 다정한 말을 하고 서로 껴안거나 뽀뽀하게 된다. 다음 대화는 어머니, 청소년인 딸 둘과 아들 하나, 상담사가 함께 나눈 대화를 녹음한 것인데, 이러한 기쁨과 사랑의 감정이 잘 나타나 있다. 이 가족은 일주일 동안 함께 방법 3을 사용해서 몇 가지 갈등을 해결했다.

앤   요새는 잘 지내요. 서로 아껴 주고요.

상담사   여러분 태도도 전반적으로 달라졌고 서로에 대해 느끼는 감정도 많이 달라진 것 같아요.

캐시   네. 이제는 다 정말 좋아요. 엄마를 존경하고요,
          이제 동생도 좋아요. 그래서 집안에서 어떤 일이
          일어나도 전보다 기분이 한결 나아요.

상담사   가족이 마음에 드는 것 같네요.

테드   네. 우린 좋은 가족이에요.

어떤 양육자가 P.E.T. 코스를 듣고 난 후 1년쯤 지난 뒤에
이런 편지를 보냈다.

"우리 가족 관계는 알아차리지 못할 정도로 조금씩 변하긴
했어도 확실히 달라졌어요. 특히 큰애들은 변화에 아주 만
족스러워해요. 한때 우리 집은 '감정적 혼탁' 상태였어요.
서로 날을 세우고 미워하고 화내는 감정이 가득하다 보니
누가 불을 댕기기만 하면 바로 폭발하곤 했죠. P.E.T. 수업
을 듣고 새로 익힌 기술을 아이에게도 알려 주자 이런 '감
정적 혼탁'이 사라졌어요. 집안 공기가 맑고 투명해졌어
요. 늘 감돌던 긴장감은 사라졌고요. 문제가 생기면 바로
해결하고, 서로의 감정에 귀를 기울여요. 18살 큰아들은
친구 집에 가면 분위기가 삭막한데 우리 집은 그렇지 않
아서 좋다고 말해요. P.E.T. 덕에 아이들과 거리감이 확 줄
어들었어요. 편하게 이야기하는 분위기가 되니 내가 내 가
치관이나 인생관을 이야기해도 아이들이 꽤 잘 들어 줘요.
저도 아이들 생각에 귀를 기울이고요."

강제할 필요가 없어진다

방법 3을 사용하면 아이에게 억지로 시킬 필요가 없어진다. 아이도 해결 방법에 동의했으므로 대체로 실천하려고 한다. 자기들에게 손해가 되는 해결책을 억지로 받아들이도록 압박받지 않아서 기분이 좋기 때문이기도 하다.

방법 1을 사용하면, 대개 부모의 해결책이 아이에게는 달갑지 않으므로 강제로 시켜야 한다. 해결책이 아이 마음에 안 들수록 그걸 지키게 만들려면 다그치고 부추기고 잔소리하고 확인할 일도 많아진다. P.E.T. 수업에서 한 아버지는 이런 변화를 들려주었다.

> "우리 가족은 토요일 아침마다 전쟁터였어요. 토요일마다 집안일을 하라고 애들을 다그쳐야 했으니. 매주 싸우고 화내고 기분 상하는 일이 반복되었죠. 방법 3을 이용해서 집안일 문제를 해결하고 난 후에는 아이들이 스스로 알아서 일합니다. 이제는 잔소리할 필요도 끝없이 재촉할 필요도 없어요."

힘을 쓸 필요가 없다

방법 3은 이기거나 지는 방법이 아니므로 부모나 아이 어느 쪽도 힘을 쓸 필요가 없다. 방법 1과 방법 2는 힘겨루기지만 방법 3은 전혀 다른 접근 방식이다. 부모와 아이가 힘을 겨루는 대신 공통의 과업에 함께 매달려 풀어 나가는 방법이다. 따라서 아이가 부모의 권위에 대처하는 방법을 배울 필요도 없다.

방법 3을 사용할 때 부모는 아이의 욕구를 존중하면서 자기 자신의 욕구 또한 포기하지 않는다. 아이에게 "너의 욕구와 권리를 존중하지만 내 욕구와 권리도 중요하니까 우리 둘 모두에게 적합한 해결 방법을 찾아보자. 그러면 네가 바라는 바대로 될 테고, 또 그게 내가 바라는 바이기도 할 거야. 아무도 손해 보지 않고 둘 다 이기는 거지"라고 말하는 방법이다.

16살 여자아이가 집에 돌아와서 이렇게 말했다.

"친구들이 자기 부모가 어쩌고저쩌고 불평하고 욕하는데 정말 이상해. 얘들은 만날 부모님한테 화가 나고 미워 죽겠대. 난 그냥 할 말이 없어서 듣고만 있어. 공감이 안 돼. 어떤 애가 나한테 넌 어떻게 부모님하고 그렇게 사이가 좋냐고, 자기 집하고 무슨 차이가 있냐고 물어보더라고. 뭐라고 대답할지 얼른 안 떠올랐는데, 생각해 보니까 우리 집에서는 부모님이 뭘 어떻게 하라고 강요하지 않는다는 게 다른 것 같아. 억지로 시키거나 벌을 줄까 봐 걱정할 일이 없어. 그러기 전에 내 생각을 이야기할 기회가 있으니까."

P.E.T. 교육을 받는 부모들은 집에서 힘을 쓰지 않는 것이 왜 중요한지 금세 이해한다. 그러면 아이가 해로운 대처 방법을 익힐 필요 없이 자란다는 것도 분명히 알 수 있다. 아이들은

반항하고 저항할 필요도, 순종하거나 수동적으로 굴복할 필요도, 도피하고 틀어박힐 필요도, 반격하거나 부모를 비난할 필요도 느끼지 않는다. 그럴 이유도 그럴 대상도 없기 때문이다.

부모와 아이 사이에 놓인
실제 문제에 접근할 수 있다

방법 1을 쓰면 실제로 아이가 고민하는 게 무엇인지 알아낼 기회를 자주 놓치게 된다. 부모가 성급하게 자기 결론을 내놓고 힘으로 강제하다 보면 지금 아이 행동의 원인이 되는 마음속 깊은 곳의 감정을 아이가 부모에게 전달하지 못한다. 따라서 부모는 근본적인 문제에 접근할 수가 없고 아이의 장기적 성장과 발달을 도울 기회도 잃는다.

하지만 방법 3은 연쇄 반응을 일으킬 때가 많다. 아이가 자신이 특정한 방식으로 행동하는 어떤 근본적인 이유가 있는지 돌아보게 된다. 근본적 문제를 알게 되면 적합한 해결책도 더욱 뚜렷해진다. 방법 3은 문제 해결 과정이다. 우선 실제 문제를 정의해서 겉으로 보이는 최초의 문제가 아니라 진짜 문제를 해결할 가능성을 키운다. 좋은 예가 바로 앞에서 살펴본 '코트 문제'다. 실제 문제는 아이가 못생긴 코트를 입기가 창피하다고 생각하는 것임이 드러났다. 또 다른 예를 보자.

5살인 네이선은 유치원에 입학하고 몇 달이 지난 다음에 갑자기 유치원에 가기 싫다고 했다. 처음 며칠은 억지로 끌고 나와 유치원에 데려다줬다. 그러다가 방법 3을 시도해 보기로 했다. 그랬더니 10분도 채 되지 않아 실제 문제가 드러났다. 네이선은 유치원 끝나고 엄마가 데리러 오지 않으면 어떡하지 하고 걱정하고 있었다. 그래서 네이선에게는 정리 시간이 끝나고 엄마가 오기를 기다리는 동안이 한없이 길게 느껴졌다고 한다. 엄마가 자기를 유치원에 버리려는 게 아닐까 하는 생각까지 들었단다.

엄마는 네이선에게 엄마의 생각을 들려주었다. 엄마는 네이선을 버릴 생각이 전혀 없고 네이선이 집에 있는 게 정말 좋다지만 네이선이 유치원에 가는 일도 중요하다고 생각한다는 말이었다. 네이선과 방법 3으로 생각을 모으다 보니 몇 가지 해결책이 떠올랐고 엄마와 네이선이 그 가운데 하나를 골랐다. 엄마가 정리 시간이 끝나기 전에 미리 도착해 있기로 한 것이다. 그다음부터 네이선은 기분 좋게 유치원에 갔다고 한다. 네이선은 이후에도 이날의 결정 이야기를 자주 해서 그 과정이 아이에게 얼마나 중요한 일이었는지를 일깨워 주었다.

같은 문제가 다른 집에서는 다른 방식으로 해결된 예도 있다. 방법 3을 시도하면서 전혀 다른 근원적 문제가 발견되었기 때문이다. 5살 보니는 유치원에 가야 하는데 옷을 입지 않으려 해서 아침마다 한바탕 실랑이가 벌어지곤 했다.

보니와 엄마가 창의적인 해법에 도달하는 과정을 녹음해 왔는데 좀 길지만 그대로 옮겨 적었다. 이 대화를 보면 방법 3이 감추어진 실제 문제를 밝혀내는 데 효과적이며 이때 적극적 듣기가 매우 중요하다는 점을 알 수 있다. 또 이렇게 결정된 바를 아이가 진심으로 받아들이므로 그것을 실행하는 데 아이가 부모 못지않게 관심을 둔다는 사실도 확연히 드러난다.

이 이야기에 나오는 엄마는 자녀 넷 모두와 관련이 있는 어떤 문제를 방금 해결했다. 그러고 나서 지금은 보니와 대화해서 보니와의 문제를 함께 풀어 나가려 한다.

엄마   보니, 너랑 얘기하고 싶은 문제가 하나 있어. 아침에 네가 옷 입는 데 시간이 너무 오래 걸려서 다들 지각을 하게 되고, 가끔 테리는 학교 버스를 놓치기도 하잖니. 내가 올라가서 너 옷 입는 거 도와주려면 다른 식구들 아침 챙길 시간도 없고 엄마는 내내 정신없이 서둘러야 하고 테리한테 빨리 준비하고 버스 타라고 소리를 지르게 되잖아. 이건 정말 문제라고 생각해.

보니   하지만 아침에 옷 입기가 싫단 말이야!

엄마   유치원 가려고 옷 입는 게 싫구나.

보니   유치원 가기 싫어. 엄마가 일어나면 집에서 책도 보고 싶고, 옷 입고 있을 때 엄마랑 있고 싶어.

엄마   유치원 가는 것보다 집에 있고 싶단 말이지?

보니   응.

엄마   집에서 엄마랑 놀고 싶어?

보니   응……. 놀이하고 책 보고.

엄마   엄마랑 많이 못 놀아서 그러는구나.

보니   응. 생일날처럼 게임하고 놀지 않잖아. 유치원에서도 그런 거 안 해. 유치원에서는 다른 놀이를 해.

엄마　유치원에서 하는 놀이도 재미있지?

보니　별로야. 날마다 하니까.

엄마　전에는 좋았지만 언제나 재미있지는 않나 보네.

보니　응. 그래서 집에서 놀고 싶어.

엄마　집에서 하는 놀이랑 유치원에서 하는 놀이랑 다르
　　　니까. 그리고 매일 똑같은 걸 하기가 싫으니까 그
　　　렇지?

보니　응. 날마다 똑같은 거 하면 지겨워.

엄마　맞아. 뭔가 좀 다른 걸 하면 재미있지.

보니　응. 집에서 미술을 한다든가.

엄마　유치원에서도 미술을 하니?

보니　아니, 색칠하고 그림 그리기만 해.

엄마　네가 유치원에서 가장 싫어하는 점이 똑같은 걸 계
　　　속 반복해서 한다는 것 같은데. 맞니?

보니　매일 똑같지는 않아.

엄마　매일 똑같은 놀이를 하지는 않는다고?

보니　(답답하다는 듯이) 매일 똑같은 놀이를 하는데, 가
　　　끔 새로운 걸 배울 때도 있어. 어쨌든 그거 싫어. 집
　　　에 있고 싶어.

엄마　새로운 놀이를 배우는 게 싫구나.

보니　(화가 난 듯이) 싫어.

엄마　그래서 집에 있고 싶은 거야.

보니　(마음이 놓인다는 듯) 응. 집에서 놀고 책 보고 집에
　　　서 자고 싶어. 엄마가 집에 있을 때.

엄마 엄마가 집에 있을 때만.

보니 엄마가 집에 있을 때는 나도 집에 있고 싶어. 엄마가 나가면 나도 유치원 갈 거야.

엄마 엄마가 집에 있을 때가 많지 않다는 이야기처럼 들리네.

보니 응. 엄마는 아침하고 밤에 학교에 언니들 가르치러 가잖아.

엄마 엄마가 너무 자주 안 나갔으면 하고 바라는구나.

보니 응.

엄마 엄마랑 더 같이 있고 싶어서.

보니 엄마가 밤에 나가면 수전 언니(베이비시터)가 오잖아.

엄마 수전 언니 대신에 나랑 있었으면 좋겠구나?

보니 (확고하게) 응.

엄마 그럼 엄마가 아침에 출근하지 않는 날에는…….

보니 나도 유치원 안 가.

엄마 엄마랑 같이 있고 싶어서 유치원 가기가 싫구나.

보니 응.

엄마 음, 보자. 하지만 엄마는 수업이 있는 날에는 아이들 가르치러 나가야 하니까, 이 문제를 어떻게 해결하면 좋을까. 좋은 생각 있니?

보니 (머뭇거리다가) 몰라.

엄마 음, 그럼 리키가 낮잠 잘 때 우리 둘이 같이 놀면 어떨까?

보니　(신이 나서) 응! 그럼 좋아!

엄마　그 방법이 맘에 드니?

보니　응.

엄마　엄마랑 둘만 있었으면 하는구나.

보니　응. 오빠들도 없고 리키도 없을 때 엄마랑 둘이서 놀고 책도 읽고 그러고 싶어. 하지만 엄마는 책 읽지 마. 엄마는 책 읽으면 졸리잖아. 엄마는 책 읽을 때마다 그래.

엄마　맞아. 그러니까 낮잠 자는 대신에……. 사실 그것도 문젠데. 요즘 네가 낮잠을 잘 안 자서 엄마는 네가 낮잠이 필요 없나 하는 생각을 했어.

보니　낮잠 자기 싫어. 그런데 지금 낮잠 얘기하는 게 아니잖아.

엄마　맞아. 낮잠 얘기하던 게 아니지. 그런데 낮잠 자는 대신에 그 시간을 쓸 수 있지 않을까 싶어서 말이야. 네가 보통 낮잠 자던 시간에 우리 다른 걸 하면 어떨까 하고.

보니　둘이서.

엄마　응. 그러면 아침에 유치원 가기 싫어지는 일도 줄겠지? 그러면 문제가 해결될 것 같니?

보니　무슨 말인지 모르겠어.

엄마　그러니까, 오후에 우리 둘이서 같이, 네가 하고 싶은 걸 하는 거야. 엄마는 그 시간에 일한다거나 하지 않고 너 하고 싶은 걸 같이할 거야. 그러면 아침에 유치원 가기 싫지 않겠지. 오후에 엄마랑 같이 놀 수 있으니까.

보니 응, 그거 좋아. 그럼 아침에 유치원 가고 싶어. 그리고 낮잠 시간에 엄마 일 안 해. 유치원에서도 쉬는 시간 있으니까 낮잠 필요 없어. 엄마가 집에 있고, 나 하고 싶은 거 같이해.

엄마 네가 하고 싶은 것만 하고 집안일은 하지 말라는 거지.

보니 (단호하게) 응. 집안일 하면 안 돼.

엄마 알았어. 그러면 그렇게 한번 해 볼까? 당장 시작하는 거야. 내일부터 어때?

보니 좋아. 하지만 엄마가 잊어버릴지도 모르니까 쪽지를 붙여 놔야 해.

엄마 엄마가 잊어버리면 문제가 또 생길 테니까 안 그럴 거야.

보니 맞아. 그래도 종이에 써서 엄마 방문에 붙여 놔야 해. 그래야 안 잊어버려. 부엌에도 붙여 놔. 내가 유치원에서 돌아왔을 때 엄마가 종이 보면 생각이 나고, 아침에 일어나서도 종이 보면 생각날 거야.

엄마 그러면 잊어버리고 엄마가 낮잠을 자 버리거나 집안일을 하거나 하지 않겠네.

보니 응.

엄마 좋은 생각이다. 그러면 쪽지를 붙여 놓을게.

보니 오늘 밤에 내가 잘 때 만들어.

엄마　알았어.

보니　그러면 이제 학교 가도 돼.

엄마　그래. 이제 이 문제는 해결된 것 같네?

보니　(기쁘게) 응!

이 대화에서 엄마는 방법 3을 효과적으로 사용해 집에서 흔히 일어나는 문제를 해결했다. 그 후로는 보니가 아침에 늑장을 부리거나 투정을 부리는 일이 없어졌다고 한다. 몇 주가 지나자 보니는 집에서 엄마랑 노는 대신 밖에 나가 놀고 싶다고 했다. 문제 해결 과정을 이용해 아이가 진정으로 원하는 것이 무엇인지 알고 아이의 욕구를 충족시킬 방법을 찾아내면, 아이의 일시적 욕구가 충족되어 곧 문제가 사라질 수 있다.

아이를 어른처럼 대한다

방법 3의 접근 방식은 부모가 아이의 욕구를 중요하게 생각하며, 또 아이도 부모의 욕구를 배려할 것을 믿는다는 사실을 아이에게 전달한다. 마치 친구나 배우자를 대하듯 아이를 대하는 것이다. 아이는 자기를 믿어 주고 동등한 입장에서 대해 주면 무척 좋아한다. (반면 방법 1은 아이를 철없고 책임감 없고 생각할 줄 모르는 사람처럼 대하는 방식이다.)

다음은 P.E.T. 과정을 수료한 어떤 양육자의 경험이다.

아빠　잠자는 시간에 대해서 할 얘기가 있어. 매일 밤 8시에 잠잘 시간이 되면 엄마나 내가 얼른 자라고 잔소리하고 다그치고 억지로 침대에 눕히곤 하지 않니. 그게 나한테는 썩 기분이 좋은 일이 아니라서. 너는 어떤 기분일지 궁금하기도 하고.

로라   잔소리하는 거 싫어. 그리고 일찍 자는 것도 싫어. 이제 다 컸으니까 피터보다 늦게 자도 돼. (피터는 두 살 어린 동생이다.)

엄마   피터랑 똑같이 대하면 불공평하다고 생각하는구나.

로라   응. 나는 피터보다 두 살이나 더 많잖아.

아빠   더 큰 아이로 대해야 한다고 생각하는구나.

로라   응!

엄마   맞는 말이야. 하지만 자든 말든 그냥 내버려 두고 너는 안 자려고 버티고 하다 보면 너무 늦게 자게 될까 봐 걱정돼.

로라   안 자려고 버티는 거 아냐. 그냥 조금만 더 늦게 자고 싶어.

아빠   며칠 동안 얼마나 말을 잘 지키는지 보고 다음에 자는 시간을 조정하자.

로라   그것도 불공평해!

아빠   네 노력으로 시간을 버는 데 불공평해?

로라   더 컸으니까 더 늦게 자야 한다고 생각해. (침묵) 8시에 침대로 가는 대신 8시 반까지 책 보다가 자면 어때?

엄마 원래 자기로 한 시간에 잠자리로 가긴 하는데 책을
      읽을 수 있게 불은 조금 있다 끄겠다는 말이지?

로라 응. 침대에서 책 보고 싶어.

아빠 좋은 생각인 것 같은데. 그런데 8시 반이 되었는지
      는 누가 확인하지?

로라 내가 할게. 8시 반이 되면 내가 불 끄고 잘게!

엄마 아주 좋은 생각인 것 같아. 그렇게 한번 해 볼까?

그날 이후 이런 결과가 있었다고 한다.

"그 뒤로는 자는 시간 가지고 실랑이할 일이 없었어요. 가
끔 8시 반이 됐는데도 방에 불이 안 꺼지면 우리 둘 가운
데 하나가 아이에게 이렇게 말했죠. '8시 반이야. 불 끄는
시간 약속했지?' 이렇게 일러 주면 아이는 고분고분 받아
들였어요. 이 해결책 덕에 아이는 '큰 아이'가 되어 엄마나
아빠처럼 침대에서 책을 읽을 수 있게 되었으니까요."

방법 3은 치료 효과가 있다

방법 3을 써서 전문 치료사가 추구하는 변화와 비슷한 변화를
끌어낼 수도 있다. 갈등과 문제를 해결하는 방식에 잠재적인
치유 효과가 있다고 할 수 있다.

P.E.T. 수업을 듣는 한 아버지가 5살 된 아들에게 있었던
'치유적' 변화의 예를 둘 들려주었다.

"우리 애는 돈에 관심이 많아서 내 서랍에서 동전을 꺼내 가곤 했어요. 방법 3을 통한 갈등 해결 과정을 거치고 나서 날마다 아이에게 용돈으로 10센트씩 주기로 약속했지요. 그러고 나니까 서랍에서 동전을 꺼내 가지 않게 되었고, 동전을 모아서 자기가 사고 싶은 것을 산다며 꼬박꼬박 저금하고 있어요."

"우리 애가 텔레비전에서 하는 SF 드라마를 좋아해서 걱정되었죠. 이것 때문에 아이가 무서운 꿈을 꾸는 것 같았거든요. 그 시간에 다른 채널에서는 더 교육적이고 무섭지 않은 프로그램을 하는데, 이것도 아이가 좋아하긴 하는데 그래도 무서운 걸 더 보려고 하더라고요. 방법 3으로 이야기를 나눈 다음에 두 프로그램을 하루하루 번갈아 보기로 했어요. 그 뒤에 아이가 무서운 꿈을 꾸는 일은 줄어들었고요. 나중에는 그냥 자기가 SF 말고 다른 프로그램을 보겠다고 하더라고요."

방법 3을 꾸준히 사용하다 보니 아이가 눈에 드러날 정도로 변했다고 말한 부모도 많았다. 성적이 오르고, 친구들과 잘 지내고, 감정 표현이 솔직해지고, 짜증을 내는 일이 줄고, 학교에 대해서 긍정적으로 생각하고, 숙제를 책임감 있게 하고, 자립심과 자신감이 커졌고, 성격이 밝아지고, 식사 습관이 좋아지는 등 부모를 기쁘게 하는 변화가 있었다고 한다.

12

무패 방법에 대한 걱정과 두려움

P.E.T. 수업에서 승부를 내지 않고 갈등을 해결하는 방법을 설명하면 다들 쉽게 이해하고 유용한 방법이라고들 생각한다. 하지만 막상 집에서 실행에 옮기려고 하면 과연 이게 잘될지 걱정하고 겁을 내는 사람도 많다.

"원론적으로는 그럴듯하게 들리는데, 현실적으로 정말 효과가 있을까요?"라는 질문을 많이 받는다. 사람은 본성적으로 새로운 것에는 신중한 태도를 보이고 완전히 설득되지 않는 한 익숙한 것을 쉽게 포기하지 않으려고 한다. 또 소중한 아이들을 대상으로 '실험'하는 것 아닌가 싶어 새롭게 시도하는 일을 꺼릴 수도 있다.

그래서 우선 부모들이 갖는 의문과 걱정 가운데 중요한 것들을 살펴보고, 부모들이 진지하게 무패 방법을 시도해 보도록 설득해 보려 한다.

기존의 가족회의와 뭐가 다른가?

방법 3이 부모의 부모 세대에서 시도하던 '가족회의'와 다르지 않은 것 같아 별로 동하지 않는다는 사람들이 있다. 이런 사람들에게 예전의 가족회의가 어떤 식이었는지 설명해 달라고 하면 대체로 다음과 비슷한 장면을 떠올린다.

일요일마다 부모님은 가족회의에서 문제를 논의하자며 온 가족을 식탁에 앉혔어요. 보통 부모님이 문제를 제기하고 우리도 가끔은 문제를 꺼내고요. 회의는 아버지가 진행하셨고, 거의 내내 아버지나 어머니가 이야기했죠. 강의나 설교처럼 이야기할 때가 많았어요. 우리도 의견을 말할 기회는 있었지만 해결책은 언제나 부모님이 제시했고요. 처음에는 재미있다고 생각했는데 날이 갈수록 지루해지더라고요. 오래가지는 못했던 것 같아요. 주로 집안일이나 취침 시간 문제, 엄마를 더 배려해야 한다는 이야기를 했어요.

모든 가족회의가 이렇지는 않겠지만, 이 가족회의는 부모를 중심으로 이루어졌다. 아버지가 의장이고, 부모가 결론을 내리고 아이들은 훈계를 들었다. 주로 추상적이고 논란의 여지가 없는 문제를 주제로 삼았고 분위기는 대체로 우호적이고 즐거웠다.

방법 3은 '회의'가 아니라 '방법'이다. 이 방법은 갈등이 일어난 순간에 바로 사용하는 것이 가장 좋다. 갈등은 보통 식구들 전부와 연관되기보다는 한 부모와 한 아이 사이에서 일어날 때가 많다. 방법 3을 쓸 때 다른 식구들은 옆에 있을 필요가 없고, 없는 편이 오히려 좋다. 부모는 훈계하거나 가르치려 들지 말아야 한다. 훈계는 정답을 이미 가지고 전달할 때 쓰는 방법이다. 방법 3에서는 부모와 아이가 그들만의 해답을 찾아가므로 미리 생각해 놓은 답이 있을 수 없다. 마찬가지로 '의장'이나 '리더'도 있을 수 없다. 부모와 아이는 동등한 입장에서 그들 공동의 문제에 대한 해결책을 찾으려 머리를 맞대고 함께 고민한다. 이것은 보통 문제가 일어났을 때 그 자리에서 바로 당면한 문제를 해결하는 방법이다. 시간이 지난 뒤에 가족회의에서 추상적인 안건으로 제기하는 것과는 다르다. 방법 3으로 갈등을 해결할 때는 분위기가 언제나 우호적이고 즐거울 수는 없다. 부모와 아이 사이에 갈등이 있을 때는 감정이 겉으로 드러나고 격해질 때도 많기 때문이다.

예를 들면 이런 상황이다. 지난달에 아이에게 차를 사 주면서 기름값과 보험료는 아이가 부담하기로 약속했다고 하자. 그런데 아이가 이달 보험료를 낼 돈이 없다고 말한다. 또는 고등학생 아이들이 이번 주 내내 부모보다 늦게 잠자리에 들고 밤늦게까지 게임하거나 텔레비전을 봐서 부모의 수면을 방해한다. 또는 10살 된 딸이 강아지를 키우고 싶어 해서, 밥 주는 일과 산책을 아이가 맡기로 하고 강아지를 입양했는데 지난주에 두 가지 다 제대로 하지 않았다.

이런 갈등들은 아주 강한 감정을 일으킬 수 있다. 과거에 많이 쓰던 가족회의와 갈등 해결 방법의 차이를 이해하면 낡은 전통을 새로운 이름으로 되살리려는 것이 아님을 분명히 알 수 있다.

부모를 무력하게 만드는 것이 아닌가?

많은 부모, 특히 아버지들이 방법 3을 '아이에게 져 주고' '부모로서 힘을 잃고' '자신의 신념을 접는' 일이라고 생각한다. P.E.T. 수업에서 유치원 가기 싫은 보니와 엄마의 대화를 녹음한 것을 들려주었는데 한 아버지가 화가 나는 듯 이렇게 말했다. "이 어머니는 그냥 아이한테 져 준 거잖아요! 이제 날마다 한 시간씩 꼼짝없이 버릇없는 아이랑 놀아 줘야 하겠네요. 결국 아이가 이겼네요!"라고 말했다. 물론 아이는 '이겼다'. 하지만 어머니도 마찬가지다. 아침마다 아이와 감정적인 다툼을 벌일 필요가 없게 되었기 때문이다.

갈등을 이기고 지는 관점에서 바라보는 것에 너무 익숙하다 보니 이런 반응이 나온다. 한 사람이 자기 뜻을 관철하면 다른 사람은 자기 뜻을 꺾을 수밖에 없다고 생각한다. 누군가는 져야 한다고 말이다.

처음에는 양쪽 모두 원하는 대로 될 방법이 있다는 것을 이해하기 쉽지 않다. 방법 3은 부모가 굴복하고 아이가 하고 싶은 대로 하는 방법 2와 분명히 다른데도 '방법 1을 포기하면 결국 방법 2만 남겠지' 또는 '내 뜻대로 하지 못하면 아이가 바라는 대로 되겠지'라고 생각하기가 쉽다. 갈등에서는 '이거 아니면 저거'라는 사고에 너무 익숙한 탓이다.

부모들이 방법 2와 방법 3의 본질적 차이를 이해하려면 추가 설명이 조금 더 필요하다. 방법 3에서는 부모의 욕구도 충족되어야만 하고, 최종 결정이 부모에게도 만족스러워야 한다는 사실이다. 이는 재차 강조할 필요가 있는 내용이다. 아이에게 져 주었다는 느낌이 든다면 방법 3이 아니라 방법 2를 사용한 것이다. 예를 들어 유치원 가기 싫은 보니와 엄마 사이에서 일어난 갈등 해결법, 그러니까 엄마가 하루 한 시간 동안 보니에게만 집중하기로 한 결정이 엄마에게도 진심으로 만족스러워야 한다. 아니라면 보니에게 져 준 것이 맞다(방법 2).

보니 엄마도 얻은 것이 많다는 것을 놓치면 안 된다. 보니 엄마는 이제 아침마다 실랑이하고 잔소리하지 않아도 되고, 보니를 등 떠밀어 유치원에 보내고 죄책감을 느끼지 않아도 되며, 보니의 욕구 불만을 알아내고 그것을 충족할 방법을 찾아 만족스럽기도 할 것이다.

그런데도 방법 3이 타협하는 방식이라고 생각하는 부모가 많다. 타협이란 한 걸음 물러서고 자기가 원하는 것을 일부 포기하는 '나약한 방식'이라고 생각한다. 이런 이야기를 들으면 나는 존 F. 케네디 대통령의 취임사가 떠오른다. "협상하기를 두려워하지 말라. 하지만 두려워서 협상하지는 말라." 방법 3은 협상하는 방법이지만, 아이의 욕구뿐 아니라 부모의 욕구도 충족될 때까지 계속 밀고 나갈 용기 없이 무기력하게 아이 뜻대로 협상하는 방법은 아니다.

사실 방법 3은 한발 양보한다는 의미의 '타협'과도 좀 다르다. 우리가 실제 경험한 바에 따르면 이렇게 하다 보면 부모와 아이 둘 다 기대했던 것보다도 더 만족스러운 결과를 얻을 때가 많다. 양자에게 모두 좋은 깔끔한 해결책이 도출되기 때문이다. 방법 3은 따라서 부모가 물러서거나 숙이는 방식이 아니다. 가족 전체에 관련된 어떤 문제가 아이뿐 아니라 부모에게도 만족스럽게 해결된 사례를 살펴보자.

"추수감사절을 준비해야 할 때가 되었어요. 전 매년 하듯이 가족과 친지들이 함께 식사할 수 있도록 칠면조 요리를 포함한 만찬을 준비해야겠다고 생각했죠. 하지만 저희 세 아들과 남편이 저마다 다른 게 하고 싶다고 해서 이 문제를 해결해야 했어요. 남편은 연휴 동안 집에 페인트를 칠하고 싶다면서, 요리 준비하고 손님 접대하는 데 시간을 보내기 싫다고 했어요. 대학에 다니는 아들은 한 번도 집에서 추수감사절 정찬을 먹어 본 일이 없다는 친구를 집에 데려오고 싶다고 하고요. 고등학교에 다니는 아들은 오두막 별장에서 연휴를 보내고 싶어 했어요. 막내는 옷을 차려입고 격식을 갖춰 정찬을 먹는 게 괴롭다고 불평했죠. 저는 물론 가족이 한자리에 모이는 걸 무척 중요하게 생각하고요, 멋지게 추수감사절 만찬을 준비해서 훌륭한 어머니 노릇을 하고 싶은 마음도 있었지요. 문제 해결 과정을 통해 우리가 얻은 결론은 남편이 페인트를 다 칠한 다음, 제가 칠면조 구이만 간단히 준비해서 온 가족이 오두막으로 가자는 것이었어요. 대학생 아들은 친구를 집으로 데려오고 아들 둘 다 같이 페인트칠을 해서 빨리 마치기로 했죠. 그렇게 해서 아무도 화내는 사람 없이 아주 깔끔하게 해결되었답니다. 모두 정말 즐겁게 연휴를 보냈어요. 지금까지 우리가 보낸 추수감사절 가운데 최고였어요. 아들 친구까지 페인트칠을 도왔다니까요. 아이들이 아무 저항 없이 아버지 일을 도운 일은 정말 처음인 것 같네요. 남편은 감격했고, 아이들도 신이 났고, 저도 제가 맡은 일로 기분이 좋았어요. 솔직히 장대한 만찬을 준비하느라 고생 안 해도 되니 정말 좋더라고요. 결과적으로 각자 기대했던 것보다도 더 좋았어요. 이제 다시는 가족의 계획을 독단으로 결정해서 지시하지 않으려고요."

우리 집에서도 몇 해 전 부활절 연휴 때문에 갈등이 일었는데, 방법 3을 통해서 기대하지 않았던 새로운 해결책을 찾아냈다. 그때 아내와 나는 우리가 무력하게 굴복했다는 생각은 전혀 안 했다. '뉴포트 비치' 문제를 피할 수 있어서 그저 다행이라고 안도했다.

15살인 딸아이가 부활절 연휴에 친구들 몇하고 뉴포트 비치(남자애들과 맥주, 마리화나, 경찰이 있는 곳)로 놀러 가고 싶다고 말했다. 아내와 나는 고등학생들이 해마다 여기 모여 어떻게 노는지 들은 바가 있어 딸아이를 보내기가 정말 염려되었다. 딸에게 우리 걱정을 이야기했다. 아이는 우리 말을 들어 주긴 했으나 친구들하고 같이 가고 싶은 생각이 너무 강해서 귀 기울이지 않았다. 아이가 그곳에 간다면 우리는 밤새 잠도 못 잘 테고 한밤중에 아이가 골치 아픈 문제에 말려들었다는 연락을 받고 불려 가지나 않을지 노심초사할 게 뻔했다. 적극적 듣기를 해서 우리가 새로이 알아낸 사실은, 아이의 마음속 깊이에 있는 욕구는 어떤 한 친구랑 연휴에 같이 지내며 남자아이들이 있는 곳에 가고 싶고, 해변에서 멋지게 선탠을 하고 싶다는 것이었다.

갈등이 일어난 지 이틀이 지나도록 여전히 방법을 못 찾고 있었는데, 느닷없이 아이가 새로운 제안을 해 왔다. 가족끼리 휴가를 간 지도 오래되지 않았냐면서, 가족이 함께 바닷가로 놀러 가면 어떻겠냐는 것이었다. 아이는 좋아하는 친구를 데리고 가고, 내가 좋아하는 골프장에 있는 숙소를 예약하면 된다고 했다. 숙소 바로 옆에 바닷가가 있는데 뉴포트 비치는 아니어도 그곳에도 남자아이들이 놀러 올 테니까 괜찮을 거라고 했다. 우리는 아이의 제안을 말 그대로 덥석 물었다. 아이를 보호자 없이 뉴포트 비치에 보내 놓고 불안에 떨지 않아도 된다니 안도의 한숨이 나왔다. 아이도 원하는 것을 전부 충족할 수 있어서 기뻐했다. 우리는 계획을 실행에 옮겼다. 낮에 나와 아내는 골프를 치고 아이들은 해변에서 놀고 난 후 저녁에는 다 같이 즐겁게 지냈다. 그 바닷가에는 남자아이들이 별로 없어서 아이들이 좀 실망하긴 했지만, 그렇다고 우리를 원망하거나 불평하지는 않았다.

이 예는 방법 3의 해결 방법이 언제나 완벽하지만은 않다는 것도 보여 준다. 모든 사람의 욕구를 충족시킬 듯 보였던 해결책이 누군가에게는 실망스러운 것으로 드러나는 예상하지 못했던 일이 일어날 수도 있다. 하지만 방법 3을 사용했을 때는 (방법 1에서처럼) 서로에게 원망이나 분노의 감정이 일어나지 않는다. 부모가 아이를 실망시킨 게 아니라, 운이나 날씨나 재수 때문에 그렇게 되었기 때문이다. 예측할 수 없는 외적인 힘을 원망할 수는 있겠지만 부모를 원망할 수는 없다. 또 아이는 부모가 일방적으로 결정한 게 아니라 자기도 함께 결정했다고 생각하므로 실망해도 결과를 더 잘 받아들인다.

여러 사람이 모이면 결론을 내릴 수 없다?

'사공이 많으면 배가 산으로 간다'는 말처럼, 여러 사람이 모이면 결정이 안 내려지거나 결정을 내리더라도 좋지 못한 결과가 나온다고 믿는 사람이 많다. 부모들도 종종 그런 말을 하고 또 '누군가는 총대를 메야 한다'면서 부모가 아이 대신 결정을 내릴 필요가 있다고 하기도 한다.

효과적인 집단 의사 결정 과정을 경험해 본 적이 거의 없다 보니 이런 생각을 하게 된다. 어른들도 지금까지 평생 더 큰 권력을 쥔 사람(부모, 교사, 집안 어른, 스카우트 리더, 코치, 베이비시터, 군대 상관, 직장 상사 등)이 방법 1을 이용해서 문제나 갈등을 해결하는 것을 겪어 왔기 때문이다. 이른바 '민주적'이라는 오늘날 사회에서도 사람들 사이에서 문제나 갈등을 민주적으로 해결하는 일이 여전히 드물다. 한 번도 해 본 적이 없으니 당연히 집단 의사 결정에 회의적일 수밖에 없다. 그러면서 아이를 책임감 있는 시민으로 길러야 한다고 주장하니 참 난감한 일이다.

그러므로 집에서 문제가 있을 때 식구들이 의견을 모아 좋은 결정을 내릴 수 있음을 이해하려면 구체적인 증거 사례가 더 많이 필요할 것이다. 다음과 같이 좀 까다롭고 복잡한 문제들도 마찬가지다.

- ▶ 용돈과 돈 관리
- ▶ 집안 관리
- ▶ 집안일
- ▶ 물건 사기
- ▶ 텔레비전 시청
- ▶ 게임기 사용
- ▶ 휴가
- ▶ 손님이 왔을 때의 행동
- ▶ 휴대전화 사용 시간
- ▶ 잠자는 시간
- ▶ 식사 시간
- ▶ 자동차에서 앉는 자리 정하기
- ▶ 컴퓨터 사용 시간
- ▶ 먹으면 안 되는 음식
- ▶ 방이나 벽장 공간 나누기

▶ 방 정리

모두 가족이 함께 모여 결정을 내릴 수 있는 문제들이다. 목록을 만들자면 끝이 없다. 무패 방법을 꾸준히 사용하면 할수록 확신이 들 것이다. 그러려면 방법 3을 정성껏 열심히 써서 부모와 아이가 함께 창의적이며 서로에게 만족스러운 해결책에 도달하는 경험을 많이 해야 한다.

시간이 너무 오래 걸린다?

문제가 해결되기까지 시간이 너무 오래 걸릴 것 같다고 걱정하는 부모도 있다. 회사 중역이라 회사 업무만으로도 이미 과중한 삶을 사는 한 양육자는 "갈등이 생길 때마다 아이들하고 마주 앉아서 한 시간씩 이야기할 시간이 없어요. 말도 안 되는 일이네요"라고 말했다. 다섯 아이를 둔 부모는 또 "다섯 아이 전부와 방법 3으로 대화하자면 다른 일은 언제 하나요? 지금도 궁둥이 붙일 틈도 없는데"라고 했다.

방법 3이 시간이 걸린다는 것은 사실이다. 시간이 얼마나 걸리느냐는, 문제가 어떤 성질이냐에 따라, 또 아이와 부모가 얼마나 열심히 해결책을 찾느냐에 따라 달라진다. 이 방법을 열의를 가지고 시도해 본 부모들의 경험에서 다음과 같은 사실을 알게 되었다.

1 실제로 일어나는 갈등은 대부분 해결하는 데 10분 이상

걸리지 않는, 지금 눈앞에 닥친 단순한 문제들이다.

2 물론 더 오랜 시간이 필요한 문제들도 있다. 용돈이나 집 안일, 텔레비전 시청, 게임 시간 정하는 문제가 그렇다. 하지만 이런 문제는 방법 3으로 일단 해결하고 나면 한동안 다시 일어나지 않는다. 방법 1로 내린 결정과 달리 방법 3 으로 내린 결정은 다시 반복해서 주입할 필요가 없다.

3 다그치고 잔소리하고 확인하고 억지로 시킬 필요가 없으므로 결과적으로 시간이 절약된다.

4 처음 방법 3을 시작했을 때는 결정을 내리기까지 시간이 오래 걸린다. 부모와 아이들이 새로운 방법에 아직 익숙하지 않고, 아이들이 부모의 좋은 의도를 전적으로 신뢰하지 못하거나('뭔가 새로운 방법으로 우리를 통제하려는 거죠?'), 또는 마음속에 어떤 원망이 남아 있거나, 이기지 않으면 진다는 태도가 습관이 되어 버렸기 때문이다('반드시 내 뜻대로 할 거야').

무패 방법의 가장 두드러지는 성과 가운데 하나는, 나도 미처 생각하지 못했던 것이기도 한데, 시간이 매우 절약된다는 점이다. 어느 정도 시간이 지나고 나면 갈등이라는 것이 잘 생기질 않는다.

P.E.T. 코스를 마치고 1년도 채 되지 않은 한 어머니는 "이제는 남아 있는 문제가 더 없는 것 같아요"라고 말했다. 다른 어머니는 방법 3을 어떻게 사용하는지 예를 들어 달라고 했더니 이렇게 답했다. "사례를 들려 달라고 하셨는데 최근에는 갈

등이 거의 없어서 방법 3을 사용할 일도 없어요." 우리 집에서도 아이하고 심각한 갈등이 생긴 일이 거의 없어서 바로 하나를 떠올리려고 해도 기억나는 사례가 없다. 대개는 심각한 '갈등'으로 터지기 전에 쉽게 해결되기 때문이다.

나는 당연히 부모와 자식 사이에 갈등은 계속 불거질 거라 생각했고 다른 부모들도 같은 예상을 했을 것이다. 그런데 왜 갈등이 줄어들까? 지금 생각해 보니 방법 3은 부모와 아이가 서로에게 전과는 전혀 다른 태도를 갖게 하기 때문인 것 같다. 부모가 힘을 사용해서 아이의 욕구를 누르고 자기 뜻을 관철하지 않는다는 걸 알게 되면 아이도 자기 하고 싶은 것을 억지로 밀고 나가거나 부모의 권력에 대항하려 애쓸 필요가 없어진다. 결과적으로 욕구가 강하게 충돌하는 일도 사라진다. 아이는 대신에 세심하게 배려하게 되고 부모의 욕구를 자기의 욕구만큼이나 존중하게 된다. 아이에게 욕구가 생기면 부모에게 그것을 표현하고 부모는 아이의 욕구를 충족할 방법을 찾아보게 된다. 부모도 욕구가 생기면 마찬가지의 과정을 거친다. 문제를 함께 풀어 나가야 할 것으로 받아들이지, 대항해 맞붙을 싸움거리로 생각하지는 않는다.

이런 효과도 있다. 부모와 아이가 갈등을 피하는 방법을 찾게 된다. 이를테면 어떤 아이는 저녁에 차를 쓸 일이 있으면 현관문에 메모를 붙여서 부모에게 상기시킨다. 금요일 저녁에 친구를 집에 초대하면 부모에게 방해가 되는지 아닌지 미리 묻는다. 아이가 부모의 허락을 구하는 것이 아님을 명심하자. 허락은 방법 1을 사용하는 가정의 행동 패턴이고 부모가 허락하지 않을 수도 있다는 의미가 있다. 방법 3을 사용하는 환경에서는 아이가 "부모님에게 방해되지만 않는다면 나는 이렇게 하고 싶다"라고 말하는 것이다.

부모가 아이보다 더 현명하니까 방법 1을 쓰는 게 맞지 않나?

부모가 아이보다 아는 것도 많고 경험도 많으므로 아이에게 권위를 행사하는 것이 당연하다는 생각은 아주 뿌리가 깊다. "나도 겪어 봐서 다 알아" "다 너를 위해서 그러는 거야" "너도 나이가 들면 우리가 고마울 거다" "우리가 한 것하고 같은 실수를 네가 반복하지 않게 하려고 그러는 거야" "나중에 후회할 게 뻔한데 그냥 내버려 둘 순 없다"는 식의 합리화 방식은 앞에서도 살펴보았다.

아이에게 이런 식으로 말하는 부모는 자기 말이 진정으로 옳다고 믿는다. 수업을 진행하면서 가장 바꾸기 힘든 태도가 바로 부모가 권위를 행사하는 것이 마땅하고 심지어 부모의 책무이기까지 하다고 생각하는 태도였다. 부모가 더 많이 알고, 더 현명하며, 더 성숙하고, 더 많은 경험을 했으니 당연하다는 논리다.

부모들만 이런 태도를 보이는 것은 아니다. 역사적으로 압제자들 역시 무력행사를 정당화하려고 피지배자들에게 같은 논리를 펼쳤다. 노예, 농민, 이방인, 시골 사람, 기독교도, 이교도, 하층민, 평민, 노동자, 유대인, 라티노, 동양인, 여성 등 지배당하는 사람은 무시해도 되는 존재였다. 권력을 행사하는 사람은 억압과 무자비한 행동을 정당화하고 합리화하기 위해 피지배자를 열등한 인간으로 취급한다.

부모가 아이보다 더 현명하고 경험이 많다는 주장을 반박할 사람이 어디 있겠는가? 그야말로 자명한 진리처럼 들린다. 그러나 수업 시간에 부모들한테 그들 자신의 부모가 방법 1로 현명하지 못한 결정을 강요한 일이 없었냐고 물으면 이구동성으로 "있었다"고 대답한다. 어릴 때 스스로 경험한 사실을 얼마나 쉽게 잊어버리고 마는지! 아이가 언제 배가 고프고 언제 졸린지는 아이가 부모보다 훨씬 잘 안다는 사실을 잊기란 또 얼마나 쉬운가. 아이의 친구에 대해서도, 아이의 꿈과 목표에 대해서도, 선생님이 아이를 어떻게 대하는지, 아이가 어떤 신체적 충동과 욕구를 느끼는지, 누가 좋고 누가 싫은지, 어떤 것이 소중하고 어떤 것은 아닌지 아이들 자신만큼 잘 아는 사람은 없다는 것을 우리는 종종 망각한다.

부모가 아이들보다 현명한가? 아이에 관계된 많은 문제에서는 절대 그렇지 않다. 그렇지만 부모가 가치 있는 경험을 더 많이 하고 지혜를 더 많이 지닌 것 또한 사실이고, 이 경험과 지혜가 묻혀 버리게 할 필요는 없다. 많은 부모가 무패 방법을 쓰면 부모와 아이 모두의 지혜가 동원된다는 사실을 처음에는 잘 알아차리지 못한다. 아이의 지혜를 무시하는 방법 1이나 부모의 지혜를 쓸모없이 만드는 방법 2와는 달리 방법 3에서는 양자가 모두 동원된다.

머리가 좋은 쌍둥이 여자아이를 기르는 어머니가 성공적

으로 고민을 해결한 사례를 들려주었다. 이 똑똑한 아이들을 한 학년 월반시켜서 학교 공부를 더 재미있게 하도록 할지, 아니면 친구들과 같이 공부할 수 있도록 그대로 둘지 하는 고민이었다. 이전 같으면 이런 문제는 전문가들, 그러니까 교사나 부모가 독단적으로 결정했을 것이다. 어머니한테도 어떻게 하는 편이 좋겠다는 의견은 있었지만, 아이가 자신의 감정, 지적 능력에 대한 자신의 평가, 어떤 것이 최선일까 하는 판단을 바탕으로 지혜를 발휘하리라는 믿음이 있었다. 며칠 동안 찬반양론을 두고 토론하고, 중간중간 어머니의 생각과 의견, 선생님이 일러 준 정보들도 모두 검토한 후에, 아이들은 월반하는 편이 더 좋겠다는 결정을 내렸다. 집안에서 이루어진 이 결정은 아이들의 행복감이나 학업 성취도 등 모든 면에서 아주 적합한 결정으로 드러났다.

어린아이한테도 사용할 수 있을까?

P.E.T. 코스를 진행할 때마다 "대화가 잘 되고 성숙하고 생각이 발달한 아이들한테는 방법 3이 유용할 것 같습니다. 하지만 2살에서 6살 사이의 어린아이들한테는 어렵겠지요? 자신한테 무엇이 최선인지 알기에 너무 어리니까 방법 1을 쓸 수밖에 없지 않나요?"라는 질문을 듣는다. 하지만 어린아이들과 방법 3을 시도해 본 가족들은 이 방법이 효과가 있다는 것을 확인할 수 있었다. 한 어머니는 3살짜리 딸과의 짧은 대화를 녹음해서 들려주었다.

로리 이제 어린이집 가기 싫어.

엄마 엄마가 회사에 가 있는 동안에 어린이집 가기가 싫다고?

로리 싫어. 가기 싫어.

엄마 엄마는 회사에 가야 하고, 너 혼자 집에 있을 수는 없는데. 어린이집에 가 있기가 싫은 모양이구나. 어린이집에 있는 것이 싫지 않으려면 어떻게 하면 좋을까?

로리 (잠시 침묵) 엄마가 나 어린이집에 내려놓고 갈 때 길가에 있을래.

엄마 하지만 어린이집 선생님은 네가 어디에 있는지 알아야 하니까, 네가 안에 들어와 다른 아이들하고 같이 있어야 한다고 할 거야.

로리 그러면 창문에서 엄마 가는 거 볼래.

엄마 그러면 기분이 좋아지겠니?

로리 응.

엄마 좋아. 내일은 그렇게 하자.

다른 사례로 2살 된 딸아이와 있었던 일을 어머니가 들려주었다.

"어느 날 저녁 준비를 하는데 아이가 목마를 타고 기분이 좋아 까르륵 웃더군요. 그러다가 아이가 직접 목마에 달린 안전벨트 버클을 채우려고 했어요. 버클이 잘 안 채워지자 얼굴이 빨갛게 달아오르더니 짜증 내며 소리를 지르더라고요. 아이가 소리를 질러서 신경이 곤두서길래 평상시에 하듯이 제가 벨트를 채워 주려고 했어요. 그런데 아이가 나를 밀어내며 계속 소리를 지르는 거예요. 화가 나서 아이랑 목마를 같이 방에 집어넣고 문을 쾅 닫아 아이가 내는 소리가 안 들리게 할까 하던 참이었어요. 그런데 갑자기 다른 생각이 번뜩 떠올랐어요. 그래서 무릎을 굽히고 아이 손 위에 제 손을 올리고 말했죠. '잘 안 되어서 화가 났구나.' 아이는 고개를 끄덕이며 소리 지르기를 멈추고 몇 번 훌쩍거리더니 다시 즐겁게 말을 타기 시작했어요. 저는 생각했죠. '정말 이렇게나 간단한 거였던 말이야?'"

감탄하는 어머니에게 나는 "아뇨, 늘 그렇게 간단하지는 않습니다"라고 말할 수밖에 없지만, 어쨌든 취학 전 아이나 유아에게도 방법 3이 놀랄 정도로 잘 통한다. 우리 집에서도 그런 사례가 있었다.

딸이 생후 5개월 되었을 때 호숫가 오두막으로 일주일 휴가를 갔다. 그 전에는 아기가 밤 11시에서 아침 7시 사이에는 밥을 달라 하는 일이 없어서 참 다행이라고 생각했다. 그런데 여행을 가서 환경이 달라지니 그것도 달라졌다. 아기가 새벽 4시에 깨어 울기 시작했다. 새벽 그 시간에 아기에게 분유를 타 먹이기란 정말 고역이었다. 9월에 위스콘신 북부였으니 오두막은 얼어붙을 정도로 추운데 난방 기구라고는 장작 난로 하나뿐이었다. 그래서 밤중에 난로에 불을 지피거나 아니면 담요로 몸을 둘둘 말고 젖병이 데워질 때까지 기다렸다 아기에게 먹여야 했다. 이 상황이야말로 함께 문제를 해결해야 할 '욕구의 충돌 상황'이라고 느꼈다. 아내와 머리를 맞대고 고민해 아기에게 다른 대안을 제공하기로 했다. 아기가 받아들이기를 기대하면서. 그날 밤에는 11시에 우유를 먹이는 대신 12시에 우유를 먹였다. 그랬더니 아이가 새벽 5시에 깼다. 좋은 변화였다. 그다음 날 밤에는 평소보다 조금 더 많은 양을 먹인 다음에 12시 30분쯤 재웠다. 효과가 있었다. 아기도 그 방법을 마음에 들어 했다. 그날 아침부터는 7시 전에는 깨지 않았다. 아침에 물고기 입질이 가장 좋아서 일찍 호수에 나가려면 안 그래도 일어나야 하는 시간이었다. 아무도 손해 본 사람 없이 모두 이긴 경험이었다.

아기들에게도 방법 3을 사용할 수 있을 뿐 아니라, 사실 이 방법은 일찌감치 시작하는 것이 중요하다. 빨리 시작할수록 아이가 다른 사람과 민주적으로 관계 맺는 법, 다른 사람의 욕구를 존중하고 다른 사람이 자기 욕구를 존중해 주었음을 인지하는 법을 빨리 익히게 된다. 아이들이 많이 커 버린 후에 P.E.T. 코스에 참가하게 되어, 두 가지 힘겨루기 방법에 이미 익숙해진 상태에서 방법 3을 시작하려는 부모는 처음부터 이 방법을 사용한 부모보다 훨씬 큰 어려움을 겪을 수밖에 없다.
한 아버지는 아내와 함께 방법 3을 시도해 보려고 했으나 아이가 "이번에는 또 무슨 새로운 심리적 기술을 사용해서 우리를 조종하려고 그러시는 거예요?"라고 대꾸해서 그만 주저 앉고 말았다고 한다. 이 예리한 아이는 이기거나 지는 (대개 아이가 지는) 갈등 해결 방법에 익숙해 있는 터라 부모의 좋은 의도와 방법 3을 시도해 보려는 진지한 태도를 도무지 믿지 못한 것이다. 다음 장에서는 십대 아이들이 이런 식으로 저항할 때 어떻게 대처하면 좋을지 살펴볼 것이다.

방법 1을 사용해야 할 때도 있지 않나?

이런 질문으로 방법 3의 유효성과 한계를 공격하는 부모들이 늘 있다.

> "만약 아이가 차가 씽씽 달리는 도로로 뛰어들면 어떻게 하겠어요? 이때는 방법 1을 써야 하지 않나요?"
> "아이가 급성 맹장염에 걸렸다면요? 아이를 병원에 데리고 가려면 방법 1을 사용해야 할 텐데요?"

이 질문에 대한 우리의 대답은 "네, 당연하죠"다. 이런 상황은 즉각적이고 단호한 행동을 요구하는 위기 상황이다. 하지만 아이가 도로로 달려 나가거나 병원에 가야 하는 위기가 발생하기 전에 힘을 사용하지 않는 방법을 쓸 수 있다.

아이에게 도로로 뛰어 나가는 습관이 있다면 부모는 먼저 아이에게 차 사고가 얼마나 위험한지 알려 주고, 도로 쪽은 위험하다고 말하고, 교통사고로 다친 아이의 사진을 보여 주거나, 아이가 노는 마당에 울타리를 치거나, 아이가 마당에서 놀 때 지켜보다가 마당 밖으로 나가려고 하면 안전한 테두리를 벗어났다고 알려 줄 수 있다. 만약 아이한테 벌을 주는 방법으로 이 문제에 접근한다고 하더라도 아이가 도로로 나가지 않으리라고 완전히 안심할 수는 없다. 아이의 목숨이 달린 일이니 더 확실한 방책을 세우는 것이 당연하다.

아이가 아파서 수술이나 주사, 약이 필요할 때도 힘을 쓰지 않는 방법이 훨씬 효과적이다. 다음 사례는 9살 아이가 엄마와 병원에 가는 길에 일어난 상황이다. 이 아이는 꽃가루 알레르기 때문에 앞으로 일주일에 두 번씩 주사를 맞는 치료를 받게 됐다. 어머니는 여기에서 적극적 듣기만을 사용했다.

린지   (넋두리를 시작한다.) 주사 맞기 싫어. 주사 맞는 거 좋아하는 사람이 어디 있어. 주사 맞으면 아파. 한 번도 아니고 계속……. 일주일에 두 번씩이나. 차라리 콧물 나오고 재채기하는 게 더 낫겠다. 왜 주사 맞아야 해?

엄마   음…….

린지   엄마, 나 무릎에 가시가 가득 박혀서 주사 맞았던 거 생각나?

엄마   응, 기억나지. 가시 다 뽑은 다음에 파상풍 예방주사 맞았잖아.

린지   간호사 언니가 벽에 걸린 그림을 보여 주면서 말을

걸어서 이야기 들으면서 그거 보느라 주삿바늘이
들어가는 줄도 몰랐어.

엄마 주사를 놓는지 안 놓는지도 모르게 주사를 놓는 간
호사가 있지.

린지 (병원에 도착했다.) 들어가기 싫어.

엄마 (앞서 가다가 뒤돌아보며) 정말 들어가기가 싫구나.

린지 (과장된 몸짓으로 최대한 천천히 걸어 들어온다.)

린지는 결국 병원에 가서 예약된 시간에 주사를 맞았고,
잘 참았다고 간호사에게 칭찬도 들었다. 린지 어머니는 덧붙여
이렇게 말했다.

"P.E.T. 코스를 듣기 전이었다면 아이에게 의사 선생님이
하라는 대로 해야 한다고 훈계하거나 나도 알레르기 주사
를 맞아서 엄청나게 좋아졌다, 주사는 사실 별로 아프지
않다, 다른 아픈 데가 없어서 얼마나 다행이냐, 그러니까
더 불평하지 말라는 소리를 늘어놓았을 거예요. 그랬다면
아이가 '바늘이 들어가는지도 모르게' 주사를 놓는 간호사
의 기억을 떠올릴 기회가 없었겠죠."

부모에 대한 존경심이 사라지지 않을까?

몇몇 부모, 특히 아버지들이 방법 3을 이용하다 보면 아이들이
부모를 어려워하지 않게 될까 봐 걱정할 때가 있다.

"아이들이 절 무시하게 되지는 않을까요."

"아이가 부모를 존경해야 하는 것 아닌가요?"

"아이는 부모의 권위를 존중해야 한다고 생각합니다."

"아이를 동등하게 대해야 한다는 말씀인가요?"

'존경'이라는 말의 뜻을 혼동하는 사람이 많다. 부모의 권위를 '존경한다'라고 할 때 실제로는 '두려워한다'라는 의미로 사용할 때가 있다. 그러면서 아이가 부모를 두려워하지 않게 되어 부모의 뜻을 강요할 때 아이가 반항하거나 말을 안 들을까 봐 걱정한다. 이런 지적을 하면 부모는 "그런 뜻으로 한 말은 아니었습니다. 아이가 내 능력이나 지식을 존경하기를 바란다는 거지요. 아이들이 나를 두려워하기를 바라지는 않습니다" 라고 말한다.

그래서 다시 "그러면 여러분은 어떤 때 다른 어른의 능력이나 지식을 존경하게 됩니까?" 하고 물으면, 대개 "능력을 보여 주었을 때요. 그러면 그 사람을 존경하게 됩니다"라고 대답한다. 그렇다면 부모들 역시 자신의 능력이나 지식을 보여 주어 아이의 존경을 사야 한다.

곰곰이 생각해 보면 존경은 요구한다고 얻을 수 있는 것이 아니라 노력으로 얻어 내야 함을 알 수 있다. 부모의 능력이나 지식이 존경받을 만하면 당연히 아이들은 부모를 존경할 것이다. 그렇지 않다면 존경하지 않을 것이다.

힘겨루기 방식 대신 방법 3을 쓰려고 진심으로 노력하다 보면 아이들이 이전과 다른 의미에서 부모를 존경하는 것을 느낄 수 있게 된다. 두려움에서 나온 존경이 아니라 부모를 인간으로 바라보게 되면서 느끼는 존경심이다. 다음의 감동적인 편지는 어떤 교장 선생님이 보내 준 것이다.

"P.E.T.가 제 삶에 얼마나 큰 영향을 끼쳤는지 말씀드리려고 제 딸아이 이야기를 하려 합니다. 재혼으로 얻은 딸인 이 아이를 처음 본 때가 아이가 2살 반 되었을 무렵이었습니다. 처음부터 아이는 저를 싫어했습니다. 아이가 저를 싫어해서 정말 충격이 컸습니다. 아이들은 보통 다 저를 좋아하던데, 레이첼은 아니었어요. 저도 그래서 아이를 미워하게 되었습니다. 어느 정도였냐 하면, 어느 날 밤에 꿈을 꾸었는데 꿈에서 제가 그 아이를 미워하는 감정이 어찌나 강렬했는지 불쾌한 감정이 너무 격해져 소스라쳐 꿈에서 깼을 정도였습니다. 그때 정말 도움이 필요하다는 생각이 들었습니다. 그래서 심리 치료를 받기 시작했죠. 치료 덕에 제 마음은 좀 누그러졌지만 레이첼은 여전히 저를 싫어했습니다. 치료를 받기 시작한 지 6개월쯤 되었을 때(이때 레이첼은 10살이었습니다) P.E.T. 코스를 시작했고 나중에는 저도 P.E.T. 강의를 하게 됐어요. 1년도 안 되어 레이첼과 저는 그동안 제가 꿈꾸어 오던 친밀한 관계가 되었어요. 이제 아이는 13살이 되었습니다. 우리는 서로를 존중하고 좋아하고 같이 웃고 입씨름도 하고 놀고 일하고 때로는 함께 울기도 합니다. 한 달 전에는 아이가 저에게 '졸업장'을 주었어요. 중국 음식점에 밥을 먹으러 가서 포춘쿠키를 쪼갰는데 레이철이 자기 과자 속에 들어 있던 종이쪽지를 읽어 보더니 저에게 상장처럼 주더군요. '이건 아빠 건데요.' 쪽지에는 이렇게 쓰여 있었어요. '당신은 아이 덕분에 행복해지고 아이도 당신 덕분에 행복해집니다.' 선생님과 P.E.T. 수업 덕분입니다. 진심으로 감사합니다."

레이철이 이 아버지에게 보여 주는 존경이 바로 모든 부모가 아이에게서 바라는 것일 테다. 방법 3을 사용하면 두려움에서 우러난 '존경'은 사라질 테지만, 이보다 훨씬 좋은 종류의 존경을 받게 된다면 잃은 것이 없다고 할 수 있지 않을까?

13

무패 방법을 실행에 옮기기

무패 방법으로 갈등을 해결하겠다고 마음은 먹었는데 언제 시작하면 좋을지 판단하기 어려울 수 있다. 또 시작한다 해도 초반에 어려움을 겪을 수 있다. 이 장에서는 적당한 시점, 부모들이 겪는 가장 흔한 문제들, 그리고 아이들 사이에서 일어나는 갈등을 해결하는 방법을 살펴보기로 하자.

언제 시작하면 좋을까?

가장 무리 없이 시작하는 방법은 아이와 같이 둘러앉아서 먼저 아이에게 이 방법이 어떤 방법인지 설명해 주는 것이다. 아이들은 이 방법을 잘 모른다는 것을 잊지 말자. 아이는 부모와 갈등을 방법 1이나 방법 2로 해결하는 것에 익숙해 있을 테니 방법 3이 어떤 면에서 다른지 설명해 줄 필요가 있다.

아이에게 세 가지 방법을 모두 설명해 주고 차이점을 일러 준다. 지금까지는 아이의 뜻을 누르고 부모의 뜻을 관철한 적도 있었고, 그 반대의 경우도 있었음을 인정한다. 그런 다음에 이제는 이기거나 지는 방법을 버리고 아무도 지지 않는 방법을 진심으로 시도해 보고 싶다고 말한다.

이렇게 소개하면 아이들은 대개 흥미를 보인다. 방법 3이 뭔지 배워서 시도해 보고 싶어 한다. 당연하지만 이런 설명은 3살 이하의 어린아이들에게는 무의미하다. 아기들한테는 설명할 필요 없이 바로 시작하면 된다.

무패 방법의 여섯 단계

무패 방법은 자세히 보면 여섯 단계로 이루어져 있다. 이 단계를 하나씩 밟아 나가듯 실행하면 더 좋은 결과를 얻을 수 있다.

1단계: 갈등을 확인하고 정의한다.
2단계: 가능한 해결책을 여럿 생각해 낸다.
3단계: 각 해결책을 평가한다.
4단계: 가장 좋은 해결책을 결정한다.
5단계: 결정된 것을 실천할 구체적인 방법을 생각한다.
6단계: 이후에 잘 실천되었는지 확인한다.

단계마다 잘 알아 두어야 할 핵심 포인트가 있다. 핵심을 이해하고 적용해 나가면 난관이나 실패의 위험을 피할 수 있을 것이다. 문제를 당장 눈앞에 맞닥뜨렸을 때는 몇 단계를 생략하고 얼른 해결할 수도 있지만 그래도 각 단계에 어떤 의미가 있는지를 알면 더 도움이 된다.

방법 3을 실천하기 위한 환경 조성

아이의 참여를 유도하는 아주 중요한 단계다. 아이의 주의를 끌고 아이가 문제 해결에 적극적으로 참여하도록 해야 한다. 다음과 같은 사실을 기억하면 쉽다.

1 "해결해야 할 문제가 있다"고 뚜렷하고 간결하게 이야기 한다. "문제를 같이 해결해 보면 어떨까?" 또는 "이 문제를 한 번 같이 고민해 보면 좋을 것 같은데?" 같은 자신 없는 표현은 피한다.

2 아이와 부모 모두 마음에 드는 해법, 양쪽 모두 흡족하고 어느 쪽도 손해 보지 않는 대안을 찾는 과정에 아이가 동참하기를 바란다는 것을 분명히 밝힌다. 진심으로 어느 쪽도 지거나 양보하지 않는 방안을 찾으려 한다는 것을 아이가 믿어야 한다. 이 방법은 방법 3이며 무패 방법이지, 다른 이름으로 위장된 승부 가리기가 아니라는 것을 아이가 아는 것이 무엇보다도 중요하다.

3 언제 시작할지 합의한다. 아이가 바쁠 때나 어디 가야 할 시간을 피해야 아이가 불평하고 저항할 일이 없다.

1단계: 갈등을 확인하고 정의한다

1단계는 방법 3에서 가장 핵심 단계다. 아이와 부모의 욕구가 이때 정의되어야 하기 때문이다. 처음에 갈등이나 문제로 도드라진 것이 실제로는 진짜 문제가 아닐 때가 많다.

그뿐만 아니라 부모들은 실제 자신의 욕구가 무엇인지 분명해지기 전에 욕구를 충족시켜 줄 해결책부터 먼저 떠올릴 때가 많다. 욕구와 해결책을 분리하기가 생각처럼 쉬운 일이 아니다. 사람들은 '욕구'라고 말하면서 실제로는 욕구를 충족시키는 해결책을 이야기할 때가 많다.

욕구를 해결책과 구분하는 데 가장 중요한 기술은 역시 적극적 듣기이지만, "그렇게 하면 나에게 어떤 영향이 있을까?" "너에게는 어떤 영향이 있을까?"라는 질문을 던져 보는 것도 매우 유용하다. 예를 들어 "새 차가 필요해"라고 말했다고 해 보자. 그것은 욕구인가 아니면 해결책인가? 스스로 '그러면 나에게 어떤 영향이 있을까?'라는 질문을 던져 보자. 이런 대답을 할 수 있을 것이다. 출근하기가 쉬워진다든가, 멋있어 보여서 기분이 좋다든가, 아니면 낡은 차가 기름을 너무 많이 먹고 수리 비용도 만만치 않아 차를 바꾸면 돈이 절약된다 같은 대답이 나올 것이다. 이런 대답들이 바로 욕구다. 새 차는 욕구를 해결하기 위한 해결책이다.

아이가 "내 방이 필요해"라고 했다고 하자. 이것은 사실 해결책이다. 자기 방을 가지는 것이 아이에게 어떤 영향을 줄까? 프라이버시가 생긴다든가, 자기 공간이 생겨 기분이 좋다든가, 조용히 지낼 수 있다든가 하는 것이 욕구다. 아이에게 방은 해결책이다.

아이와 부모의 숨은 욕구가 명확히 이해되고 표현되지 않으면 문제 해결 과정은 수렁에 빠져 버린다. 이후 단계가 잘못된 방향으로 가게 되고 갈등을 해결할 수가 없다.

1 아이에게 분명하고 확실하게 지금 감정이 어떤지, 어떤 욕구가 충족되지 않는지, 무엇이 문제인지 말한다. 이때 나-메시지로 이야기하는 것이 아주 중요하다. "제한 속도보다 빠르게 다니면 내 차가 망가지고 네가 다치지라도 않을지 걱정된다"거나 "나 혼자 집안일을 다 하려니 쉴 틈이 없어 화가 난다"처럼 말한다. 아이를 깎아내리거나 비난하는 표현은 피한다. "내 차를 멋대로 다루는구나" "너희들은 종일 집에서 빈둥대고만 있지!"처럼 말하지 않는다.
2 아이의 욕구가 분명해지도록 적극적 듣기를 충분히 한다.
3 그다음에 갈등이나 문제를 이야기해서 해결할 문제에 아이와 부모 모두 공감할 수 있게 한다.

2단계: 가능한 여러 해결책을 생각해 낸다

이 단계의 핵심은 다양한 해결책이다. "우리가 할 수 있는 게 뭐가 있을까?" "가능한 해결 방안을 생각해 보자" "같이 고민해서 어떻게 해결하면 좋을지 찾아보자" "이 문제를 풀 여러 방법이 있을 거야" 같은 말로 제안한다. 다음 사항들도 참고하면 도움이 될 것이다.

1 아이의 해결 방법을 먼저 듣는다. 부모 생각은 나중에 말한다. (아주 어린아이들은 먼저 해결책을 생각해 내지 못

할 수도 있다.)

2 제안된 해결책을 평가하거나 비판하거나 무시하면 절대
안 된다. 평가는 다음 단계로 미룬다. 어떤 아이디어든 전
부 받아들인다. 복잡한 문제라면 해결책들을 죽 적는 것도
좋다. 이 단계에서는 좋아 보이는 것이 있어도 칭찬하지
않는다. 그렇게 말하면 다른 방안은 좋지 않다고 암시하는
셈이 된다.

3 이 단계에서는 부모가 받아들일 수 없는 것이 나오더라도
아무 말 하지 않는다.

4 여러 아이와 관계된 문제를 해결하려고 할 때, 아무 제안
도 하지 않는 아이가 있다면 그 아이의 생각도 보탤 수 있
도록 부추긴다.

5 더 나올 것이 없을 것 같을 때까지 끈질기게 묻는다.

3단계: 각 해결책을 평가한다

이 단계에서는 다양한 방안들을 평가해도 된다. "좋아, 이 가운
데서 어떤 것이 가장 좋은 것 같아?"라든가 "이제 어떤 게 우리
한테 가장 좋을지 생각해 보자" "지금까지 나온 방법들 어때?"
또는 "어떤 것이 좋은지 이야기해 볼까?" 하며 아이와 의견을
나눈다.

부모나 아이 어느 한쪽에서 받아들일 수 없는 보기들을
제거해 나가다 보면 보통 한두 개 정도로 좁혀진다. 이 단계에
서는 부모가 자기감정을 솔직하게 말해야 한다는 것을 기억하
자. "그렇게 하면 난 별로 만족하지 못할 거야" "내 마음에 차지

않는데""그러면 나한테 불공평하다고 생각해"라는 식으로 감정을 그대로 표현한다.

4단계: 최선의 해결책을 정한다

생각과는 달리 이 단계는 그다지 어렵지 않다. 이전 단계를 거치며 서로 생각과 감정을 솔직히 터놓고 이야기했다면 토론 과정에서 자연스럽게 뚜렷이 나은 방안이 가려진다. 또는 누군가가 모두 반길 만한 기발하고 획기적인 생각을 떠올리는 때도 있다.

최종 결론에 도달할 때 도움이 될 만한 팁이다.

1 남은 해결책에 대한 아이의 감정을 확인해 본다. "이 방법이 괜찮겠니?" "이 방법이면 모두 만족할까?" "이렇게 하면 우리 문제가 해결될 것 같아?" "효과가 있을까?"

2 절대 바꿀 수 없는 최종 결정을 내린다고 생각하지 않는다. 이렇게 말할 수 있다. "좋아, 이렇게 한번 해 보고 효과가 있는지 보자." "이 방법에 다들 동의하는 것 같은데, 같이 실행해 보고 우리 문제가 정말 해결되는지 보자." "이렇게 해 보고 싶구나. 너도 그러고 싶니?"

3 결정된 방법에 여러 지침이 포함되어 있다면 잊어버리지 않게 적어 두는 편이 좋다.

4 결정된 것을 각자 모두 지키기로 약속했음을 명확히 한다. "자, 이제부터는 다들 이대로 하는 거야." "이렇게 합의했으니 각자 약속한 대로 하는 거다."

5단계: 결정된 것을 실천할 구체적 방법을 생각한다

어떤 결정이 내려진 후에 그것을 어떻게 실천할지 구체적인 시행 계획을 정해야 할 때가 있다. "누가 무엇을 언제까지 할 것인가?" "이렇게 되려면 어떻게 해야 할까?" 또는 "언제 시작할까?" 같은 질문을 던져 본다.

예를 들어 집안일에 관한 갈등을 해결하는 과정이라면 '얼마나 자주' '무슨 요일에' '어떤 기준으로 할지?' 등을 논의할 필요가 있다. 잠자는 시간에 관한 문제라면 누가 시간을 확인할지도 미리 이야기하는 편이 좋다. 아이 방 정리에 관한 문제라면 '얼마나 깔끔하게' 치울 것이냐 하는 문제가 구체적으로 정의되어야 한다.

결정된 사항을 실천하는 데 필요한 물품을 사야 할 때도 있다. 메모를 붙여 놓을 메모판이나 빨래를 구분해서 담는 바구니, 텔레비전, 헤어드라이어 등을 추가로 사야 할 수도 있다. 그럴 때는 누가 물건을 사 오고 누가 돈을 낼지도 정한다.

시행 계획에 관한 논의는 최종 결정에 모두 동의한 다음에 시작한다. 일단 최종 결정에 도달했다면 구체적 실천 방법과 관련된 문제들은 쉽게 풀린다.

6단계: 잘 실천되었는지 확인한다

무패 방법을 통해 내린 결정이 항상 좋은 결과를 가져오는 것은 아니다. 따라서 가끔 아이에게 결정된 것이 여전히 좋다고 생각하는지 물어봐야 한다. 아이들은 실제로 해내기 버거운 일을 하겠다고 약속하기도 한다. 또는 여러 다양한 이유로 부모가 약속한 것을 지키지 못할 수도 있다. 어느 정도 시간이 지나고 "그때 정한 것 어떻게 되어 가고 있어?" "그때 정한 게 아직 마음에 드니?"라고 물어 점검한다. 그러면 부모가 아이의 욕구에 관심이 있다는 것도 전달할 수 있다.

이렇게 확인해 나가다 보면 최초의 결정을 수정할 필요가 있음을 알게 되기도 한다. 매일 쓰레기통을 비우기로 했는데 그게 쉽지 않을뿐더러 그럴 필요도 없다든가, 주말에는 밤 11시 전에 집에 돌아오기로 했는데 시내로 영화를 보러 갔을 때는 11시에 돌아오기가 불가능하다든가 하는 것들 말이다. 집 안일 문제를 방법 3을 통해서 해결하고 난 후에, 저녁 식사 설거지를 도맡은 딸은 일주일에 서너 시간을 일해야 하는 한편, 매주 화장실과 거실 청소를 하기로 한 아들은 일주일에 한두 시간만 투자하면 된다는 것을 알게 되었다든가. 딸에게 공평하지 못한 결정이었다고 생각해 두어 주 시범 기간이 지난 다음에 조정할 수도 있다.

갈등 해결 과정이 언제나 여섯 단계를 차근차근 거치지는 않는다. 한 가지 방법만 제시했는데 문제가 해결될 때도 있다. 3단계에서 앞 단계에서 나온 방안을 검토하다가 바로 최종 결론이 날 때도 있다. 그렇더라도 전체 여섯 단계를 염두에 두는 것이 좋다.

적극적 듣기와 나-메시지를 함께 사용한다

무패 방법에서는 부모와 아이 양쪽 모두 문제 해결에 참여해야 하므로 효과적인 의사소통이 필요하다. 따라서 부모는 적극적 듣기를 하고 나-메시지로 말해야 한다. 이 기술을 제대로 익히지 못했다면 무패 방법에서도 좋은 성과를 거두기 어렵다.

일단 무엇보다도 아이의 감정과 욕구를 이해하려면 적극적 듣기가 필요하다. 아이가 무엇을 원하는가? 부모가 받아들이지 못한다는 것을 알면서도 아이가 고집하는 이유는 무엇인가? 어떤 욕구 때문에 아이가 그런 행동을 할까?

보니는 왜 유치원에 가지 않으려 할까? 왜 제인은 코트를 입지 않으려 할까? 어린이집에 데려다주고 가려고 할 때 왜 네이선이 울고 떼를 쓸까? 우리 딸은 왜 부활절 연휴에 바닷가에 가야 한다고 하는 걸까?

적극적 듣기는 아이들이 마음을 열고 실제 욕구와 솔직한 감정을 드러내게 하는 강력한 도구다. 일단 아이의 욕구와 감정을 이해하면 부모가 받아들일 수 없는 행동을 피하고 아이의 욕구를 충족시킬 다른 방법을 생각해 내기가 훨씬 쉬워진다.

문제 해결 과정에서는 부모나 아이나 감정이 격해질 수 있으므로 감정을 분출하고 해소해 문제 해결을 계속하기 위해서도 적극적 듣기가 필요하다.

또 적극적 듣기는 아이가 제시하는 해결책을 부모가 진지하게 고려하고 받아들인다는 것, 제시된 방안에 대한 아이의 생각과 평가가 중요하고 필요하다는 사실을 아이에게 드러낸다.

나-메시지 또한 문제 해결 과정에서는 아주 중요하다. 나-메시지는 아이를 비난하거나 창피를 주지 않으면서 부모의 감정을 아이에게 전달한다. 갈등 해결 과정에서 너-메시지를 남발하면 상대도 너-메시지로 말하게 되고 그러다 보면 토론이 아니라 서로 누가 더 상처 주는 말을 많이 하나 겨루는 비생산적인 말싸움으로 끝나 버리고 만다.

나-메시지는 부모도 욕구가 있고, 아이의 욕구 때문에 부모의 욕구가 무시당하는 것을 원치 않음을 아이에게 알리는 데 필요하다. 나-메시지는 어느 선까지는 참을 수 있지만 어떤 것은 양보할 수 없는지, 부모의 한계를 전달하는 역할을 한다. 나-메시지는 '나도 욕구와 감정을 가진 사람이야' '나도 삶을 즐길 자격이 있어' '나도 집안에서 권리가 있어'라고 말하는 방식이다.

무패 방법을 처음 시도할 때의 대화 방법

처음으로 무패 방법을 시도할 때는 일시적이고 단발적인 문제보다는 오래 묵은 갈등을 가지고 시작하는 편이 좋다. 아니면 첫 시도 때 아이들이 겪는 문제를 끄집어낼 기회를 주는 것도 좋다. 첫 시도를 이런 식으로 시작할 수 있겠다.

> "이제 무패 방법(방법 3)이 뭔지 알게 되었으니까 우리 집에 있는 문제를 나열해 보자. 먼저 너희들이 생각하기에 어떤 문제가 있는 것 같니? 대책을 마련해야 할 문제가 있니? 어떤 일이 마음이 안 들어?"

아이들이 내놓은 문제로 시작하면 확실히 좋은 점이 있다. 일단 아이들이 새로운 방법이 자기들에게 이익이 되기 때문에 좋아한다. 둘째로 부모가 자기 욕구를 충족시키려고 새로운 방법을 들고 온 것이라는 의심을 버리게 된다. 어떤 집에서는 이렇게 말을 꺼냈더니 이런 불만 목록이 나왔다고 한다.

▶ 아빠가 장을 자주 봐 오지 않아서 집에 먹을 것이 없다.
▶ 주말에 엄마가 우리를 친아빠한테 놀러 가지 못하게 할 때가 있다.
▶ 엄마가 언제쯤 회사에서 돌아와서 저녁을 할지 우리에게 말 안 해 줄 때가 많다.
▶ 엄마 아빠가 약속을 잘 지키지 않는다.

이렇게 아이들이 불만을 다 말하고 나면 그다음에 부모가 말하는 문제도 잘 받아들일 수 있다.

갈등 해결의 기본 원칙을 정해 놓고 시작할 수도 있다. 누구 한 사람이 말하고 있을 때는 중간에 끼어들지 않기로 약속한다. 다수결을 쓰지 않는다는 것도 분명히 한다. 모든 사람이 만족하는 방법을 찾는 것이 목표이기 때문이다. 또 두 사람 사이의 문제를 이야기할 때 다른 식구들은 자리를 피해 준다. 문제 해결 와중에는 소란을 피우지 않는다. 어떤 가족은 토론할 때는 전화가 와도 받지 않기로 약속하기도 했다. 복잡한 문제를 풀 때는 칠판이나 노트 같은 것을 사용하면 편리하다.

무패 방법을 사용할 때 일어날 수 있는 문제

새로운 방법을 시도하다가 부모가 실수할 수도 있고 아이 역시 이 방법에 익숙해지는 데 시간이 걸릴 수도 있다. 특히 오랫동안 힘겨루기를 벌여 온 청소년기 아이들과의 사이에서는 더 오래 걸릴 수 있다. 부모도 아이도 낡은 습관과 행동 방식을 버리고 새로운 것을 받아들이기가 순조롭지만은 않을 것이다. 이런 문제를 겪는 부모들은 이렇게 말한다.

"앉아서 이야기 좀 하자고 해도 전혀 말을 안 들어요."
"문제 해결을 하다가 자기 뜻대로 안 되니까 화를 내고 나가 버렸어요."
"뚱하게 앉아서 한마디도 안 하더군요."
"결국 부모님 뜻대로 하려고 그러는 거 아니냐고 하더라고요."

불신과 저항에 대처하는 가장 좋은 방법은 문제 해결은 잠시 미루어 두고 적극적 듣기로 아이가 정말 하고 싶은 말이 무엇인지 공감하며 들으려 애쓰는 것이다. 그러면 아이가 자기 감정을 조금 더 드러낸다. 그렇게 된다면 한 발짝 나아간 셈이다. 감정을 털어놓고 나면 문제 해결로 들어갈 수 있다. 아이가 계속해서 소극적으로 굴고 참여하지 않으려 한다면 부모가 자신의 감정을 전달해 본다. 이때는 물론 나-메시지를 이용해야 한다.

"이제는 집안에서 힘을 쓰고 싶지 않아. 그렇다고 해서 너 하자는 대로 하고 싶지도 않고."

"진심으로 너도 좋다고 할 방법을 찾고 싶은 거야."

"네가 말을 듣게 만들려고 이러는 거 아니야. 우리도 굴복
하고 싶진 않지만."

"날마다 싸우는 게 지겨워. 새로운 방법으로 갈등을 해결할
수 있을 것 같아 시도해 보자는 거야."

"일단 시도해 보면 좋겠다. 쓸 만한 방법인지 아닌지 한번
해 보자."

이런 말들로 아이의 불신과 저항감을 해소한다. 잘 안 된
다면 이 상태로 하루 이틀 정도 기다렸다가 다시 무패 방법을
시도해 본다.

우리는 부모들에게 "수업 시간에 처음 무패 방법을 설명
했을 때, 여러분 자신도 얼마나 의심하고 못 미더워했는지 떠
올려 보세요. 그러면 아이들이 거부감을 느끼는 것도 이해가
갈 겁니다"라고 말한다.

적합한 해결책이 나오지 않으면 어떻게 하나?

부모들이 가장 흔히 품는 걱정 가운데 하나다. 물론 적당한 해
결책을 못 찾는 일이 없지는 않지만, 그런 일은 매우 드물다.
결론을 못 내고 막다른 골목에 다다랐다면 부모나 아이가 여
전히 이기거나 지는 힘겨루기 방식의 사고를 버리지 못해서일
가능성이 크다.

이런 경우에는 생각나는 모든 방법을 다 동원해 보자. 예
를 들면 이런 것이 있다.

1 대화를 계속한다.

2 2단계로 돌아가서 다른 방안들을 더 생각해 본다.

3 일단 문제를 접고 다음 날로 미룬다.

4 더 강력하게 부추긴다. "좀 생각해 봐. 뭔가 방법이 있을 거야." "정말 적당한 해결책이 없는지 다시 한번 잘 생각해 보자." "더 남은 아이디어 없니?" "다시 머리를 짜내 보자."

5 문제 해결이 교착 상태에 빠졌음을 인정하고 뭔가 감추어 진 다른 문제가 있어서 문제 해결을 방해하는 것은 아닌 지 알아본다. 이렇게 이야기해 볼 수 있다. "무엇 때문에 적당한 방법이 안 나오는지 모르겠다." "우리가 아직 이야 기하지 않은 문제가 있는 게 아닐까?"

이런 방법 가운데 한두 가지를 시도하다 보면 다시 문제 해결을 할 수 있게 되곤 한다.

방법 3이 한계에 부딪혔을 때
방법 1로 전환하는 경우

"무패 방법을 시도했는데 결론이 안 났어요. 그래서 제가 나서 서 결정을 내리고 말았어요." 이렇듯 방법 1로 돌아가고 싶은 유혹을 느끼는 부모들이 많다. 하지만 그랬다가는 처참한 결 과를 맞을 수 있다. 아이들은 속았다고 생각해 화가 날 것이다. 그래서 다음에 이 방법을 다시 시도하려고 하면 더욱 불신하 고 저항하는 태도를 보일 것이다.

방법 1로 돌아가는 것만은 피해야 한다. 방법 2로 돌아가

서 아이가 이기게 하는 것도 마찬가지로 위험하다. 그러면 다음에 다시 시도할 때도 아이들이 고집을 부리며 자기 뜻을 밀어붙일 것이다.

합의 사항을 이행하지 않으면 벌을 주어야 하나?

어떤 부모들은 무패 방법으로 결론을 내린 뒤에 합의 내용이 지켜지지 않았을 때 어떤 벌을 줄지도 정하려고 한다. 처음 그렇게 한다는 이야기를 들었을 때는, 상호 합의해서 벌을 정하고 부모도 약속한 바를 지키지 않으면 아이와 똑같이 벌을 받는다면 괜찮지 않을까 하고 생각했다. 하지만 지금 생각은 다르다.

아예 실행과 처벌을 연결하지 않는 편이 훨씬 좋다. 어떤 경우에라도 벌은 사용하지 않는다고 미리 이야기하고 시작하자. 아이가 먼저 벌을 정하자고 말할 수도 있지만 그래도 마찬가지다. 벌을 주느니 아이의 결심과 성실성을 믿어 줌으로써 얻는 것이 더 많다. 아이들은 "누군가가 나를 믿는다고 느끼면 믿음을 저버리지 않으려고 애쓰게 돼요. 그런데 부모나 선생님이 나를 믿지 않는다고 생각하면 아무렇게나 하게 돼요. 이미 나를 나쁜 애라고 생각하는데요, 뭐. 어른들이 생각하는 대로 해도 더 잃을 게 없잖아요"라고 말한다.

무패 방법을 사용할 때는 아이가 함께 결정한 사항을 당연히 실천할 것이라고 가정해야 한다. 서로에 대한 신뢰, 합의를 지키리라는 믿음, 약속을 따르겠다는 책임감이 이 방법의 일부다. 처벌에 관해 이야기하면 불신하고 의심하고 있으며 회의감을 품고 있다는 것을 전달하는 꼴이 된다. 그렇다고 아이가 언제나 약속을 지킬 것이라는 말은 아니다. 아이들은 약속을 깨뜨릴 테지만 부모는 아이가 당연히 그렇게 하리라고 믿어야 한다. '무죄 추정 원칙'처럼 무책임하다고 입증되기까지는 책임감 있는 사람으로 간주하는 것이다.

약속이 지켜지지 않았을 때

아이들이 약속을 지키지 않는 일은 언제나 일어난다. 이런 이유가 있을 수 있다.

1 실천하기 너무 어려운 약속을 했다.
2 스스로 자기 행동을 조절해 본 경험이 부족하다.
3 자기 행동을 조절하는 데 늘 부모의 힘에 의존했다.
4 잊어버렸다.
5 무패 방법을 테스트해 보는 중이다. 부모가 정말 진심인지, 약속을 깨뜨리면 어떻게 되는지 알아보려 한다.
6 문제 해결을 위한 토론이 불편하고 지루해서 별로 마음에 안 드는 해결책을 그냥 승인해 버렸다.

이런 이유로 아이가 약속을 지키지 않는 일이 생긴다. 아이가 약속을 지키지 않았을 때는 직접 솔직하게 아이와 대면하는 것이 좋다. 이때는 아이를 비난하거나 깎아내리거나 위협하지 말고 나-메시지로만 이야기한다. 약속이 깨졌을 때는 가능한 한 이런 식으로 말한다.

"약속을 지키지 않아서 실망했어."

"네가 하기로 한 대로 하지 않아 놀랐어."

"나는 내가 하기로 한 걸 지켰는데 너는 그러지 않으니 불공평하다고 생각해."

"이렇게 하기로 약속했잖니. 그런데 네가 하기로 한 일을 안 했구나. 기분이 안 좋다."

"문제가 이제 해결됐기를 기대했는데 여전히 그대로니 속상하다."

이렇게 나-메시지로 이야기하면 아이가 부모가 이해할 만한 이유를 말할 수도 있다. 이때도 역시 적극적 듣기를 해야 한다. 그래도 궁극적으로 각자가 책임감 있고 믿음직하게 행동해야 함을 분명히 하자. 약속은 지켜져야 한다. 이건 장난으로 하는 게임이 아니며, 서로의 욕구를 배려해 주려는 진지한 시도임을 알려 준다.

약속을 지키려면 자기를 통제할 줄 알아야 하고 성실해야 하며 노력해야 한다. 아이가 약속을 지키지 않은 이유가 무엇이냐에 따라 (1) 나-메시지가 유용할 수도 있고, (2) 다시 문제에 접근해 다른 해결책을 찾아야 할 수도 있고, (3) 아이가 잊어버리지 않도록 할 방법을 찾아볼 수도 있다.

아이가 자꾸 잊어버린다면 다음에는 잊어버리지 않으려면 어떻게 할까 하는 고민을 해 본다. 시계, 타이머, 메모, 알림판, 손가락에 묶을 끈, 달력, 아니면 방에 붙일 표지판이 필요할까?

부모가 아이에게 자꾸 일깨워 주어야 할까? 하기로 한 일을 할 때가 되었을 때 부모가 알려 주어야 할까? 그러지 않는 편이 훨씬 좋다. 부모에게 짐이 되기도 하지만, 아이가 계속 부모에 의존하게 되어 자율성과 책임감을 기를 기회가 줄어든다. 약속을 계속해서 일러 주면 아이를 미성숙하고 무책임한 사람으로 취급해 응석을 받아 주는 것이나 다름없다. 책임을 바로 아이에게 넘겨주지 않으면 아이는 계속 그 상태로 남아 있을 것이다. 일단 믿어 보고 아이가 깜빡 잊으면 그때 나-메시지를 보내면 된다.

아이가 늘 자기 뜻대로 하는 것에 익숙하다면

방법 2에 크게 의존해 왔던 부모는 방법 3으로 전환하는 데 특히 어려움을 겪는다. 아이가 자기 뜻대로 하는 것에 익숙해서 양보하고 협력하고 타협해야 하는 방법에 반발할 가능성이 크다. 이런 아이들은 부모를 꺾고 이기는 게 당연해 유리한 위치를 포기하지 않으려 든다. 아이가 무패 방법에 강한 저항을 보이면 부모는 겁이 나서 아예 시도조차 포기해 버리기도 한다. 애초에도 아이가 화를 내거나 울음을 터뜨릴 것이 겁이 나서 방법 2로 기울었던 부모들이기 때문이다.

늘 관대했던 부모가 방법 3으로 태도를 바꾸려면 평상시 아이에게 보였던 것보다 훨씬 강한 결단력과 확고함을 보여야 한다. '내가 져 주고 말지' 하는 태도를 버리려면 더 강한 내적 동기가 필요하다. 늘 아이 뜻대로 하게 해 주었을 때 아이에게 미칠 가혹한 결과를 떠올리면 도움이 된다. 부모 자신에게도 권리가 있다는 생각을 확고히 다질 필요도 있다. 늘 져 주면 아이를 이기적이고 남을 배려할 줄 모르는 아이로 키운다는 생각도 해 보아야 한다. 부모의 욕구도 보장되면 아이를 기르는 일이 정말 행복한 일이 되리란 확신이 필요하다. 부모 자신이 변화를 원해야 하며, 방법 3으로 바꾸었을 때 아이에게서 많은 불평을 받을 준비가 되어 있어야 한다. 바꾸어 나가는 과정에서 아이의 감정을 적극적 듣기로 현명하게 다루고 자신의 감정도 뚜렷한 나-메시지로 전달해야 한다.

한 어머니는 늘 제 뜻대로 하는 데 익숙한 13살 딸아이 때문에 골치가 아프다. 방법 3을 처음 시도했을 때, 아이는 자기 맘대로 안 되리라는 걸 알고는 울컥 화를 내고 울면서 자기 방으로 들어가 버렸다. 이 어머니는 평상시처럼 아이를 달래거나 그냥 무시하는 대신 방으로 따라 들어가 이렇게 말했다. "엄마는 지금 정말 화났어! 엄마가 지금 힘든 일이 있다고 하는데 너는 그냥 도망가 버리니? 네가 엄마가 바라는 것에는 정말 조금도 신경 쓰지 않는 것 같아 속상해. 불공평하다고 생각해. 엄마는 지금 이 문제를 해결하고 싶어. 네가 손해 보게 하고 싶은 생각은 전혀 없지만, 엄마도 손해 보고 싶지 않아. 우리 둘 모두한테 이득이 되는 방법을 생각해 보자는 거야. 하지만 네가 엄마와 이야기하지 않겠다고 하면 그런 건 찾을 수가 없겠지. 다시 돌아와서 좋은 방법이 없는지 같이 생각해 볼래?"라고 말했다.

아이는 눈물을 닦고는 다시 와서 엄마 옆에 앉았다. 한 시간 정도 지나 아이도 부모도 만족할 만한 결론에 이르렀다. 그 후로는 문제 해결을 하려 할 때 아이가 달아나는 일이 전혀 없었다. 엄마가 더는 져 주지 않으리라는 게 분명해지자 아이도 화를 내며 엄마를 조종하려 하지 않게 되었다.

아이들끼리의 다툼에도
무패 방법을 적용해야 한다

어느 집에서나 일어날 수밖에 없는 형제자매 사이의 다툼에도 부모가 이기거나 지는 식의 접근을 할 때가 많다. 부모가 재판관, 심판 또는 중재자 역할을 해야 한다고 생각한다. 사실을 확인해서 누가 잘했고 누가 잘못했는지를 판단하고 어떻게 해결할지도 일러 준다. 이렇게 접근하면 심각한 부작용이 있고 관련된 사람 모두가 불만을 품게 된다. 하지만 아이들 사이의 갈등도 무패 방법으로 해결하면 더 효과적으로 쉽게 풀 수 있다. 아이들이 성숙하고 책임감 있고 독립적이고 자제력 있는 아이로 자라는 데에도 큰 영향을 끼친다.

아이들끼리의 다툼을 판사나 심판의 관점에서 접근하면, 문제를 자기가 떠맡는 오류를 범하는 것이다. 부모가 문제 해결사로 나서면 아이들이 자기 문제를 자기 것으로 받아들이고 해결하는 방법을 배워 나갈 기회를 빼앗는 셈이 된다. 그러면 아이들의 성장과 성숙을 가로막을 뿐 아니라 아이들이 갈등에 직면할 때마다 어떤 권위에 의해 해결되기를 기대하는 의존성도 커진다. 또 아이들이 다툴 때마다 부모에게 달려오게 된다는 점이 부모로서는 가장 골치 아픈 일이다. 자기들끼리 갈등을 해결하는 것이 아니라 늘 부모에게 달려와 해결해 달라고 조르게 된다.

"엄마, 오빠가 자꾸 괴롭혀. 못 하게 해."

"아빠, 누나가 컴퓨터 자기만 쓰려고 해."

"자려고 그러는데 프랭클린이 계속 떠들어. 조용히 하라고 해."

"쟤가 먼저 때렸어. 쟤 잘못이야. 나는 아무 짓도 안 했어."

이러한 '권위에의 호소'는 어떤 가정에서나 흔히 볼 수 있다. 부모가 아이들 사이의 다툼에 계속해서 개입하기 때문이다.

P.E.T. 수업에서는 아이들의 다툼은 아이들에게 속한 것이므로 아이의 문제임을 확실히 이해하도록 강조한다. 아이들 간의 다툼은 앞에서 살펴보았던 그림에서 윗부분, '아이가 문제를 느낌'의 영역에 속한다.

아이가 문제를 느낌
문제없음
부모가 문제를 느낌
양쪽 모두의 문제

갈등이 어디에 속하는지를 떠올리면 적절한 대처 방법을 생각할 수 있다.

1 갈등에 직접 개입하지 않는다.
2 아이들이 이야기할 수 있도록 말문을 열어 준다.
3 적극적 듣기를 한다.

형제인 맥스와 브라이언이 장난감 트럭을 서로 잡아당긴다. 한 아이는 트럭 앞부분을 잡고 한 아이는 뒷부분을 잡고는 서로 뺏기지 않으려고 소리 지른다. 동생이 울음을 터뜨린다. 두 아이는 자기 뜻대로 하기 위해 힘을 사용하고 있다. 부모가 여기에 개입하지 않는다면 아이들은 스스로 이 문제를 해결할 방법을 찾을 것이다. 어떤 결과가 되든 나름대로 의미가 있다. 자기들끼리 문제를 해결하는 방법을 익힐 기회를 얻었기 때문이다. 다툼에 끼어들지 않는 것만으로도 아이가 조금 성장하도록 도운 것이다.

아이들이 계속 싸워서 부모가 개입해 문제 해결을 도울 필요가 있다 싶으면, 대화할 수 있게 말문을 열어 주면 좋다. 다음 예를 살펴보자.

맥스   트럭 내놔! 트럭 줘! 줘! 줘!
브라이언   내가 먼저 잡았어. 내가 놀고 있는데 얘가 빼앗
            아 가려고 해. 내놔!
부모   너희 트럭 때문에 다투는구나. 이리로 와서 얘

기 좀 해 봐. 어떻게 하면 좋을지 이야기하고 싶으면 도와줄게.

때로는 이렇게 이야기를 하자고 하기만 해도 다툼이 순식간에 끝이 나기도 한다. 아이들은 부모 앞에서 이야기해서 해결하느니 자기들끼리 해결 방법을 찾는 편이 낫다고 생각하기도 한다. '사실 그렇게 큰 문제는 아닌데'라고 생각할 수도 있다.

부모가 더 적극적인 역할을 해야 할 때도 있다. 이럴 때는 적극적 듣기로 문제 해결을 유도하고, 그다음에는 심판이 아니라 전달자 역할만 한다. 이런 식으로 하면 된다.

맥스	트럭 내놔! 트럭 줘! 줘! 줘!
부모	맥스, 트럭이 정말 갖고 싶은 모양이구나.
브라이언	내가 먼저 잡았어. 내가 놀고 있는데 얘가 빼앗아 가려고 해. 내놔!
부모	브라이언, 네가 먼저 갖고 놀았으니까 네가 가져야 한다고 생각하는 거지? 맥스가 가져가서 화가 났고. 너희가 싸우는 이유를 알겠어. 이 문제를 해결할 방법이 있을까? 좋은 생각 없니?
브라이언	나한테 트럭 줘야 해.
부모	맥스, 형이 해결책을 제안하는데.
맥스	힝. 형 멋대로만 하려고 해.
부모	브라이언, 맥스는 그렇게 하면 네가 이기고 자기가 지는 거라 싫다는데.

브라이언	그럼 내가 트럭 다 가지고 놀 때까지 내 자동차 가지고 놀라고 해.
부모	맥스, 형이 다른 방법을 제시했어. 형이 트럭 가지고 놀 동안 너는 자동차 가지고 놀아도 된대.
맥스	형이 트럭 다 가지고 놀면 내 차례야?
부모	브라이언, 트럭 다 가지고 놀면 맥스도 가지고 놀 수 있는지 알고 싶대.
브라이언	알았어. 나 트럭 조금만 가지고 놀면 돼.
부모	맥스, 형이 그렇게 하자는구나.
맥스	알았어.
부모	이제 문제가 해결됐지?

이렇게 부모가 무패 방법으로 갈등 해결을 제안하고, 적극적 듣기로 아이들의 의사소통을 도와주다 보면 다툼이 말끔하게 해결되는 일이 많다. 아이들이 무패 방법으로 다툼을 해결할 수 있다는 걸 믿기 어렵다면 학교나 놀이터에서 운동하거나 놀이할 때 어른이 없을 때도 아이들끼리 얼마나 다툼을 잘 해결하는지를 떠올려 보면 된다. 어른이 옆에 있을 때는 아이들이 어른에게 의존하려 하기 쉽다. 어른의 권위를 이용해서 다른 아이를 누르고 자기가 이기려고 한다. 하지만 어른이 없을 때는 자기들끼리 문제를 처리한다.

아이들의 다툼을 무패 방법으로 해결할 수 있다고 하면 부모들은 반가워한다. 아이들 다툼을 중재하려다가 감정이 상하는 일이 너무나 잦기 때문이다. 부모가 다툼에 개입해 판정을 내리면 누군가는 부모가 불공정하다고 느끼고 화를 내고 대들 수밖에 없다. 아니면 아이들이 다투던 물건을 빼앗아 버리는 식으로 두 아이 모두 화나게 만들 수도 있다("트럭 이리 내놔. 압수야").

아이들이 무패 방법으로 다툼을 해결하도록 책임을 남겨 두면, 이제 판사나 심판 역할을 하지 않아도 되어 마음이 편해진다고들 한다("아이들 다툼을 해결해 주지 않아도 된다니 정말 마음이 편해요. 어느 쪽으로 판결을 내리든 원망을 들을 수밖에 없거든요").

아이들이 다툼을 무패 방법으로 해결하도록 거들다 보면, 말다툼이나 싸움이 생겼을 때 아이들이 부모에게 달려오는 일이 줄어든다. 부모에게 가 보았자 결국은 자기들끼리 해결책을 찾는다는 걸 알게 되기 때문이다. 그래서 부모에게 기대는 습관을 버리고 자기들끼리 문제를 해결하게 된다. 부모들에게는 정말 달가운 결과일 것이다.

부모 양쪽이 서로 생각이 다를 때

아이와의 갈등에서 양쪽 부모가 각자 생각이 다르다면 문제가 상당히 복잡해진다.

저마다 생각이 다 다를 때

부모는 반드시 자유로운 입장으로 문제 해결에 참여해야 한다. 부모가 같은 편일 때도 있을 수 있지만 갈등이 있을 때마다 '연합 전선'을 형성하면 안 된다. 무패 방식의 핵심은 부모 모두 솔직해야 한다는 것이다. 각자 자기감정과 욕구를 정확하게 드러내야 한다. 부모 각각이 개별적 독자적으로 참여하고, 갈등 해결 과정에 3명이나 그 이상이 참여하도록 만든다. 부모 대 아이의 대립 구도로 만들면 안 된다.

문제 해결 과정에서 제시된 해결책 가운데 엄마 마음에는 들지만 아빠는 받아들일 수 없는 것이 있을 수 있다. 어떤 문제에서는 아빠와 아이가 같은 입장이고 엄마는 반대일 수도 있다. 아니면 엄마와 아이가 비슷한 생각이고 아빠는 다를 수도 있다. 엄마와 아빠가 비슷한 관점인데 아이는 전혀 다르게 볼 수도 있다. 아니면 생각이 각자 다 다를 수도 있다. 무패 방법을 쓰다 보면 분란의 성격에 따라 온갖 조합이 나올 수 있다. 모두의 마음에 드는 해결책에 도달할 때까지 차이를 극복해 나가는 것이 중요하다.

흔히 일어나는 갈등에서도 부모의 입장이 이렇게 다를 수 있다.

1 아이가 다칠 위험에 관한 갈등에서 아버지가 아이 편에 서는 수가 있다. 아이가 다칠 수 있다는 사실에 어머니보다는 아버지가 더 대범한 것 같다.

2 딸이 남자 친구를 사귀는 것이나 화장, 옷 입는 스타일, 문자메시지 같은 문제에 아버지보다는 어머니가 관대할 수 있다. 딸이 연애를 시작하는 것을 못 받아들이는 아버지도 있다.

3 아이의 취침 시간 문제도 부부 사이에 생각이 다를 수 있다.

4 집이 얼마나 깔끔해야 하는지 그 기준이 각자 다를 수 있다.

핵심은 아버지와 어머니는 서로 다른 사람이고 각자 정말 솔직하고 진실하다면 이런 차이가 부모와 아이 사이의 갈등에서도 드러난다는 것이다. 갈등 해결 과정에서 아버지와 어머니의 의견 차이를 솔직하게 드러내면 아이는 부모의 인간적인 면을 느낄 수 있고 부모를 더 많이 사랑하고 존경하게 된다. 아이도 어른들과 다를 바 없이 인간적인 사람을 좋아하고 그렇지 않은 사람은 불신한다. 아이는 부모가 진실하기를 바라지, 언제나 한목소리를 내면서 부모 역할을 '연기'하기를 바라지는 않는다.

<h2 style="text-align:center">부모 한쪽은 방법 3을 쓰고
다른 쪽은 그러지 않을 때</h2>

한 부모는 방법 3으로 갈등을 해결하는데 다른 쪽 부모는 그러지 않으면 어떻게 되느냐는 질문을 많이 듣는다. 사실 부모가 함께 수업을 듣지 않는 한 이런 일이 일어날 수밖에 없다.

한쪽 부모만 방법을 바꾸겠다고 결심을 했을 때, 이를테면 엄마는 아이들과 갈등을 무패 방법으로 해결하려 하는데 아빠는 계속해서 방법 1을 사용할 수 있다. 그런다고 심각한 문제가 일어나지는 않을 것이다. 다만 아이들이 그 차이를 알아차리고 아빠 방식은 마음에 들지 않으니 엄마처럼 문제를 해결하면 좋겠다고 말할 수 있다. 이런 불평을 듣고 P.E.T. 코스에 등록한 아버지도 있었다. 한 아버지는 P.E.T. 수업 첫날 이렇게 말했다.

"오늘 저도 살길을 찾아보려고 나왔습니다. 아내는 새로운 방법을 쓰면서 결과도 좋고 아이들과 사이도 좋아졌는데 저만 사이가 점점 나빠져서요. 애들이 엄마한테만 이야기하고 저하고는 얘기하려고 하지를 않아요."

아내를 뒤따라 다음 학기에 등록한 다른 아버지는 첫 시간에 이렇게 말했다.

"여기 계신 어머니 가운데 남편분하고 같이 오지 않은 분들은 아마 제가 겪은 일이 앞으로 일어날지 모릅니다. 엄마가 새로운 방법으로 아이들 말을 듣고 대화하고 문제를 해결하다 보면 남편은 소외당한 것 같은 기분이 들 거예요. 아빠로서 역할을 빼앗긴 것 같은 기분마저 들겠죠. 엄마하고는 관계가 좋아지는데 아빠하고는 아니니까요. 저는 아내한테 '나보고 어쩌라고! 아무리 그래도 그 빌어먹을 강의 안 들을 거야!' 하며 화를 내기까지 했어요. 그런 제가 이 수업을 안 듣고는 도저히 배길 수 없었다니 대략 짐작이 가시죠?"

남편이 새로운 기술을 익히지 않고 방법 1에 만족하며 머물러 있다가 아내와 사이가 나빠지는 일도 있다. 한 어머니는 남편이 힘으로 갈등을 해결하는 것을 도무지 참을 수 없어 이제는 남편에게 화가 나고 미워진다고 이야기했다. 이 어머니는 "방법 1이 아이한테 얼마나 나쁜 영향을 미치는지 알고 나니 남편이 아이한테 그런 식으로 상처 주는 걸 그냥 보고 있을 수가 없어요"라고 말했다. 또 다른 어머니는 "남편이 아이들과 관계를 망치는 걸 보면 속상하고 슬퍼져요. 아이가 아버지와 좋은 관계를 맺어야 할 텐데 계속 내리막길이네요"라고 했다.

그래서 수업 시간에 남편과 터놓고 말할 수 있게 용기를 북돋아 달라는 사람도 있었다. 한 젊은 어머니는 수업 과정에서 자신이 남편을 두려워해서 방법 1을 사용하는 남편에게 자기감정을 말하지 못하고 있었음을 깨달았다. P.E.T. 시간에 사람들과 이야기하면서 용기를 얻은 이 어머니는 집에 가서 남편에게 이렇게 감정을 털어놓았다고 한다.

"나한테는 아이들이 너무 소중해서 당신이 아이들한테 상처 주는 걸 못 참겠어. P.E.T. 코스에서 배운 방법이 아이한테 좋은 방법이니까 당신도 이 방법을 배우면 좋겠어. 난 항상 당신을 무서워했는데 당신이 아이들한테도 똑같이 한다는 걸 이제 알았어."

이렇게 맞서고 나자 놀라운 결과가 있었다. 남편이 아내의 말을 순순히 들은 것은 처음 있었던 일이었다. 그는 자기가 아내와 아이들을 지배하려 했다는 사실을 미처 몰랐다며, 다음 P.E.T. 강좌에 등록하겠다고 말했다.

한쪽 부모가 방법 1을 고집할 때 늘 이 집처럼 원만하게 해결될 수는 없을 것이다. 이 문제가 영영 해결되지 않는 가정도 있을 것이다. 남편이나 아내 어느 한쪽이 끝까지 거부할 수도 있고, 한쪽 부모가 계속 실력을 행사하다 보면 P.E.T. 방법을 익힌 부모조차도 이전 방법으로 되돌아갈 수 있다.

세 가지 방법을 다 같이 쓸 수는 없나?

무패 방법이 효과적이라는 것은 인정하지만 이전의 두 방법도 완전히 버릴 수는 없다는 부모들도 가끔 있다.

한 아버지는 이렇게 물었다. "현명한 부모라면 문제의 종류에 따라 세 가지 방법을 신중하게 병행할 수 있지 않을까요?" 부모가 힘을 포기하기를 주저하는 까닭은 이해가 가지만, 어쨌든 문제가 있는 생각이다. '약간 임신'하는 것이 불가능하듯 부모와 아이 사이가 '약간 민주적'인 것도 어불성설이다. 세 가지 방법을 함께 쓰고 싶다는 말은 실상은 정말 중대한 문제에 방법 1을 쓸 권리를 유지하고 싶다는 뜻일 수 있다. 쉽게 말하면 이런 말이다. "별로 중요하지 않은 문제에는 아이들 의견을 반영하겠지만, 정말 중요한 문제는 내 뜻대로 결정하고 싶다."

경험적으로 보았을 때 이러한 방식은 실제로 실현되지 않는다. 지지 않고 갈등을 해결하면 얼마나 기분 좋은지를 아는 아이는 부모가 방법 1로 돌아가면 화가 난다. 중요한 문제에서 굴복당한 것에 화가 나서 중요하지 않은 문제에 방법 3을 시도해 보았자 아무 관심을 보이지 않을 수도 있다.

'신중한 병행'의 또 다른 결과로, 방법 3을 시도하려고 했을 때 아이들이 부모를 믿지 못할 수 있다. 부모가 중요하게 생각하는 일이 닥치면 결국 부모 뜻대로 하리라는 걸 경험으로 알기 때문이다. 그러니 문제 해결을 하려고 애쓸 필요가 뭐가 있겠는가? 정말 심각한 갈등이 있을 때는 결국 어른이 힘을 사용해서 자기 뜻대로 할 테니 말이다.

반대로 아이들이 별로 강한 의견을 내지 않을 때는 방법 1을 사용하지만(상대적으로 덜 중요한 문제) 아이들이 확고한 의사와 감정을 갖는 중요한 문제에는 방법 3을 쓰는 식으로 뒤섞기도 한다. 분쟁의 결과가 그다지 중요하지 않을 때는 상대방에게 쉽게 져 주지만, 결과에 목매달 때는 결정 과정에서 어떻게 해서든 목소리를 내려는 것이 인지상정이기 때문이다.

무패 방법이 안 통할 때도 있지 않나?

"당연히 있다." 수업을 진행하다 보면 여러 이유로 방법 3을 효과적으로 쓰지 못하는 부모를 본다. 이런 실패를 체계적으로 연구하지는 않았지만 어떤 패턴은 짐작할 수 있다.

첫째로 권위를 포기하기를 두려워하는 부모가 있다. 방법 3을 쓰면 부모가 권위로 아이를 키워야 한다는 오랜 가치관을 포기해야 하기 때문이다. 이런 부모는 인간의 본성에 대해 왜곡된 견해를 가지고 있을 때가 많다. 인간은 악하게 태어났으므로 권위로 이끌지 않으면 야만적이고 이기적인 괴물로 자라리라고 믿는 것이다. 이런 사람들은 방법 3을 시도해 볼 생각조차 하지 않는다.

또 다른 부모는 아이들이 무패 방법을 거부한다고 말한다. 부모를 부모 취급하지 않거나 부모에게 너무 화가 나 있어 부모가 하자는 어떤 것도 하고 싶지 않은 십대 후반의 아이들이라면 그럴 수 있다. 이런 젊은이들과 개인 상담을 해 본 일이 있는데 솔직히 말해 내가 만나 본 이런 아이들은 부모에게서 독립해서 다른 곳에서 더 만족스러운 관계를 찾는 것이 최선이라는 생각을 하고 있었다. 고등학교 3학년인 한 영민한 남자 아이는 자기 어머니는 절대 달라지지 않으리라고 단정 지었다. 이 아이는 어머니의 P.E.T. 교재를 읽어 보고 P.E.T.에서 가르치는 것이 무엇인지 알게 되었을 때 이런 생각이 들었다고 한다.

"우리 엄마는 절대 달라지지 않을 거예요. P.E.T.에서 가르치는 걸 시도해 본 적도 없어요. 엄마가 변할지도 모른다는 기대는 버리려고요. 실망스럽긴 하지만 엄마는 정말 어쩔 수 없어요. 일자리를 구하고 얼른 돈 벌어서 집을 나가려고요."

24시간짜리 강의나 책 한 권으로 모든 사람을 달라지게 만들 수는 없다. 특히 십수 년 넘게 효과적이지 않은 방법을 써 온 부모들은 더욱 바뀌기 힘들다. 그래서 아이들이 아직 어릴 때 새로운 육아 철학을 익히는 일이 중요하다. 모든 인간관계가 그러하듯 부모와 아이의 관계도 어느 선을 넘으면 회복이 불가능하다.

14

부모 취급을 못 받는 지경이
되지 않으려면

자기 부모를 부모 자리에서 해고하는 아이들이 점점 늘어난다. 청소년기에 접어들면서 부모를 부모로 생각하지 않고 아예 마음의 연을 끊어 버리는 아이들이 있다. 사회적 경제적 지위에 무관하게 수없이 많은 가정에서 일어나는 일이다. 아이들은 실제로 집에서 나와 관계를 끊거나 아니면 부모를 마음에서 지워 버리고 또래 친구들한테서나 다른 곳에서 정붙일 가족을 찾으려고 한다.

어째서 이런 일이 일어나는 걸까? P.E.T. 코스에서 부모 수천 명을 만나 본 경험에 따르면 아이들이 집에서 멀어지는 원인은 부모의 어떤 특정 행동 때문이었다. 아이들은 자기가 소중히 여기는 생각과 가치를 버리라고 부모가 강요할 때 마음이 멀어진다. 다시 말해 기본 인권을 무시당했을 때 부모를 버리는 것이다. 아이가 스스로 생각하고 결정하고 싶을 때 부모가 너무 강력하고 집요하게 영향을 주려고 하다 보면 아이에게 오히려 긍정적인 영향을 줄 수 없게 된다. 이 장에서는 부모 자리에서 쫓겨나지 않으려면 구체적으로 어떻게 해야 하는지 알아보자.

무패 방법을 익혀서 제대로 쓰면 정말 쓸모가 많지만, 아무리 능숙한 사람이라도 해결하려고 들지 말아야 하는 갈등도 있다. 방법 3으로 해결하기에 적합하지 않은 유형의 갈등을 가치관 충돌이라고 한다. 앞에서 살펴본 그림으로 이렇게 표현할 수 있다.

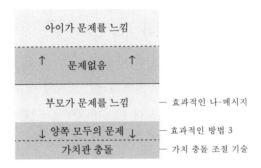

가치관 충돌 문제를 갈등 해결 과정으로 해결하려고 하다 보면 실패할 때가 많다. 이것을 이해하고 받아들이기란 쉬운 일이 아니다. 그러려면 오래전부터 있었고 우리 사회 깊이 뿌리박힌, 부모의 역할에 관한 기존 관념을 버려야 하기 때문이다.

가치관이나 신념, 개인적 취향 등에 관련해 갈등이 일어나면 전혀 다른 접근 방식을 택할 필요가 있다. 이런 문제라면 아이들이 협상 테이블에 올리고 싶지 않을 테고, 문제 해결 과정으로 조정하려고 들지도 않을 것이기 때문이다. 그렇다고 해서 아이들이 가치를 배워 나가는 데 영향을 주는 일을 포기하라는 뜻은 아니다. 다만 다른 방식으로 접근해야 효과가 있다.

가치관이나 신념, 취향의 문제

아이의 생각, 가치, 스타일, 취향, 인생관 등과 연관된 행동 때문에 갈등이 일어날 때가 있다. 예를 들어 헤어스타일과 머리 색깔을 생각해 보자. 요즘 아이들에게는 헤어스타일이 중요한 의미가 있다. 헤어스타일 각각의 상징적 의미를 이해할 필요까지는 없겠지만 어떤 특정한 머리 모양을 하는 것이 아이에게 얼마나 중요한지를 이해할 필요는 있다. 아이들은 자신의 머리 모양에 큰 가치를 둔다. 아이에게는 무척이나 중요한 문제고, 그 스타일을 다른 스타일보다 더 좋아한다는 말은 그 머리 모양을 반드시 해야만 한다는 뜻이기도 하다. 그냥 그러고 싶은 정도가 아니라 그래야만 한다는 말이다.

부모가 이 욕구를 좌절시키려고 하거나 아이에게 큰 의미가 있는 것을 빼앗으려고 시도한다면 아이는 당연히 거세게 저항할 것이다. 헤어스타일은 독자적인 자기 삶과 자기 가치, 생각이 있는 아이의 자기표현이기 때문이다.

아들에게 머리를 자르라고 하면 이런 반응을 들을 것이다.

"내 머리예요."
"난 이게 좋은데."
"잔소리 좀 그만해."

"내 머리인데 왜 내 마음대로 못 해?"

"누구한테 피해를 주는 것도 아니잖아요."

"나도 아빠 헤어스타일에 대해 이래라저래라 안 하니까 아빠도 뭐라고 하지 마세요."

이 말을 해석해 보면 "무엇이 좋고 나쁜지 정할 권리가 나한테도 있어요. 어떻게 하든 부모님께 구체적인 영향이 없잖아요"라는 뜻이다. 내 아들이라면 아이 말이 전적으로 옳다고 할 것이다. 아이가 머리를 어떻게 하든 실질적, 구체적으로 내 욕구를 방해하지는 않는다. 아이 머리 때문에 내가 일자리를 잃거나, 월급이 깎이거나, 친구를 잃거나, 골프 실력이 줄어들거나, 책을 쓰지 못하게 되지도 않을 테고 내 머리 모양을 내가 원하는 형태로 하지 못하게 되지도 않는다. 돈이 드는 것도 아니다.

하지만 부모들은 아이의 머리 모양을 비롯한 많은 행동을 문제 삼고 '자기에게 속한 문제'라고 생각한다. P.E.T. 코스에서 한 부모는 이 갈등이 어떻게 전개됐는지 들려주었다.

부모   네 머리 도저히 못 봐주겠다. 머리 꼴이 그게 뭐니?

아들   난 좋은데.

부모   설마. 건달처럼 보이는데?

아들   무슨 소리예요?

부모   이 문제를 한번 해결해 보자. 난 네 머리 모양이 마음에 안 들어. 어떻게 하면 좋겠니?

아들   내 머리니까 내 맘대로 할게요.

부모   조금 더 단정하게라도 할 수 없어?

아들   내가 아버지한테 머리를 어떻게 하라고 하진 않잖
아요.

부모   그래. 하지만 난 건달처럼 보이지 않잖아.

아들   건달 소리 좀 그만해요. 친구들은 멋있다고 해요.

부모   친구들이 뭐라고 하든 내가 보기엔 역겨워.

아들   그럼 보지 마세요.

누가 보기에도 이 아이는 자기 머리 모양을 가지고 문제
해결 과정에 들어가고 싶지 않다. 아이가 말하듯 그것은 '내 머
리'이기 때문이다. 부모가 계속 이 문제를 해결하려 든다면 아
이는 피할 것이다. 부모를 무시하고 그 자리를 떠서 집 밖으로
나가거나 자기 방으로 들어가 버린다.

그런데도 부모들은 끈질기게 이런 것들을 고치려 든다. 그
러다 보면 싸움, 저항, 분노를 일으키고 부모와 아이의 관계가
심하게 나빠진다.

아이의 행동이 부모의 욕구를 간섭하지 않는데도 행동을
수정하라고 하면 아이는 당연히 반발한다. 어른이 다른 사람에
게 피해가 안 되는 행동을 굳이 고치고 싶어 하지 않는 것과 마
찬가지다. 아이도 어른처럼 자기 자유를 지키기 위해 열렬히
싸울 것이다.

이런 것이 부모들이 저지르는 가장 심각한 실수이고 부모
들이 실패하는 이유이기도 하다. 부모의 욕구를 방해하는 아이
의 행동만 조절하려고 하면 아이가 반항하는 일도, 다투게 되

는 일도, 관계가 나빠지는 일도 많지 않을 것이다. 그런데 부모에게 실질적 영향을 미치지 않는 행동을 두고 야단치고 구슬리고 잔소리를 하는 부모가 참 많다. 그러면 아이는 자기를 지키기 위해 대들고 반항하거나 달아난다.

머리 모양이나 옷, 문신, 피어싱 들을 규제하려 해 보라. 부모가 하지 말라고 압력을 넣으면 그 행동을 오히려 더 심하게 하는 아이도 많다. 어떤 아이들은 당장은 부모의 권위가 두려워 굴복할지언정 마음속으로는 원망하고 미움을 품기도 한다.

아이들은 자기 문제라고 생각하는 일에 부모나 다른 어른들이 개입하려 하면 반항한다. 어른에게 반항하는 것이 아니라 자기 자유를 빼앗으려는 시도에 반항하는 것이다. 아이를 어른들이 생각하는 이미지에 맞게 바꾸려고 할 때, 어른이 옳거나 그르다고 생각하는 기준을 따르도록 강요할 때 반항한다.

안타까운 일이지만, 부모가 자신에게 실제 방해가 되지 않는 행동을 바꾸려고 하다 보면 결국 부모를 괴롭히는 문제에도 영향을 줄 수 없게 되고 만다. 아이들은 큰 아이든 어린아이든 자기 행동이 다른 사람에게 방해가 된다는 것을 뚜렷이 알면 기꺼이 자기 행동을 바꾸려고 한다. 이런 경우에만 부모가 아이 행동에 영향을 미치려고 한다면, 아이들도 거부하지 않고 부모의 욕구를 존중하고 우호적으로 문제를 해결하려 할 것이다.

머리 모양처럼 옷 입는 스타일도 아이들에게는 중대한 상징적 의미가 있다. 내가 젊을 때는 흐린 갈색 코듀로이 바지와 더러운(항상 아주 더러워야 했다) 새들 슈즈〖구두의 등 부분에 색이 다른 가죽을 댄 구두ㅡ옮긴이〗가 유행이었다. 새들 슈즈를 새로 사면 마치 의식이라도 치르듯 흙밭에 문지른 다음에 신었던 것이 기억난다. 요새는 힙합 바지, 문신, 피어싱, 엄청나게 비싼 운동화, 그리고 뭐든 유명 상표가 새겨진 것들이 그런 의미를 지닌 것 같다.

코듀로이 바지와 새들 슈즈를 신기 위해서 나도 얼마나 거센 투쟁을 했던가! 그때는 그런 상징적 물건이 정말 필요했다. 그리고 우리 부모님도 내가 그렇게 차려입는 것이 실질적 구체적으로 자기들에게 어떤 영향을 미친다고 논리적으로 주장할 수 없었다.

때로는 아이의 옷 입는 방식이 부모에게 실질적 구체적 영향을 미친다는 사실을 아이가 이해하고 받아들일 수도 있을 것이다. 앞에서 몇 번 예로 들었던 제인과 코트 문제에서처럼, 비가 오는데 제대로 옷을 챙겨 입지 않고 걸어서 학교에 가면 감기에 걸릴지 모르고, 그러다 보면 학교에 못 가게 되어 부모가 일을 하러 가지 못할 수도 있다는 사실을 제인이 이해했던 것처럼 말이다.

무패 방법으로 해결할 수 있는 또 다른 예로 보호자 없이 부활절 연휴 동안 뉴포트 비치에 가고 싶었던 우리 딸과의 갈등을 들 수 있다. 이 경우에는 우리가 걱정하느라 잠을 설칠 테고, 젊은이들이 소동을 피우다가 단체로 경찰에 끌려가기라도 하면 한밤중에 경찰서에 불려 가야 할지도 몰라 전전긍긍해야 한다는 것을 아이가 이해했다.

한편 아이의 머리 모양에 관한 갈등을 문제 해결 과정으로 해결한 예도 있었다. 이 가족의 아버지는 학교 교장이었는데, 보수적인 동네라 교장 아들의 헤어스타일이 너무 자유분방하니 교장 선생님도 자유방임주의자일 거라고 의심을 사게 되면 직장을 잃을 수도 있다고 느꼈다. 이런 이야기를 했더니 아들이 자기 머리 모양이 아버지의 삶에 구체적이고 실질적인 영향을 줄 수 있음을 이해했다. 그래서 아버지의 욕구를 배려해서 머리 모양을 바꾸기로 했다.

똑같은 상황이라도 다른 가정에서는 결과가 다를 수 있다. 핵심은 아이가 자신의 행동이 부모에게 실질적이고 구체적 영향을 미친다는 논리를 받아들일 수 있느냐 하는 것이다. 그 논리를 납득해야만 아이는 문제 해결 과정에 자발적으로 참여할 것이다. 그러니 부모가 아이의 어떤 특정한 행동이 자신에게 어떤 실질적이고 구체적 영향을 미치는지 설득력 있게 주장할 수 있어야 한다. 그렇게 하지 않으면 아이는 협상에 참여하지 않을 것이다.

때로는 부모가 받아들일 수 없는 행동을 아이가 부모가 곁에 없을 때만 하겠다고 할 수도 있다. 그러기로 했다면 부모는 더는 그 문제로 아이를 타박하지 않기로 약속해야 한다.

무패 방법을 통해 협상하기에 적합하지 않은 다른 예들을 더 살펴보자. 이런 것들도 아이의 행동이 부모에게 실질적 구체적 영향을 미친다는 것을 아이가 받아들일 수 없다면 협상 대상이 될 수 없다.

▶ 고등학교에 다니는 딸이 문신하기를 좋아한다.
▶ 아들이 힙합 바지와 낡은 운동화를 신는다.

- 청소년인 딸이 부모가 마음에 들어 하지 않는 친구들과 어울린다.
- 아이가 꾸물거리며 숙제를 미룬다.
- 아이가 대학을 그만두고 래퍼가 되고 싶어 한다.
- 4살 된 아이가 애착 담요를 손에서 놓지 않으려 한다.
- 딸이 코와 배꼽에 피어싱을 하려 한다.
- 딸이 가슴이 파인 티셔츠와 미니스커트를 즐겨 입는다.
- 아이가 교회나 절에 가지 않으려 한다.

방법 3은 아이를 부모가 원하는 모양으로 만들어 주는 방법이 아니다. 이런 목적으로 방법 3을 사용하면 분명 아이는 그 속셈을 금방 간파하고 저항할 것이다. 그러면 실제로 부모를 괴롭히는 문제들, 예를 들면 아이가 집안일을 하지 않는다거나 지나치게 시끄러운 소리를 낸다거나 집안 물건을 함부로 다룬거나 운전을 험하게 한다거나 옷을 아무 데나 벗어 놓는다거나 텔레비전이나 컴퓨터를 독점한다거나 부엌에서 무얼 먹고 치우지 않는다거나 공구를 제자리에 놓아두지 않는다거나 화단을 밟고 다니는 것처럼 다른 무수히 많은 문제에 이 방법을 사용해 볼 기회도 잃게 된다.

아이의 인권이라는 문제

머리 모양 문제처럼 아이의 행동이 부모에게 구체적이고 실질적 영향을 미친다고 할 수 없는 이슈에서는 아이의 인권이라는 문제를 생각해야 한다. 아이는 머리 모양을 자기 하고 싶은 대로 하고 친구를 선택하고 어떤 옷을 입을지 정할 권리가 있다고 생각한다. 그리고 아이들은 이전 세대의 젊은이들이 그랬듯이 자신의 권리를 지키려고 할 것이다.

어른이나 단체나 국가나 젊은이나 마찬가지로 권리를 뺏기지 않으려고 싸운다. 자유나 자율성을 침해하려는 시도에는 온 힘을 다해 저항할 것이다. 자유와 권리는 협상하거나 타협할 대상도 해결할 문제도 아니다.

왜 부모들은 이걸 이해하지 못할까? 자기 아들과 딸도 인간이고, 자유를 위협당했을 때는 저항하고 싸우는 것이 인간의 본성이라는 것을 왜 모를까? 정말 근본적이고 기본적인 문제, 자유를 지키고자 하는 욕구가 여기 달려 있다는 것을 왜 간과할까? 인권은 가정에서부터 지켜져야 한다는 것을 왜 모를까?

부모가 아이의 권리를 인식하지 못하는 이유 가운데 하나는 부모가 아이를 '소유'한다는 뿌리 깊은 생각에 있다. 이런 관념 때문에 아이를 자기 뜻대로 주무르고, 원하는 형상으로 만들고, 교화하고, 바로잡고, 조종하고, 세뇌하는 것이 정당하다고 생각한다. 아이에게 인권과 자유를 허락한다는 것은 아이를 자기만의 삶을 가진 독립된 인간으로 본다는 의미다. P.E.T. 교육을 받기 전부터 이런 관점으로 아이를 바라보는 부모가 많지는 않다. 그래서 아이에게 되고 싶은 존재가 될 자유를 허락해야 한다는 원칙을 받아들이기가 힘든 것이다. 이때 아이의 자유도 물론 부모의 욕구를 방해하지 않는 한도 내에서 허락되어야 한다.

아이에게 부모는 가치관을
가르쳐서는 안 되나?

수업 시간에 부모들이 가장 많이 하는 질문이다. 자신이 소중히 여기는 가치를 아이에게 물려주고 싶기 때문이다. 이 질문에 대한 나의 답은 이렇다. "당연히 가르쳐도 될 뿐 아니라 안 가르치고 싶어도 그렇게 될 겁니다." 부모는 아이에게 가치관을 가르칠 수밖에 없다. 아이는 부모의 행동을 보고 말을 들으면서 부모의 가치를 습득할 수밖에 없기 때문이다.

부모가 본보기가 되어야 한다

부모나 아이가 자라며 만나는 어른들은 아이의 모델이 된다. 부모는 자신의 가치와 신념을 말이 아니라 행동으로 아이에게 지속적으로 보여 주게 된다.

아이에게 가치관을 가르치는 확실한 방법은 그 가치관에 따라 사는 것이다. 아이가 정직함을 중요하게 여기도록 가르치고 싶다면 정직하게 일상을 살아가면 된다. 아이가 관대함을 익히게 하고 싶다면 관대하게 행동하면 된다. 이것이 아이에게 가치관을 가르치는 최고의 방법이고 아마도 유일한 방법일 것이다.

"나는 바담 풍 해도 너는 바람 풍 해라"라고 가치관을 가르칠 수는 없다. 하지만 행동으로 모범을 보이면 아이에게 영향을 미칠 가능성이 훨씬 커진다. 아이가 정직하기를 바라는 부모가, 만약 누가 전화를 걸어 집에 초대했는데 가고 싶지 않다고 아이들 앞에서 "가고 싶지만, 오늘 손님이 오기로 되어 있어서요"라는 식으로 거짓말로 둘러댄다면 바라는 목표를 이루기 어려울 것이다. 또 아버지가 저녁 식탁에서 소득 신고할 때 경비를 어떻게 부풀렸는지 이야기한다면? 또는 엄마가 아들한테 "노트북 얼마 주고 샀는지 아빠한테는 말하지 말자"라고 말한다면 어떨까? 부모가 아이들한테 삶과 성, 종교 등에 관해 터놓고 말하지 않고 감추려고 한다든가, 사람 사이에 폭력은 있을 수 없다고 가르치는 부모가 자식은 체벌로 훈육한다면 위선자가 된다. 아버지가 아들을 무릎에 올려놓고 엉덩이를 때리면서 "이제 동생을 때리면 안 된다는 걸 알겠지!"라고 소리치는 장면을 그려 놓은 만화가 떠오른다.

아이에게 가치관을 가르치려면 그에 따라 살아가는 모습을 보여 주어야지, 어떤 원칙을 따라 살라고 아이에게 강요하는 것은 아무 효과가 없다. 오늘날 젊은이들이 기성세대의 가치를 거부하고 저항하는 이유는 어른들의 말과 행동이 다르다는 것을 느꼈기 때문이라고 한다. 아이들은 학교에서 역사와 정치에 관한 진실을 전부 가르치지 않으며 교사는 진실 일부를 누락하는 식의 거짓말을 한다는 사실을 알고 실망한다. 어른들이 아이에게는 성도덕을 강조하면서 대중매체에서 비치는 성에 대한 태도는 그와 딴판인 것을 보면 아이는 혼란스러울 수밖에 없다.

부모는 아이에게 가치를 가르칠 수 있지만 그러려면 그 가치를 실천하며 살아야 한다. 말로 설득하거나 권위를 행사해서 가르칠 수는 없다.

그렇게 하는데도 아이가 부모의 가치를 받아들이지 않을 수도 있다. 부모의 가치가 마음에 들지 않거나 부모가 중시하는 가치가 부정적 결과를 낳을 수도 있음을 알아서 그럴 수 있다(예를 들어 젊은이가 부모 세대가 해 온 업무가 과중하고 스트레스가 높은 직업이 심장병이나 번아웃을 가져온다는 것을 알고 거부한다면 직업에 대한 시각이 달라진 것이다).

아이가 부모의 가치를 받아들이지 않으려고 할 때 부모는 이 가치를 주입하기 위해 권위를 사용할 수 있다고 자신을 합리화하곤 한다. '아이가 아직 어려서 잘 모른다'면서 아이에게 가치관을 강요하려 한다.

권위와 힘을 사용해 다른 사람에게 가치를 강요하는 것이 과연 가능한 일인가? 그렇지 않다. 그러다 보면 아이는 오히려 통제에 더 거세게 저항하고 자기 생각과 가치를 더욱 끈질기게 지키려 들 것이다. 힘과 권위로 다른 사람의 행동은 통제할 수 있을지라도 사상, 생각, 신념을 바꿀 수는 없다.

부모가 상담사 역할을 해야 한다

본보기가 되어 영향을 미치는 것 말고, 무엇이 '옳고 그른가'에 대한 부모의 생각을 가르칠 또 다른 방법이 있다. 마치 상담사가 상담을 받으러 온 사람에게 도움을 주듯이 아이들에게 생각과 지식과 경험을 나누어 주는 방법이다. 이때 주의할 점이 있다. 제대로 된 상담사라면 설교하지 않고 생각을 나누며, 강요하지 않으면서 제안하고, 요구하지 않고 권한다. 더욱 중요한 것은 상담사는 생각을 나누고 제안하고 권하는 일을 한 번 이상 하지 않는다는 것이다. 상담사는 내담자에게 자신의 지식과 경험을 나누어 주지만 매주 똑같은 이야기를 반복하거나 말을 듣지 않을 때 모욕을 주거나 의뢰인이 저항하는 데도 자기 생각을 강요하지 않는다. 좋은 상담사는 자기 생각을 들려줄 뿐 그것을 받아들일지 거부할지의 책임은 의뢰인에게 오롯이 남긴다. 만약 부모가 아이 대하듯 상담사가 내담자를 대한다면 그 내담자는 상담받기를 거부하고 떠날 것이다.

많은 아이가 부모를 떠난다. 부모의 도움은 더 필요하지 않다면서 부모를 해고해 버린다. 부모가 아이들에게 좋은 상담사가 되어 주지 못하고 자기가 옳다고 생각하는 것을 강제하려고 훈계하고 회유하고 위협하고 경고하고 설득하고 간청하고 설교하고 교화하고 모욕하기 때문이다. 날마다 하루도 거르지 않고 아이를 타이르고 가르치려 든다. 어떤 생각을 받아들일지 말지를 선택할 책임을 아이에게 주지 않고 자기가 떠맡는다. 자기 생각을 아이가 반드시 받아들여야 한다고 생각하고 받아들이지 않으면 실패했다고 느낀다.

부모가 자기 생각을 '강매'하려 드니 아이들은 더 참지 못하고 부모에게 "그만 좀 괴롭혀" "잔소리 좀 그만해" "얘기 안 해도 엄마가 어떻게 생각하는지 아니까 이제 그만하세요" "훈계하지 마세요" "1절만 해" "됐어요"라고 말한다.

하지만 부모는 아이에게 상담사가 되어 도움을 줄 수 있다. 해고당하지 않으려면 유능한 상담사처럼 행동해야 한다는 것만 잊지 않으면 된다. 그러면 생각과 경험과 지혜를 아이와 나눌 수 있다. 예를 들어, 담배가 건강에 미치는 영향에 대해 아는 것을 아이에게 들려준다. 종교로 삶에 큰 영향을 받았다면 그 경험을 아이에게 들려준다. 마약이 청소년의 삶에 미치는 영향을 다룬 좋은 기사를 읽었다면 보여 준다. 대학에 진학했을 때의 좋은 점에 대한 자료가 있다면 아이와 공유한다. 숙제를 덜 지겹게 하는 방법을 발견했다면 아이에게 팁을 준다. 안전한 성관계에 대한 정보를 적절한 시기에 알려 준다.

그리고 상담사로서 내 경험을 근거로 한 가지를 덧붙이고 싶다. 상담사로 일할 때 가장 큰 도움이 된 도구가 적극적 듣기였다. 새로운 생각을 제안하면 내담자들은 처음에는 거의 예외 없이 저항하고 방어하는 식으로 반응한다. 내 생각이 자신들의 생각이나 습관과 정반대라고 느끼기 때문이다. 적극적 듣기로 이런 감정에 귀를 기울이면 대개 저항하는 감정이 사라지고 새로운 생각을 받아들일 수 있게 된다. 아이에게 신념과 가치를 가르치고 싶다면 아이의 저항이나 반대 의사에도 예민하게 귀를 기울여야 한다. 아이가 저항한다고 느끼면 적극적 듣기를 사용해 보자. 아이의 상담사가 되고 싶다면 적극적 듣기는 매우 유용한 도구다.

수업에 참여한 부모들이나 독자들에게 이렇게 말하고 싶다. "물론 아이에게 가치를 가르칠 수 있습니다. 하지만 절대로 강매하지 마세요!" 뚜렷하게 전달하되 반복 주입하지 않는다. 넉넉히 공유하되 설교하지 않는다. 자신 있게 제안하되 강요하지 않는다. 그리고 나서 우아하게 물러나서 아이들이 그 생각을 받아들일지 아니면 버릴지를 결정하게 내버려 둔다. 그리고 적극적 듣기를 잊지 말도록 하자! 이렇게 하면 아이들은 다시 부모에게 도움을 요청하게 될 것이다. 부모가 쓸 만한 상담사다 싶으면 부모를 해고하지 않고 계속 옆에 두려 할 것이다.

바꿀 수 없는 것은 받아들인다

라인홀트 니부어의 기도문을 들어 본 독자가 있을 것이다. 이런 기도문이다.

> 하느님, 제가 바꿀 수 있는 것을 바꿀 용기를,
> 바꿀 수 없는 것을 받아들일 평온한 마음을,
> 그리고 그 차이를 분별할 지혜를 주십시오.

'바꿀 수 없는 것을 받아들일 평온한 마음'이 조금 전에 한 이야기와 이어진다. 아이들의 행동 가운데 부모 뜻대로 바꿀 수 없는 것이 있기 때문이다. 부모는 그것을 받아들일 수밖에 다른 도리가 없다.

아이에게 상담사 역할만을 해 주라고 말하면 이렇게 반발하는 부모가 많다.

> "부모에게는 아이가 담배를 피우지 못하게 막을 책임이 있지 않습니까?"
> "무슨 수를 써서라도 성관계를 못 하게 할 겁니다."
> "마리화나 문제에 상담사 역할만 할 수는 없어요. 절대 손대지 못하게 할 겁니다."
> "아이가 숙제를 하든 말든 내버려 둘 수는 없어요."

부모가 어떤 행동에 대해서는 아주 강한 반대 의견이 있어서 이 문제만은 포기할 수 없다고 할 수 있다. 하지만 객관적으로 생각해 보면 포기하는 것, 즉 바꿀 수 없는 것을 받아들이는 것 말고 다른 대안은 없다.

흡연을 예로 들어 보자. 담배의 해악에 대해서 아이에게 적절한 정보(흡연이 얼마나 좋지 않은지에 대한 부모 자신의 경험, 보건 당국의 발표, 학술지 기사 등)를 모두 전달했다고 해 보자. 그런데도 아이가 담배를 끊지 않는다. 이럴 때 부모가 무엇을 할 수 있을까? 집에서 담배를 피우지 못하게 하면 아이는 집 밖에 있을 때나 부모가 집을 비울 때 담배를 피울 것이다. 아이를 늘 따라다니면서 감시할 수는 없는 노릇이다. 아이가 담배 피우는 것을 발견했다면 어떻게 해야 할까? 외출을 금지하면 그동안은 참았다가 밖에 나가게 되면 다시 피울 것이다. 집에서 쫓아내겠다고 위협할 수도 있겠지만 그래 봐야 아이는 말을 듣지 않을 테고 실제로 집에서 내쫓는 정도로 극단적인 조처를 하고 싶을 부모는 없을 것이다. 따라서 아이가 담배를 끊게 만들 수 없다는 사실을 받아들이는 것 말고는 다른 방법이 없다. 이런 딜레마를 한 양육자는 이렇게 말했다. "애가 담배를 피우지 않게 하려면 기둥에 묶어 놓는 수밖에 없었어요." 정확한 묘사다.

많은 가정의 골칫거리인 숙제 문제도 마찬가지다. 아이가 숙제하지 않을 때 부모가 할 수 있는 일이 무엇이 있을까? 방에 억지로 들여보내 봐야 아이는 음악을 듣거나 친구와 문자 메시지를 주고받거나 딴짓을 하지 숙제는 하지 않을 것이다.

다시 말해 공부는 억지로 시킬 수 있는 일이 아니다. '말을 물가로 끌고 갈 수는 있지만 물을 마시게 할 수는 없다'라는 속담은 아이의 공부 문제에서도 진리다.

성관계는 어떨까? 역시 마찬가지다. 아이를 종일 따라다니면서 감시할 수는 없다. 한 아버지는 "딸이 성인이 되기 전까지는 성관계를 안 하게 막고 싶었지만 포기할 수밖에 없었어요. 아이가 데이트하러 갈 때마다 경호원처럼 옆에 붙어 있을 수는 없으니까요"라고 말했다.

부모가 어떻게 해 볼 수 없는 행동에 이런 것도 있다. 도발적인 옷차림, 음주, 학교에서의 문제 행동, 친구 사귀는 문제 등. 부모가 할 수 있는 일은 좋은 본보기가 되고, 좋은 상담사가 되고, 아이와 '치유적인' 관계를 발전시켜 아이에게 영향을 주려고 애쓰는 것뿐이다. 그것 외에 무엇이 있을 수 있을까? 부모는 아이가 이런 행동을 하려 할 때 막을 힘이 없다는 사실을 받아들이는 수밖에 없다고 생각한다.

아마 이것이 부모가 치러야 하는 대가인지도 모른다. 그저 최선을 다하고, 그러고 난 다음에는 잘되기를 바랄 따름이다. 최선을 다했는데도 그다지 좋은 결과를 얻지 못할 수도 있다. 결국 우리에게는 "하느님, 바꿀 수 없는 것을 받아들일 평온한 마음을 주십시오"라는 기도가 필요할지 모르겠다.

15

부모가 변해야 한다

마지막으로 다룰 개념은 부모 스스로 태도를 바꾸어서 아이와 사이에서 생기는 갈등을 예방할 수 있다는 것이다. 이 개념을 마지막으로 다루는 까닭은, 아이가 아닌 부모 자신이 변해야 할 때가 있다는 사실이 거부감을 불러일으킬 수 있기 때문이다. 아이를 바꾸는 방법이나 환경을 바꾸는 방법이 부모 자신을 바꾼다는 생각보다는 더 받아들이기 쉽다.

우리는 육아를 아이의 성장과 발달에 영향을 미치는 일로 생각하지 부모 스스로 성장하고 발달하는 일이라고는 잘 생각하지 않는다. 육아는 아이를 '기르는' 일이고 아이를 부모에게 맞추어 키우는 일이라고 생각한다. 문제아는 있어도 문제 부모는 없다고 생각한다.

그러나 남편이나 아내, 친구, 친척, 직장 상사, 동료와의 사이에서 심각한 갈등을 피하거나 좋은 관계를 유지하려면 자신을 변화시켜야 할 필요가 있음을 모르는 사람은 없다. 다른 사람의 행동에 대한 자기 생각과 태도가 바뀌어 그 사람에게 더 관대해진 경험도 누구나 있을 것이다. 습관적으로 약속 시간에 늦는 친구가 있다면 처음에는 화가 나더라도 몇 년 지나면 웃어넘기거나 그걸 가지고 친구를 놀리게 되기도 한다. 이제는 친구가 늦는다고 화를 내지 않고 그냥 원래 그런 사람이라고 받아들이게 된 것이다. 친구의 행동은 바뀌지 않았지만 그 행동에 대한 나의 태도가 바뀌었다. 내가 적응하고 변화한 것이다.

아이 행동에 대한 부모의 태도 또한 바꿀 수 있다.

데이나의 어머니는 최근 데이나가 짧은 치마를 입는 것에 관대해졌다. 자기도 젊을 때 부모가 못마땅해하는 데도 미니스커트와 롱부츠 유행을 추종했던 때가 있었다는 기억이 떠올랐기 때문이다.

리키의 아버지는 3살 된 리키가 정신없이 뛰어노는 것을 이제 편히 볼 수 있게 되었다. 어떤 모임에서 이 나이대 아이들이라면 으레 그러기 마련이라는 말을 들었기 때문이다.

부모가 달라지면 아이의 행동 가운데 받아들일 수 없는 행동을 줄일 수 있다. 그렇게 어려운 일은 아니다. 부모는 보통 첫째보다는 둘째, 둘째보다는 셋째에게 훨씬 관대하기 마련이다. 또는 육아에 관한 책을 읽거나 부모 대상 강의를 듣거나 많은 아이를 접한 경험 등을 통해 아이를 더 많이 이해할 수 있게 되기도 한다. 아이를 기르는 직접 경험을 통해, 아니면 다른 사람의 경험을 통해서도 부모의 태도가 크게 달라질 수 있다. 아이에 대한 태도를 바꾸는 확실한 방법이 몇 가지 더 있다.

자신에게 더 관대해져야 한다

다른 사람에게 너그러운 정도와 자기에게 너그러운 정도에 상관관계가 있다는 연구 결과가 있다. 자신에게 만족하는 사람은 다른 사람에게도 관대하기 마련이다. 자신에게 불만이 많은 사람은 다른 사람에게도 너그럽기 힘들다.

'나는 나를 얼마나 좋아하는가?'라고 스스로 질문을 던져 보자. 자신을 인간으로서 솔직히 괜찮게 여기지 않는다 싶으면 자기 삶을 되돌아보고 더 많은 충족감을 느낄 방법을 찾아볼 필요가 있다. 재능을 잘 활용하고 잠재력을 실현하여 성취를 이루는 활동적이며 생산적인 사람이 보통 자기 만족감이 크다.

독립적인 생산 활동으로 성취욕을 충족시키는 사람은 자신을 긍정적으로 받아들일 뿐 아니라 아이한테서 자신의 성취욕을 충족시키려 하지 않을 것이다. 아이가 어떤 사람으로 자라났으면 하는 구체적인 욕구도 없다. 자존감이 있는 사람은 자신의 성취라는 확고한 기반 위에 있으므로 아이가 어떤 방식으로 행동하든 더 잘 받아들일 수 있다.

반면 삶에서 만족감을 느끼지 못하고 자존감이 약해서 다른 사람이 자기 아이를 어떻게 평가하느냐로 만족감을 얻으려 하는 사람은 아이에게 관대해지기 어렵다. 특히 아이의 행동 때문에 자신이 나쁜 부모로 보일까 봐 두려워한다. 이렇듯 '간접적인 자기 만족감'을 추구하다 보니 아이가 어떠한 특정한 방식으로 행동하게 만들고 싶다. 자기가 그려 놓은 설계도에서 아이가 벗어나면 받아들이지 못하고 속상해한다.

학교 성적도 좋고, 교우 관계도 좋고, 운동도 잘하는 '모범생'을 길러 내는 것을 우월함의 지표처럼 생각하는 부모가 많다. 아이에 대해 긍지를 느낄 수 있어야 하고 자기가 훌륭한 부모로 보이기를 바란다. 어떤 면에서는 긍지와 자부심을 느끼기 위해 아이를 이용하는 것이나 다름없다. 다른 곳에서 자부심과 자존감을 얻지 못하는 부모가 아이를 '잘' 기르는 데 삶을 다 바치게 되고, 안타깝게도 아이에게 지나치게 집착하고 걱정하게 되고 만다.

아이는 소유물이 아니다

아이를 자기가 생각하는 틀에 맞게 만들려고 강력한 수단을 사용하는 부모는 "내 아이인데 내 방식으로 키우는 게 당연하지 않나요?" "부모에게는 최선이라고 생각하는 방향으로 아이를 이끌어 갈 권리가 있지 않습니까?"라며 자신을 합리화한다. 아이를 소유물이라고 생각하고 아이를 뜻대로 만들어 갈 권리가 있다고 생각하는 양육자는 자기가 정해 놓은 틀에서 아이가 벗어나면 그 행동을 못마땅해한다. 반면 아이를 부모의 소유물이 아니라 독립적이고 자기와는 구별되는 존재로 바라보면 아이의 행동에도 더 관대해지기 마련이다. 아이가 어떠해야 한다는 관념이나 틀이 없으므로 아이의 개성을 망설임 없이 받아들이고 아이가 타고난 대로 자라나게끔 내버려 둘 수 있다. 아이를 받아들이는 부모는 아이가 스스로 삶의 계획을 만들어 갈 수 있게 하지만 그렇지 않은 부모는 아이의 삶을 자신이 계획해 주어야 한다고 생각한다.

아이를 '자신의 연장'이라고 생각하는 부모가 많다. 그러다 보면 부모는 아이를 자신이 생각하는 '좋은 아이'의 정의에 부합하는 모습에 끼워 맞추거나 부모 자신이 이루지 못한 것을 이루게 만들려고 엄청난 노력을 쏟는다. 인본주의 심리학에서는 '분리'에 대한 이야기를 많이 한다. 건강한 인간관계를 이루려면 상대방을 자신과 분리해서 볼 수 있어야 한다. 분리해서 볼수록 상대를 변화시킬 필요를 적게 느끼고 상대의 개성이나 차이를 더 잘 받아들일 수 있게 된다.

상담이나 P.E.T. 강의 때 나는 "당신이 아이에게 삶을 주었으니, 이제 아이에게 그걸 갖게 하세요. 당신이 준 삶에서 무엇을 할지는 아이가 결정하게 하세요"라는 말을 자주 한다. 칼릴 지브란이 《예언자》에서 이런 원칙을 이렇게 아름답게 표현했다.

당신의 아이는 당신의 아이가 아닙니다.
아이는 삶의 갈망의 아들이며 딸입니다.
아이는 당신을 거쳐 세상에 나왔지만 당신에게서 나온 것은 아닙니다.
아이는 당신 곁에 있지만 당신의 것은 아닙니다.
당신은 아이에게 사랑을 줄 수 있지만 생각을 심어 줄 수는 없습니다.
아이에게도 생각이 있으니까요.
아이를 닮으려고 애쓸 수는 있지만 아이가 당신을 닮게

만들려고 하지 마세요.

삶은 뒤로 가지 않으며 어제에 머물지도 않기 때문입니다.

아이가 자신의 소유물도 자신의 연장도 아닌 독립적이고 개성적인 존재임을 알면 부모는 자신을 바꾸어서 아이의 행동 가운데서 받아들일 수 없는 행동의 수를 줄일 수 있다. 아이에게는 자기가 되려 하는 모습이 될 권리가 있다. 그 모습이 부모의 계획과 아무리 다르더라도 아이의 그 권리를 빼앗을 수는 없다.

아이를 진정으로 좋아하는가 아니면 특정 유형의 아이만 좋아하는가?

아이를 정말 좋아한다고 말하면서도 행동을 보면 어떤 특정 유형의 아이만 좋아하는 듯 보이는 사람이 많다. 신체 능력에 큰 가치를 두는 아버지는 운동에 관심도 재능도 없는 아들이 못마땅하다. 외모를 중시하는 어머니는 미의 사회적 기준에 맞지 않는 딸을 인정하지 않는다. 음악을 사랑하는 부모는 음악에 관심이 없는 아이에게 깊은 실망감을 표현한다. 학문적 성취를 중시하는 부모는 공부 머리가 없는 아이에게 치유 불가능한 마음의 상처를 입힐 수 있다.

세상에 얼마나 다양한 아이들이 있는지, 이 아이들이 살아갈 삶의 모습이 얼마나 다양할지를 깨닫는다면 받아들일 수 없는 아이의 행동이 거의 없을 것이다. 이러한 생명의 다양함

이야말로 자연의 아름다움이자 생명의 기적이다.

　나는 "아이가 구체적으로 어떻게 되기를 바라지 마세요. 그냥 아이가 무엇이든 되기를 바라면 됩니다"라고 힘주어 말한다. 이런 자세를 가지면 자연히 아이를 더 넓은 마음으로 받아들일 수 있고, 아이가 자라는 모습을 보면서 기쁨과 설렘을 느낄 것이다.

부모의 가치와 신념만 옳은가?

부모가 아이들보다 나이가 많고 경험도 많은 것은 분명하다. 그러나 그렇다고 부모만이 무엇이 옳은지 그른지 판단할 지혜와 지식을 갖추었다고 단언할 수는 없다. '경험은 최고의 선생'이지만 경험이 언제나 옳은 것만을 가르치지는 않는다. 많이 알수록 좋긴 하지만 많이 안다고 언제나 현명한 것은 아니다.

　아이와 관계에 심각한 문제를 겪는 부모 가운데에는 옳고 그름에 대한 신념이 확고한 사람이 많다. 자신의 가치와 신념이 옳다는 확신이 강할수록 아이에게 (다른 사람들에게도) 강요할 가능성이 크다. 그리고 자신의 가치와 신념에서 벗어나는 행동을 용인하지 못하는 일도 많을 것이다.

　융통성 있고 유연하며 흑백 논리에서 벗어난 가치와 신념 체계를 가진 부모는 자신의 가치와 신념에서 벗어나는 행동을 보더라도 훨씬 쉽게 받아들일 수 있다. 이런 부모는 아이를 미리 만들어 놓은 틀에 맞추려고 들지도 않는다. 아들이 머리를 밀어 버렸더라도, 자기라면 그렇게 하지 않을 테지만 그래도 상대적으로 쉽게 받아들인다. 세대에 따른 성적 표현의 변화나 옷 입는 스타일, 학교 권위에 대한 저항에도 더 관대해진다. 변화는 막을 수 없다는 것, '삶은 뒤로 가지 않으며 어제에 머물지도 않는다'는 것, 어떤 세대의 가치는 이전 세대와 다를 수밖에 없다는 것, 사회는 앞으로 나아가야 하며 어떤 것에는 열렬히 저항해야 한다는 것, 불합리하고 억압적인 권위에는 맞서야 한다는 것을 아는 부모다.

아이가 아니라 배우자가 우선이다

아이와의 관계를 최우선으로 여기고 남편이나 아내와의 관계는 그다음으로 치는 부모가 많다. 어머니들이 특히 부부 사이에서 얻지 못하는 만족과 기쁨을 아이에게서 얻으려고 하기도 한다. 그러다 보면 늘 아이를 우선시하고 아이를 위해 희생하고 아이가 잘 자라는지에만 매달리게 된다. 그래서 아이의 행동이 지나치게 중대한 의미를 띤다. 아이가 어떻게 행동하는지가 너무 중요해서 쉴 틈 없이 아이를 지켜보고 간섭하고 감독하고 평가하려 한다. 이런 부모는 아이가 실수나 실패를 하도록 내버려 둘 수가 없다. 아이가 실패나 좌절을 경험하지 않아야 하고, 어떤 위험에도 노출되지 않아야 한다고 생각한다.

아이와 이보다 가벼운 관계를 맺을 수 있어야 한다. 대신 부부 관계를 최우선에 두자. 물론 아이는 삶에서 중요한 위치를 차지하지만 그래도 우선순위가 두 번째가 되어야 한다. 아니면 두 번째는 아니더라도 적어도 배우자보다 우위에 두지는 않아야 한다. 아이에게는 자유와 독립을 더 많이 보장한다. 부모는 아이와 함께 보내는 시간도 즐겨야 하지만 거기에도 제한을 둔다. 배우자와 단둘이 보내는 시간도 필요하다. 아이들에게만 헌신하지 않고 부부 관계도 신경 쓰면 아이의 행동이나 성취에 그렇게까지 큰 의미를 두지 않게 될 것이다. 아이에게 아이만의 삶이 있고 스스로 삶을 만들어 나갈 자유가 있다면, 부모가 아이의 행동을 바로잡거나 감독하는 일도 훨씬 드물다. 아이들에게 부모가 필요할 때 곁에 있어 주지만 아이가 원하지 않을 때 끼어들고 개입하지는 않는다. 그렇다고 아이를 방치하지도 않는다. 아이를 염려하지만 아이 때문에 전전긍긍하지 않는다. 아이에게 관심이 있으나 숨 막히게 하지 않는다. '아이는 아이다'라는 태도로, 아이다운 모습을 너그러이 받아들인다. 아이의 미숙함이나 단점을 한탄하는 대신 재미있어한다.

부모의 태도를 바꿀 수 있을까?

이 책을 읽는다고 부모의 태도가 바뀔까? 아이를 더 많이 받아들이게 될까? 전에는 이 부분에 확신을 갖지 못했다. 나도 상담 분야에서 일하는 많은 사람처럼 임상 심리학을 공부하면서 생긴 편견이 있었기 때문이다. 나는 전문가가 최소 6개월에서 1년 이상 집중 치료를 하지 않는 한, 사람은 변하지 않는다고 배웠다.

그러나 최근에는 사람들의 생각이 바뀌었다. 상담이나 치료, 강좌, 책, 동영상, 팟캐스트 등의 도움을 받아 태도와 행동을 크게 바꾼 사람들을 드물지 않게 볼 수 있기 때문이다. 이제 의사소통과 갈등 해결 기술을 익히고 실천할 기회가 있으면 많은 사람이 눈에 뜨이게 달라질 수 있음을 전문가들도 대부분 인정한다.

강의나 책으로 P.E.T. 프로그램을 접한 부모들은 자신의 현재 태도와 방법에는 부족한 점이 있음을 깨닫게 된다. 아이와 관계에 문제가 있음을 알고, 현재 방식이 아이에게 궁극적으로 어떤 영향을 줄지 걱정하기도 하고, 아이가 자라남에 따라 문제를 일으키거나 부모와의 관계가 악화하는 일이 얼마나 많은지도 잘 안다.

그러니 P.E.T.를 시작하는 부모들은 대부분 바뀌고자 하는 마음의 준비가 된 사람들이다. 새롭고 효과적인 방법을 배우고 다른 부모들이 저질렀던 실수를 반복하지 않고 부모 노릇을 더 쉽게 할 방법을 알고 싶어 한다. 아이를 더 잘 길러 보고 싶은 의지가 없는 부모는 아직까지 본 적이 없다.

이런 의지가 있으므로 교육을 받으면서 태도와 행동이 현격히 달라지는 일이 일어난다. 다음은 교육에 참여했던 사람들의 이메일이나 강의 평가에 있던 말들이다.

"그저 아이들이 아직 어릴 때, 몇 년 전에 이 수업을 들었더라면 얼마나 좋았을까 생각할 따름입니다."
"이제는 아이를 친구를 대할 때처럼 존중하며 대합니다."
"수업을 들을 수 있어 행운이라고 생각합니다. 심지어 인류 전체에 대한 시야도 넓어진 것 같습니다. 다른 사람에 대해서도 이전보다 훨씬 더 관대졌음을 느낍니다.”

“항상 아이들을 좋아했지만 이제는 아이를 존중하는 법도 배워 나갑니다. P.E.T.는 단순한 육아 수업이 아니라 삶의 방식이라고 생각합니다.”

“그동안 내가 아이를 과소평가해서 과잉보호와 과잉 돌봄으로 아이를 나약하게 만들어 왔다는 걸 깨달았어요. 유명한 자녀 교육 모임에 들어가 있었는데 그것 때문에 ‘완벽한 엄마’가 되려고 애쓰면서 그러지 못하는 것에 죄책감만 늘어나고 있었거든요.”

“아이를 의심하기만 하고 지금 생각하면 이상할 정도로 믿지를 못했어요. 하지만 아이들이 자기감정과 문제를 부모인 나보다 더 현명하게 처리하는 것을 보고는 어깨 위에 있던 짐을 다 내려놓은 기분이었어요. 이제 저 자신을 위해 살기 시작했어요. 공부도 다시 시작했고, 훨씬 행복해졌고요. 스스로 만족감을 느끼는 사람, 더 좋은 부모가 되었습니다.”

누구나 하루아침에 태도를 바꾸어 아이를 더 수용하는 사람이 될 수는 없다. 부부 사이가 좋지 않아 아이에게 좋은 부모가 되지 못할 수도 있다. 부부 사이 갈등이 커서 아이를 포용할 만한 시간과 정력이 남아 있지 않다거나, 남편이나 아내로서 자신이 만족스럽지 않기 때문에 아이에 대해서도 만족하지 못하기도 한다.

이전 세대로부터 물려받은 억압적인 가치 체계를 벗어 버리지 못해서 자기 아이들에게 지나치게 비판적이고 엄격한 부모도 있다. 아이를 '소유'한다는 태도나 아이를 정해 놓은 틀에 맞게 기르려는 목표를 버리지 못하는 부모도 있다. 특히 부모에게 아이를 신앙인으로 만들어야 하는 도덕적 의무가 있다고 가르치는 일부 종교 분파의 교리에 영향을 받아 아이에게 종교를 강요하는 사람도 있다. 이런 종교에서는 부모가 힘과 권위를 사용해 사실상 세뇌나 사상 통제에 가까운 극단적 방법이라도 써서 아이를 개종해야 한다고 한다.

기본 태도를 바꾸기 힘들어하는 부모도 P.E.T.를 경험하고 변화의 필요를 깨닫고 집단 심리 치료, 부부 상담, 가족 치료, 개인 치료 등 다른 도움을 구하기도 한다. 많은 사람이 P.E.T. 교육을 받고 나서 상담사나 정신과 의사의 상담을 받아 볼 생각을 하게 되었다고 말한다. P.E.T.로 큰 변화를 이루지는 못했을지라도 자신을 돌아보게 되었고 달라지고자 하는 동기가 생겼기 때문이란다.

P.E.T. 코스를 마친 뒤에 다른 부모들과 소모임 같은 것을 해서 새로 습득한 방법을 잘해 나가고 있는지 점검하고 서로 도움을 주고받고 싶어 하는 사람들도 있다. 이 모임에서 부모들은 부부 관계나 자기 부모와의 관계, 인간으로서 기본 태도 등에 관해서 이야기를 나눈다. 이런 모임의 도움으로 내면으로 더 깊이 들어가면 생각도 명료해지고 태도도 바뀌어서 P.E.T. 방법을 더 효과적으로 사용하게 되기도 한다. 따라서 P.E.T. 자체로 큰 변화를 체험하지 못했더라도 변화의 첫걸음을 내딛고 더 나은 사람이자 부모가 될 길을 걸을 용기를 얻게 된 셈이다.

책을 읽는 것이 P.E.T. 코스에 직접 참여하는 것과 완전히 같을 수는 없겠지만, 이 책을 읽고 진지하게 공부하는 것만으로도 새로운 육아 철학을 이해하는 데 무리가 없을 것이다. 이 책을 읽고 가정에서 실천하는 데 필요한 구체적인 기술을 상당한 수준으로 습득할 수 있으리라고 생각한다. 이 기술은 아이와의 관계뿐 아니라 배우자, 회사 동료, 부모, 친구들과 사이에서도 언제든 실천할 수 있다.

강의를 들었든 책을 읽었든 그것만으로는 충분하지 않다. 책임감 있는 아이를 기르려면 많이 노력해야 한다. 노력하지 않고 되는 일이 어디에 있겠는가?

16

아이들에게 영향을 주는 사람은
부모만이 아니다

아이들은 자라면서 부모의 책임을 나누어 맡은 여러 다른 어른에게서 영향을 받는다. 이들도 아이에게 부모 역할을 하므로 아이의 성장과 발달에 강한 영향을 미친다. 조부모, 친척, 베이비시터, 보육교사, 교사, 교장, 상담사, 코치, 캠프 지도자, 방과 후 교사, 학원 선생님, 청소년 단체 지도자, 소년단장, 주일 학교 교사, 야구/축구단 코치, 보호 관찰관 등이 그러하다.

이 대리 부모들에게 아이를 의탁할 때 아이를 믿고 맡길 수 있을까? 이들이 아이와 치유적이고 건설적인 관계를 맺을까 아니면 해로운 관계를 맺을까? 이들이 아이에게 얼마나 효과적으로 도움을 줄 수 있을까? 이들이 아이에게 상처를 입히지 않으리라고 믿을 수 있나?

매우 중요한 질문이다. 아이는 자라면서 관계를 맺는 모든 어른에게 큰 영향을 받기 때문이다.

부모가 아니어도 아이의 성장과 발달과 관련된 일을 하는 많은 사람이 P.E.T. 기술을 익힌다. 우리는 교사 역할 훈련(T.E.T.), 리더 역할 훈련(L.E.T.) 등의 전문 교육 과정을 통해서 이런 사람들을 교육해 왔다. 이렇게 사람들을 만나 보면서 직업적으로 아이를 대하는 사람들 역시 태도나 방식이 부모와 매우 비슷하다는 사실을 알 수 있었다. 이들 역시 아이의 말에 충분히 귀를 기울이지 않고 아이의 자존감에 상처를 주는 말을 하고 있으며 아이의 행동을 통제하기 위해 권위와 힘에 크게 의존했다. 이들도 갈등 해결에서 이기거나 지는 두 방법의 틀에 갇혀 있고 아이의 가치와 신념에 영향을 미치고 자기가 생각하는 이상적인 형태로 아이를 만들려고 아이를 닦달하고 훈계하고 설교하고 모욕하곤 했다.

　　물론 부모 가운데에도 그렇지 않은 부모가 있듯 이들 가운데에도 예외는 있다. 하지만 아이의 삶에 관여하는 어른들이 효과적인 조력자가 되는 데 필요한 기본 태도와 기술을 갖추지 못한 경우가 태반이다. 부모들처럼 이들도 필요한 훈련을 받지 못한 탓이다.

　　여기에서는 주로 교사를 예로 들 테지만 교사가 가장 자질이 부족하다거나 훈련이 필요해서 그런 것은 아니다. 다만 교사가 아이들과 가장 많은 시간을 함께 보내며 아이들에게 가장 큰 영향을 주는 사람이기 때문이다. 경험에 비추어 보면 학교는 대부분 기본적으로 군대와 비슷한 조직 구조와 통솔 방식을 갖춘 권위적인 조직이다.

　　학생의 행동에 대한 규율과 규칙은 거의 예외 없이 아이들의 참여가 배제된 상태에서 위계 구조에서 상위를 차지하는 어른들이 일방적으로 결정한다. 규칙을 위반하면 처벌을 받는다. 믿기 어렵지만 체벌도 이루어진다. 심지어 이 규칙을 집행해야 하는 일반 교사들조차 교칙 제정에 목소리를 내지 못하기도 한다. 그런데도 교사가 아이를 배움의 길로 얼마나 잘 이끄느냐가 아니라 교실에서 질서를 얼마나 잘 유지하느냐에 따라 교사의 자질을 평가하기도 한다.

학교에서 가르치는 교과 과정에는 아이들이 흥미를 못 느끼거나 실제 삶과 무관하다고 생각하는 내용이 많다. 아이들이 흥미와 관심을 느끼지 못하니 점수제라는 상벌 방식으로 학업을 강제할 수밖에 없다. 아이들의 절반가량을 '평균 이하'로 평가하는 터무니없는 방식으로 말이다.

교실에서는 아이들이 야단맞고 면박당하는 일이 늘 일어난다. 가르친 것을 그대로 줄줄 외우면 칭찬받고 반대 의견을 내거나 시키는 대로 하지 않으면 야단맞는다. 초등학교 고학년이나 중고등학생쯤 되면 더는 아이들이 수업 시간에 활발한 토론을 벌이지 않는다. 그동안 많은 교사가 습관적으로 아이들 의견에 '열두 가지 잘못된 대화법'으로 응해 왔기 때문이다. 그래서 아이들이 생각을 솔직하게 터놓고 이야기하지 않게 된다.

재미도 없고 도움도 안 되는 수업 시간에 아이는 말썽을 부리기 마련이지만 그러면 갈등은 주로 방법 1로, 가끔은 방법 2로 해결된다. 교사는 말을 안 듣는 학생을 교장실로 보내곤 하는데, 그건 갈등의 당사자인 교사가 없는 자리에서 갈등을 해결해 달라는 의미다. 그러니 교장은 당연히 아이가 잘못했다고 생각하고 두 번 생각할 것도 없이 아이를 벌주거나 훈계하거나 '다시는 그러지 않겠다'는 다짐을 받아 낸다.

학교에서 학생 인권은 너무나 당연하게 무시된다. 언론의 자유, 원하는 머리 모양을 할 권리, 입고 싶은 옷을 입을 권리, 반대할 권리 등이 억압된다. 또 자기에게 불리한 진술을 강요당하지 않을 권리도 없고 아이가 학교에서 문제를 일으켰을 때는 사법 제도가 모든 시민에게 보장하는 최소한의 '법적 절차'를 지키지 않는다.

내가 지금 학교를 지나치게 부정적으로 묘사한 것일까? 그렇지만은 않다고 생각한다. 학교 제도의 문제점을 지적하는 사람은 나 말고도 많다. 아이들에게 학교와 교사들을 어떻게 생각하느냐고 물어보기만 해도 알 수 있다. 많은 아이가 학교가 싫고, 선생님이 학생을 존중하지 않고 불공정하게 대한다고 답할 것이다. 아이들은 학교를 '가야 하니까 가는 곳'으로 느낀다. 공부는 재미있거나 즐겁지 않고 따분할 뿐이며 교사는 마치 학생을 감시하는 경찰관처럼 느낀다.

아이의 양육을 맡은 어른이 아이에게 이런 부정적인 반응을 불러일으킨다면, 아이가 어떻게 자라느냐를 모두 부모의 탓으로 돌릴 수는 없는 일이다. 물론 부모에게도 책임이 있지만 다른 어른들에게도 마찬가지로 책임이 있다.

그렇다면 아이가 학교에서 부당하고 해로운 취급을 받는다면 부모는 어떻게 할 수 있을까? 다른 어른들에게 긍정적인 영향을 줄 수 있을까? 다른 어른들이 아이를 어떻게 대하고 다루는지에 부모의 의견을 반영할 수 있을까? 나는 그럴 수 있고 그래야 한다고 믿는다. 그러려면 이전의 수동적이고 순응적인 태도는 버려야 한다.

먼저 아이가 속한 기관이나 단체에서 독단적으로 권위와 힘을 사용해 아이를 통제하고 억압하지 않는지 유심히 관찰해야 한다. '아이를 거칠게 다루는' 사람이나 '규칙과 질서'의 명분 아래 아이를 힘으로 통제하는 사람, 아이가 책임감과 자율성을 가지고 행동할 수 없다는 전제 아래 권위적인 방식을 사용하는 사람에게 대항해야 한다. 아이에게는 인권이 필요 없다며 무시하는 사람이 있다면 방관하지 말고 아이의 인권을 지키기 위해 일어서야 한다.

또한 학교를 바꿀 개혁안을 제안하는 움직임을 지원할 수도 있다. 교과 과정 변화를 모색하고, 점수제를 폐지하고, 새로운 교육 방법론을 도입하고, 아이가 스스로 원하는 진도에 따라 학습하게 하고, 개별화된 지도를 받고, 학교 운영에 아이들이 참여할 수 있게 하고, 교사가 아이들과 더 인간적이고 치유적인 관계를 맺을 수 있게 교육하는 것에 힘을 실어 줄 수 있다.

학교의 변화를 추진하는 이러한 움직임들은 이미 시작되었고 벌써 진행 중인 것도 많다. 부모들은 새로운 교육 방식을 두려워하지 말고 반기고 학교에서 이 방식들을 실험해 보도록 지지해야 한다.

그 가운데 내가 가장 잘 아는 것은 우리 프로그램인 교사 역할 훈련(T.E.T.)이다. 미국 전역 수백 개 이상 학구에서 이 프로그램이 도입되었고 다른 나라에서도 소개되었는데 상당히 고무적인 성과가 있었다.

캘리포니아 쿠퍼티노의 한 중학교에서는 우리 프로그램 덕에 교사와 학생이 함께 학교 교칙 전체를 새로 개정하게 되었다. 교사와 학생이 모두 참여한 문제 해결 모임에서 이전의 잡다한 교칙은 모두 폐기되었고 단순 명료한 규칙 두 개만이 남았다. 다른 사람의 학업을 방해해서는 안 된다는 것과 다른 사람에게 육체적으로 해를 입혀서는 안 된다는 것 두 가지였다. 교장의 말에 따르면 이런 효과가 있었다고 한다.

"학생들에게 힘과 권위를 덜 썼더니 학생들이 자기 행동과 다른 사람의 행동에 더 책임감을 느끼고 자율적으로 행동하게 되었습니다."

캘리포니아 팰로알토의 다른 학교에서는 무질서했던 교실에 방법 3 갈등 해결 방식을 도입하자 '수업에 방해되는 받아들일 수 없는 행동'이 시간당 평균 30개에서 4.5개로 줄었다. 설문 결과 학생의 76퍼센트는 문제 해결 방식이 도입된 후 학업을 더 잘할 수 있게 되었다고 했고 95퍼센트는 교실 분위기가 좋아졌다고 대답했다.

시미밸리의 어팔로 고등학교 교장은 T.E.T.의 효과를 이렇게 정리했다.

1 훈육 문제가 최소 절반은 감소했다. 정학 등의 조치 없이 학생의 행동 문제를 해결하는 효과적이고 만족스러운 방식이었다. 정학 조치를 하면 사나흘 정도 문제를 잠재

울 뿐 문제 행동의 원인을 없애는 데는 아무 효과가 없다. T.E.T. 코스로 문제 해결법을 익히고 시행하자 학생들 사이, 일반 교사와 보직교사 사이, 교사와 학생 사이 문제를 해결하기가 한결 쉬워졌다.

2 갈등이 발생하기 이전에 방지하도록 학교 회의를 상설했다. 고든 박사의 문제 해결 방식을 도입해 갈등이 문제 행동으로 발전하는 것을 막을 수 있었다.

3 교사와 학생들 관계는 물론, 나와 학생들 관계도 크게 개선되었다. 학생들이 자신의 행동에 책임을 지고 문제를 스스로 해결하도록 한 덕이다.

라메사에 있는 초등학교 교장은 T.E.T.를 이렇게 평가했다.

우리 초등학교의 교사 가운데 다수가 T.E.T. 교육을 받은 뒤(23명 중 16명이 교육을 이수했다) 학생과 교사의 행동에 많은 변화가 있었다.

1 교사들이 힘든 행동 문제를 해결할 수 있다는 자신감을 얻었다.

2 학급 내의 정서적 분위기가 편안하고 건강해졌다.

3 학생들이 자신들의 학교생활에 영향을 미치는 교칙 제정 회의에 직접 참여했고, 그 회의에서 정한 규칙에 책임감을 느끼게 되었다.

4 학생들이 폭력이나 통제 따위에 의존하지 않고 문제를 해결하는 방식을 배운다.

5 규율 문제가 눈에 띄게 줄었다.

6 교사의 행동도 훨씬 이치에 맞게 변했다. 예를 들어 교사가 문제를 느낄 때가 아니라 학생이 문제를 느낄 때 학생 상담이 이루어진다.

7 교사가 문제가 있을 때 힘을 사용하지 않고 문제를 효과적으로 해결한다.

8 교사가 학부모 회의를 유용하고 의미 있게 이끈다.

교사가 P.E.T. 교육을 받으면 학교에 괄목할 만한 변화가 일어날 수 있다. 그러나 부모들이 현상 유지를 바라고 변화를 경계하는 권위적이고 보수적인 지역에서는 학교 역시 변하기 쉽지 않다.

그러므로 아이들이 교사나 코치, 학원 강사, 청소년 그룹 지도자들의 처사를 불평할 때 부모가 귀를 기울여야 변화가 일어날 것이다. 아이가 학교가 싫다거나 어른들에게 불만이 있다고 말할 때 그럴 만한 타당한 이유가 있음을 의심하지 말아야 한다. 무조건 학교나 기관 편에 서지 말고 아이 말에 귀를 기울이면 잘못된 점을 찾을 수 있다.

부모들이 발 벗고 나서야만 학교가 더 민주적이고 인간적이고 치유적인 곳으로 발전할 수 있다. 나는 무엇보다도 어린이와 청소년을 대하는 완전히 새로운 철학, 젊은이를 위한 새로운 권리 장전이 필요하다고 생각한다. 과거에 소수자에 대한 차별을 당연시했던 것처럼 아이를 차별하는 것을 당연시하고 2000년 전에 아이를 대하던 것과 똑같은 방식으로 아이를 대해서는 안 된다.

여기에서 P.E.T. 프로그램의 바탕이라고 할 수 있는 어른과 아이의 관계에 관한 철학을 강령의 형태로 제시하고자 한다. 수년 전 P.E.T. 철학을 간명하고 이해하기 쉬운 말로 정리하려고 쓴 글인데 P.E.T. 과정에 등록하는 모든 사람에게 이 글을 나누어 준다.

관계를 위한 강령

당신과 나는 계속 이어 나가고 싶은 소중한 관계를 맺고 있습니다. 그러나 우리는 저마다의 욕구가 있고 이 욕구를 충족시킬 권리가 있는 독립된 인간입니다.

우리가 소중히 여기고 필요로 하는 것이 무엇인지 더 잘 알기 위해 늘 솔직히 터놓고 대화합시다.

당신이 욕구를 충족시키는 데 문제가 있을 때 나는 진심으로 포용하고 이해하며 귀를 기울여서 당신이 내 해결책에 의존하는 대신 스스로 해결책을 찾도록 돕겠습니다. 또 내가 내 문제에 해결책을 찾으려 할 때 당신이 귀를 기울여 주기를 바랍니다.

당신의 행동이 내 욕구를 충족시키는 데 방해가 된다면 나는 그 행동이 나에게 어떤 영향을 미치는지 당신에게 솔직하게 말하고 당신이 내 욕구와 감정을 존중해 주리라 믿겠습니다. 또 내 행동을 당신이 받아들일 수 없다면 나에게 솔직히 말해서 내가 행동을 바꿀 수 있게 해 주기를 바랍니다.

우리 사이에 갈등이 있을 때는 힘을 사용해서 상대를 굴복시키려고 하지 말고 갈등을 잘 해결해 봅시다. 당신의 욕구를 존중하지만 내 욕구도 중요합니다. 그러니 우리가 함께 받아들일 방법을 찾으려고 노력해 봅시다. 당신의 욕구도 나의 욕구도 충족되고 아무도 손해 보지 않고 둘 다 이기는 방법을요.

그러면 결과적으로 당신도 욕구를 충족시키면서 성장할 수 있고 나도 그럴 것입니다. 우리 관계는 서로의 가능성을 실현하게 하는 건강한 관계가 될 것입니다. 우리는 서로를 존중과 사랑, 평화의 감정으로 대하게 될 것입니다.

부록

1. 감정에 귀 기울이기 테스트

아이들이 하는 말에는 말 그대로의 뜻보다 더 많은 숨은 뜻이 있다. 아이들의 말 뒤에는 감정이 숨어 있기 때문이다. 다음 아이들이 잘하는 전형적인 말들을 하나씩 읽고 감정을 읽어 내려고 해 보자. 그리고 오른쪽 칸에 그 말에서 느껴지는 감정을 적어 보자. 말의 내용은 빼고 감정만 한두 단어로 간단히 적으면 된다. 두 가지 이상의 감정을 담은 문장도 있다. 느껴지는 주된 감정을 번호를 매겨 가며 모두 적어 보자. 다 적고 나면 뒤에 있는 점수표를 이용해서 점수를 매겨 보자.

아이의 말	아이의 감정
【예시】 뭐가 잘못됐는지 모르겠어. 그냥 뭔지를 모르겠어. 이제 그냥 포기할까 봐.	(1) 막막하다. (2) 좌절했다. (3) 그만두고 싶다.

아이의 말	아이의 감정
1 야, 열흘만 있으면 방학이네.	
2 아빠 이거 봐! 새 공구로 비행기를 만들었어!	
3 어린이집 갈 때 손잡아 줄 수 있어?	
4 재미없어. 뭘 할지 생각이 안 나.	
5 토니만큼 잘할 수는 없어. 날마다 연습하는데도 토니가 항상 나보다 잘해.	
6 선생님이 숙제를 너무 많이 내 줘. 아무리 해도 끝이 안 나. 어쩌지?	
7 딴 애들은 다 바닷가에 갔단 말이야. 같이 놀 친구가 하나도 없어.	
8 제임스 부모님은 학교에 자전거 타고 가도 된다고 했는데. 내가 제임스보다 자전거 더 잘 탄단 말이야.	
9 동생한테 너무 심하게 한 것 같아. 난 나쁜 앤가 봐.	
10 난 이 머리 모양이 좋은데. 내 머린데 왜 내 맘대로 못 해?	
11 이 숙제 이렇게 하면 되는 걸까? 이 정도면 되나?	
12 선생님은 왜 나보고만 수업 끝나고 남으라고 해? 나만 떠든 것도 아닌데. 선생님 때려 주고 싶어.	

13 나 혼자도 할 수 있어. 도와줄
    필요 없어. 혼자 할 수 있을 만큼
    컸어.

14 수학이 너무 어려워. 머리가
    나빠서 이해를 못 하겠어.

15 저리 가. 내버려 둬. 아무하고도
    얘기하고 싶지 않아. 엄마는
    관심도 없잖아.

16 전에는 잘했는데 이젠 점점
    못하겠어. 노력해도 소용이
    없는데 공부는 뭐 하러 해?

17 같이 가고는 싶은데 걔한테
    전화를 못 하겠어. 같이 가자고
    했는데 비웃으면 어떡해.

18 에마하고는 이제 놀기 싫어.
    걔 너무 못됐어.

19 엄마 아빠가 우리 엄마 아빠라서
    정말 좋아.

20 어떻게 해야겠다는 생각은
    드는데 잘못된 생각일지도
    모르겠어. 난 항상 잘못된 판단을
    하는 것 같아. 아빠는 어떻게
    생각해? 대학에 가야 할까,
    아니면 취직을 해야 할까?

이제 다음 페이지에 있는 표를 보고 얼마나 맞췄는지 채
점해 보자.

① 문항마다 따로 점수를 매긴다.

② 각 문항의 점수를 더해서 총점을 점수표에 적는다.

여러분이 적은 감정이 표에 있는 내용과 거의 비슷하면 4점, 부분적으로만 일치하거나 빠진 것이 있으면 2점을 준다. 하나도 못 맞췄으면 0점이다.

---

1 (1) 기쁘다. (2) 다행이다.

2 (1) 자랑스럽다. (2) 기쁘다.

3 (1) 불안하다. (2) 겁이 난다.

4 (1) 심심하다. (2) 답답하다.

5 (1) 자신이 없다. (2) 낙담했다.

6 (1) 힘들어한다. (2) 좌절했다.

7 (1) 혼자 남겨진 것 같다. (2) 외롭다.

8 (1) 불공평하다고 느낀다. (2) 자신감이 있다.

9 (1) 죄책감을 느낀다. (2) 후회한다.

10 (1) 부모의 간섭이 싫다.

11 (1) 확신이 없다. (2) 잘 모르겠다.

12 (1) 화가 났다. (2) 부당하다고 느낀다.

13 (1) 자신 있다. (2) 도움을 바라지 않는다.

14 (1) 좌절했다. (2) 자신이 없다.

15 (1) 상처받았다. (2) 화가 났다. (3) 사랑받지 못한다고 느낀다.

16 (1) 낙담했다. (2) 포기하고 싶다.

17 (1) 가고 싶다. (2) 겁이 난다.

18 (1) 화가 났다.

19 (1) 기쁘다. (2) 부모에게 감사한다.

20 (1) 확신이 없다.

점수표			
1	6	11	16
2	7	12	17
3	8	13	18
4	9	14	19
5	10	15	20

총점: _____

61-80 감정을 아주 잘 파악한다.

41-60 평균 이상이다.

21-40 평균 이하다.

0-20 감정을 잘 파악하지 못한다.

2. 효과적이지 못한 대화법 테스트

어떤 상황에서 부모가 한 말을 읽고 부모의 말이 왜 효과적인 대화 방법이 아닌지 다음 보기에서 골라 써넣어 보자.

보기	
의도를 제대로 전달 못 함	돌려 말하기
해결책 제시, 명령	모욕
비난, 비판	비꼬기
이차적 감정 분출	치고 빠지기

상황과 부모의 말	어떤 오류가 있나
【예시】 10살 아이가 아기방 바닥에 칼을 놓아두었다. "너 제정신이니? 바보야? 그러다 아기가 다치면 어떡해."	비난, 비판

1 아이들이 서로 자기가 좋아하는 게임을
   하려고 싸운다. "그만 싸우고 당장 게임기 꺼."

2 딸이 밤 12시까지 돌아오기로 했는데
   새벽 1시 반에 집에 들어왔다. 부모는
   아이한테 무슨 일이 생긴 것은 아닌지
   전전긍긍하다가 아이가 돌아오자 겨우
   마음이 놓였다. "도저히 널 믿을 수가 없구나.
   정말 화났어. 한 달 동안 외출 금지야."

3 12살 아이가 풀장으로 가는 문을 열어 놓아
   2살 아기가 큰일을 당할 뻔했다.
   "대체 무슨 짓이니? 동생을 물에 빠뜨려
   죽이려고? 너 때문에 내가 미쳐!"

4 11살 아이가 학교에서 너무 산만하고
   '상스러운' 말을 한다는 가정통신문을
   받아 왔다. "이리 와서 왜 그렇게 추잡한
   말을 써서 우리를 이렇게 창피하게
   만든 건지 말 좀 해 봐."

5 아이가 꾸물거려서 약속에 늦게 되자
   엄마가 화가 났다. "엄마 입장도 생각해
   줬으면 좋겠어."

6 엄마가 손님이 올 테니 방을 어지르지
   말라고 했는데 거실이 엉망이 되어 있다.
   "엄마 고생시키면서 너희들은 오늘 하루
   엄청 재미있었겠다?"

7 아이의 발이 더럽고 냄새가 나서 아빠가
   불쾌하다. "너는 왜 다른 사람들처럼 발을 안
   닦니? 빨리 가서 발 씻고 와."

8 아이가 자꾸 재주를 넘어 손님들의 주의를
   끌려고 해서 못마땅하다. 엄마가 이렇게
   말한다. "너 관종이구나."

9 아이가 그릇을 설거지통에 안 넣어 놓고
   그냥 가 버려 엄마가 화가 났다. 아이가
   학교 늦었다고 달려 나가는데 뒤통수에 대고
   이렇게 소리를 지른다. "너 때문에 오늘 엄마
   화났어. 알아?"

적은 답과 다음 답을 비교해 보자.

1 해결책 제시
2 비난, 비판 / 이차적 감정 분출 / 해결책 제시
3 비난, 비판 / 이차적 감정 분출
4 비난, 비판
5 비난, 비판 / 의도를 제대로 전달 못 함
6 돌려 말하기
7 돌려 말하기 / 해결책 제시 / 비난, 비판
8 모욕
9 치고 빠지기

위의 잘못된 대화 방식을 피하고 각 상황에 맞게 나-메시
지로 이야기하려면 어떻게 말해야 할지 적어 보자.

1 _____

2 _____

3 _____

4 _____

5 _____

6 _____

7 _____

8 _____

9 _____

3. 나-메시지로 이야기하기 테스트

상황 설명을 읽고 두 번째 칸의 너-메시지를 나-메시지로 바꾸어 다시 적어 본다. 다 적은 다음, 뒤에 있는 점수표의 나-메시지와 비교해 점수를 매겨 본다.

상황	너-메시지	나-메시지
1 뉴스를 보려는데 아이가 자꾸 무릎 위로 올라와서 짜증이 난다.	"뉴스 보고 있을 때는 방해하면 안 돼."	
2 아빠가 급하게 진공 청소기로 청소를 하는데 아이가 자꾸 플러그를 잡아당겨 뽑는다.	"말썽꾸러기 같으니라고."	
3 아이가 손을 씻지 않아 더러운 채로 식탁에 앉는다.	"다 큰 애가 무슨 짓이야. 그건 아기들 이나 하는 짓이야."	
4 아이가 잠자리에 들지 않는다. 엄마 아빠가 할 얘기가 있는데 아이가 계속 옆에 있어서 대화를 할 수가 없다.	"잘 시간이 지났잖아. 엄마 아빠 화나게 하려고 그러는 거야? 이제 자야지."	
5 아이가 영화관에 데려가 달라고 조르는데, 방을 치우겠다고 해 놓고 며칠째 그대로다.	"그렇게 네 멋대로만 하고 이기적이면서 어떻게 영화관에 데려가 달라는 말이 나오니?"	

6 아이가 종일 뚱해 있다. 왜 그러는지 이유를 모르겠다.	"이제 그만 삐쳐 있어. 기분 풀든지 아니면 나가서 혼자 샐쭉 하든지. 뭘 그렇게 꽁하고 있니?"	
7 아이가 노래를 너무 크게 틀어 놓아서 엄마 아빠가 얘기할 수가 없다.	"다른 사람 생각도 해야지? 무슨 노래를 그렇게 크게 듣니?"	
8 손님이 오기로 되어 있어서 아이가 화장실 청소를 하기로 했다. 종일 늑장 부리다가 손님 올 시간이 한 시간밖에 안 남았는데 아직도 꾸물거리고 있다.	"온종일 놀기만 하고 하기로 한 일은 시작도 안 하고. 어떻게 그렇게 무책임하니?"	
9 아이가 학교에서 돌아오면 같이 옷을 사러 나가기로 했는데 아이가 집에 늦게 와서 서둘러야 했다.	"미안한 줄 알아야지. 엄마가 일부러 시간 냈는데 너는 아무 때나 네가 오고 싶을 때 오면 어떻게 하니?"	

여러분이 적은 답과 다음 답을 비교해 보자.

1 "텔레비전 보면서 너랑 놀 수는 없어. 잠시 쉬면서 뉴스 볼 시간도
   없다니 엄마 정말 속상해."

2 "아빠 지금 무척 바빠. 네가 자꾸 플러그를 뽑아서 시간이 늦어지면
   정말 화가 나. 당장 할 일이 있을 때는 아빠가 장난 칠 기분이 안
   들어."

3 "네 손 더러운 것 보면서는 저녁밥 맛있게 못 먹겠다. 내 입맛이
   떨어져."

4 "엄마랑 아빠랑 중요한 할 얘기가 있어. 네가 옆에 있으면 이야기할
   수가 없는데 네가 자러 갈 때까지 마냥 기다리고 싶진 않구나."

5 "네가 방 치우기로 한 약속을 안 지키니까 나도 너한테 뭘 해 주고
   싶은 생각이 안 들어."

6 "네가 기분 안 좋은 걸 보니까 나도 속상한데 왜 그러는지를
   모르니까 어떻게 해 줘야 할지를 모르겠어."

7 "아빠랑 할 얘기가 있는데 노랫소리가 너무 시끄러워서 얘기를 못
   하겠어서 기운 빠져."

8 "정말 김샌다. 손님 맞을 준비 하느라 온종일 일했는데 아직도
   화장실 때문에 걱정해야 하니."

9 "네 옷 사러 가려고 그것에 맞춰 일정을 짜 놓았는데 네가 제시간에
   안 오니 기분이 안 좋아."

4. 권위를 사용하는 정도 테스트

다음은 양육자가 아이에게 흔히 하는 행동의 예다. 이 테스트
에 객관적으로 솔직하게 대답해 보면 자신이 부모의 권위를
어떻게 사용하는지에 관한 중요한 사실을 알게 될 것이다.

각 상황을 잘 읽고 자신이 아이를 이렇게 대할 가능성이

있는지 없는지를 답안지에 적어 보자. 정확히 같은 행동은 아니라도 이와 유사한 행동을 할 가능성이 있는지 한번 생각해 본다.

아이가 없거나, 문항에서 예로 든 아이가 실제 여러분의 아이보다 어리거나 크거나 성별이 다르다면, 만약 나라면 어떻게 했을까 상상해서 답한다. ○나 × 가운데 하나에만 체크하고, 질문의 내용이 이해가 되지 않거나 도저히 상상이 안 될 때만 "?"에 체크한다.

○ 이와 비슷한 행동을 할 가능성이 있다.
× 이와 비슷한 행동을 할 가능성이 없다.
? 확실히 모르겠거나 이해가 가지 않는다.

이 연습에 사용된 표현을 이해하기 위해 다음 정의를 먼저 읽어 보자.

"벌"　　아이가 원하는 것을 금지하거나 신체적, 심리적 아픔을 가함으로써 아이를 불쾌하게 한다.
"질책"　야단을 치거나 호통을 치거나 부정적인 평가를 하는 등 말로 강하게 비판한다.
"위협"　아이에게 벌을 주겠다고 경고한다.
"보상"　아이가 원하는 것을 주어서 아이를 즐겁게 한다.
"칭찬"　아이를 긍정적으로 평가하는 말을 하고 아이에 관해 좋은 말을 한다.

【예시】 10살 아이에게 어른들과 함께 있을 때   (○ / × / ?)
         말하고 싶으면 먼저 이야기해도 되는지
         허락을 받으라고 한다.

※ '×'에 표시를 했다면 아이에게 그렇게 시킬 가능성이 없다는 뜻이다.

---

1 아이가 피아노를 시끄럽게 두들긴다. 시끄럽다고   (○ / × / ?)
   말했는데도 아이가 멈추지 않자 아이를 피아노
   의자에서 들어서 다른 데로 옮긴다.

2 아이가 매일 저녁 식사 시간에 늦지 않게 때맞춰   (○ / × / ?)
   귀가해서 칭찬한다.

3 6살 아이가 손님이 있을 때 식탁에서 예의에   (○ / × / ?)
   어긋나는 행동을 해서 야단친다.

4 중학생 아이가 좋은 책을 읽는 것을 보고 칭찬한다.   (○ / × / ?)

5 아이가 욕을 할 때 벌을 준다.   (○ / × / ?)

6 아이가 양치할 때마다 달력에 표시하는데 하루도   (○ / × / ?)
   빼먹지 않았길래 칭찬한다.

7 아이가 다른 아이에게 못되게 굴었을 때 그 아이에게   (○ / × / ?)
   사과하라고 시킨다.

8 방과 후에 아이를 데리러 가기로 했는데 잊지 않고   (○ / × / ?)
   잘 기다리고 있어서 칭찬한다.

9 덜어 놓은 음식을 다 먹어야 자리에서 일어날 수   (○ / × / ?)
   있게 한다.

10 아이에게 매일 샤워를 하라고 하고 한 달 동안   (○ / × / ?)
   하루도 안 빼놓고 하면 상을 준다.

11 아이가 거짓말을 한 것이 들통났을 때 벌을 준다.   (○ / × / ?)

12 고등학생인 아이에게 머리 모양을 바꾸면 뭔가   (○ / × / ?)
   원하는 보상을 해 주겠다고 한다.

13 아이가 지갑에서 돈을 꺼내 가는 것을 알았을 때   (○ / × / ?)
    벌주거나 야단친다.

14 딸에게 화장하지 않으면 갖고 싶은 것을 사 주겠다고   (○ / × / ?)
    한다.

15 친척이나 손님 앞에서 노래를 부르게 시킨다.   (○ / × / ?)

16 매일 정해진 시간만큼 피아노 연습을 꾸준히 하면   (○ / × / ?)
    아이가 갖고 싶은 선물을 사 주겠다고 약속한다.

17 2살 아이가 똥을 눌 때가 되었을 때, 똥이 나올   (○ / × / ?)
    때까지 변기 위에 계속 앉아 있으라고 한다.

18 아이가 집안일을 꼬박꼬박하면 상을 주는 시스템을   (○ / × / ?)
    만든다.

19 간식을 먹지 못하게 했는데 간식을 먹었다면   (○ / × / ?)
    벌주거나 벌주겠다고 으름장을 놓는다.

20 아이가 귀가 시간을 지키게 하려고 매일 늦지 않게   (○ / × / ?)
    들어오면 상을 주겠다고 한다.

21 방을 잔뜩 어질러 놓고 치우지 않았을 때 벌주거나   (○ / × / ?)
    꾸지람한다.

22 전화 사용 시간을 제한하기 위해 상을 주는 시스템을   (○ / × / ?)
    만든다.

23 비싼 장난감을 망가뜨리거나 함부로 다룰 때   (○ / × / ?)
    야단친다.

24 아이에게 담배를 끊으면 상을 주겠다고 한다.   (○ / × / ?)

25 부모에게 버릇없는 말을 했을 때 벌주거나   (○ / × / ?)
    나무란다.

26 성적이 오르면 선물을 사 주겠다고 약속한다.   (○ / × / ?)

27 아이가 장난감을 거실로 가져오면 거실이 난장판이   (○ / × / ?)
    되므로 그러지 못하게 한다.

28 딸이 사귀는 남자 친구가 마음에 들 때 아이에게 잘 (○ / × / ?)
    골랐다고 칭찬한다.

29 아이가 바닥에 음식을 쏟았을 때 스스로 치우게 (○ / × / ?)
    한다.

30 머리를 빗겨 줄 때 아이가 얌전히 있으면 착하다고 (○ / × / ?)
    칭찬하거나 상을 준다.

31 잘 시간이 훨씬 지났는데 안 자고 계속 놀고 있을 때 (○ / × / ?)
    벌을 준다.

32 손을 씻고 식탁에 앉는 습관을 들이면 상을 주는 (○ / × / ?)
    시스템을 만든다.

33 아이가 성기를 만질 때 그러지 못하게 하거나 벌을 (○ / × / ?)
    준다.

34 아침에 학교 갈 준비를 빨리 마치면 상을 주는 (○ / × / ?)
    시스템을 만든다.

35 장난감을 놓고 아이들이 서로 싸울 때 벌주거나 (○ / × / ?)
    꾸지람한다.

36 아이 마음대로 하지 못하게 되었거나 기분이 상했을 (○ / × / ?)
    때 아이가 울음을 참으면 칭찬하거나 상을 준다.

37 아이한테 여러 차례 심부름을 시켰는데 말을 듣지 (○ / × / ?)
    않을 때 혼내겠다고 위협하거나 야단친다.

38 한두 시간 후에 저녁 식사하러 나갈 때까지 옷을 (○ / × / ?)
    단정히 입고 있으면 아이가 갖고 싶어 하는 것을
    사 주겠다고 말한다.

39 아이가 이웃집 여자아이의 치마를 들치며 괴롭히는 (○ / × / ?)
    걸 보았을 때 혼내거나 야단친다.

40 다음 학기 성적표에서 성적이 오른 과목 수만큼 (○ / × / ?)
    용돈을 더 주겠다고 한다.

점수 매기는 방법:

① 먼저 홀수 번호 옆에 표시된 'O'의 수를 센다.

② 짝수 번호 옆에 표시된 'O'의 수를 센다.

③ 헤아린 개수를 다음 표에 적고 두 수의 합계도 적는다.

	개수	
홀수 'O'		이 수는 아이를 통제하고 부모의 생각을 강요하기 위해 벌주거나 벌을 주겠다는 위협을 어느 정도로 하는지를 나타낸다.
짝수 'O'		이 수는 아이를 통제하고 부모의 생각을 강요하기 위해 보상이나 유인책을 어느 정도로 사용하는지를 나타낸다.
총합		이 수는 아이를 통제하기 위해 부모의 권위를 행사하는 두 가지 방법에 어느 정도 의존하는지를 나타낸다.

처벌의 사용		보상의 사용		권위의 사용	
점수	등급	점수	등급	점수	등급
0-5	아주 드물게	0-5	아주 드물게	0-10	반권위적
6-10	가끔	6-10	가끔	11-20	약간 권위적
11-15	자주	11-15	자주	21-30	상당히 권위적
16-20	아주 자주	16-20	아주 자주	31-40	매우 권위적

5. 열두 가지 잘못된 대화 방법이 아이에게
미칠 수 있는 영향

명령, 지시

아이에게 아이의 감정이나 욕구는 중요하지 않으며, 부모의 감정이나 욕구에 반드시 따라야 한다고 암시하는 메시지다("네가 뭘 하고 싶든 상관없어. 당장 안으로 들어와").

그 순간 아이의 행동을 수용할 수 없음을 전달한다("정신 사납게 하지 마").

부모의 권위에 대한 두려움을 끌어낸다. 아이는 자기보다 크고 힘센 사람이 자기를 아프게 할 거라고 위협하는 소리를 듣는다("당장 네 방으로 가. 네 발로 안 가면 억지로 가게 만들 거야").

그러면 아이는 분하고 화가 날 것이고 적대감을 표현하거나 떼를 쓰거나 대들거나 반항하거나 부모의 의지를 시험하려 할 수 있다.

또 아이에게 부모가 아이의 판단이나 능력을 신뢰하지 않는다는 것을 전달한다("그 접시 만지지 마" "아기 옆에 가지 마").

경고, 주의, 위협

이 메시지는 아이가 겁을 먹고 순종하게 만든다("그렇게 했다가는 후회할 거야").

명령, 지시, 통제와 마찬가지로 적대감과 분노를 불러일으킬 수 있다("당장 자리에 눕지 않으면 맞을 줄 알아").

부모가 아이의 욕구나 소망을 존중하지 않는다는 뜻을 전달하기도 한다("북소리 멈추지 않으면 나 정말로 화낼 거야").

아이들은 경고나 위협에 이런 말로 반응하기도 한다("어떻게 하든 상관없어. 난 그러고 싶단 말이야").

아이는 이런 말을 들으면 부모의 의지가 얼마나 굳은지 시험해 보려 한다. 그래서 정말 부모가 경고한 대로 되는지 확인하려고 부모가 하지 말라는 일을 일부러 하기도 한다.

권고, 훈계, 설교

아이에게 외적 권위와 의무, 책임을 느끼게 만드는 말이다.

아이들은 "어떻게 해야 한다"는 말을 들으면 저항하고 자기 입장을 강하게 변호하기도 한다.

아이는 부모가 자기의 판단을 신뢰하지 않는다고 느낀다. 다른 사람들이 '옳다'고 생각하는 대로 해야 한다는 말이기 때문이다("너는 바르게 행동해야 해").

또 아이에게 '나쁜 아이'라는 죄책감을 불러일으킬 수 있다("그렇게 생각하면 안 돼").

아이에게는 다른 사람의 가치관이나 계획의 타당성을 판단할 능력이 없다는 뜻을 전달하기도 한다("언제나 선생님을 따라야 한다").

조언, 제안, 해결책 제시

이런 말도 부모가 아이의 판단이나 해결 능력을 신뢰하지 않는 증거로 느껴진다.

아이가 부모에게 의존하고 스스로 생각하지 않게 되기도 한다("아빠 이럴 땐 어떻게 해야 해?").

아이가 부모의 생각이나 조언에 강한 반감을 갖는 때도 있다("내가 알아서 할게" "이래라저래라 하지 마").

조언은 부모가 아이보다 우월하다는 뜻을 담고 있기도 하다("너한테 뭐가 최선인지는 엄마 아빠가 제일 잘 알아"). 그래서 아이가 열등의식을 느낄 수도 있다("왜 난 그런 생각을 못 했지?" "부모님은 어떻게 할지 늘 잘 아시네").

아이는 때로 부모가 자기를 전혀 이해하지 못한다고 생각할 수 있다("내가 어떤 기분인지 알면 절대 그렇게 말 안 할 텐데").

조언을 하면 아이가 부모의 제안을 생각하느라 자기 생각을 발전시킬 기회가 사라진다.

가르치기, 논리적으로 따지기

상대방을 가르치려고 하면 가르침을 받는 쪽에서는 열등하고 부족한 존재로 취급받는 느낌이 든다("부모님은 모든 걸 다 안다고 생각하죠").

논리와 사실을 들이대면 아이는 기분이 나빠 방어적인 태도가 된다("누가 몰라서 그래?").

아이도 어른과 마찬가지로 누가 틀렸다고 지적하면 싫어한다. 그래서 끝까지 자기 생각을 고집하기도 한다("엄마가 틀렸어. 내 말이 맞아" "못 믿겠어").

아이들은 대체로 부모의 설교를 싫어한다("끝도 없이 설교하는 동안 나는 가만히 앉아서 들어야 해").

아이들은 부모의 말을 거부하려고 갖은 애를 쓰기도 한다("부모님은 옛날 분들이라 요즘 세상이 어떻게 돌아가는지 몰라요" "그건 시대에 뒤떨어진 생각이에요" "아빠 너무 고리타분해").

이미 다 아는 사실을 부모가 가르치려고 하면 아이는 부모가 자기를 무시한다고 생각하고 기분 나빠한다("말 안 해도 다 알거든?").

때로는 부모가 제시하는 사실 근거를 무시하기도 한다("상관없어" "그래서 어쨌다고" "나한테는 그런 일 안 일어나").

비판, 비난, 반박

이 메시지는 다른 어떤 메시지보다도 아이가 자신을 부족하고 열등하고 어리석고 하찮고 못된 사람으로 여기게 만든다. 아이의 자아상은 부모의 판단과 평가로 만들어진다. 부모가 아이를 평가하는 대로 아이도 자신을 평가할 것이다("못됐다는 말을 하도 자주 들어서 이제는 나도 내가 못된 녀석이라는 생각이 들어").

부정적 평가는 때로 반격을 불러일으킨다("엄마도 전에 그랬잖아" "자기도 잘한 거 없으면서").

이런 말을 자주 들은 아이는 자기감정을 감추고 부모에게 숨기는 것이 생긴다("부모님한테 말하면 혼나겠지").

아이도 어른과 마찬가지로 부정적인 평가를 좋아하지 않

는다. 부정적 평가를 들으면 자신을 지키기 위해 방어하게 된
다. 평가가 온당하다고 하더라도 평가를 내리는 부모에게 분노
와 미움을 느낀다.

평가, 비판을 자주 하다 보면 아이는 자신감을 잃고 부모
가 자기를 사랑하지 않는다고까지 생각하게 된다.

칭찬, 동의

칭찬은 아이에게 긍정적인 영향을 미친다고 흔히 생각하지만
실제로는 부정적인 영향이 매우 많다. 아이의 자아상과 일치
하지 않는 칭찬은 오히려 적대감을 불러일으킨다("난 안 예뻐.
못생겼어" "난 내 머리 싫어" "잘하긴 뭘 잘했어. 완전히 망쳤는
데").

부모가 아이를 긍정적으로 평가하면 아이는 다른 때는 부
정적인 평가를 받을 수도 있다는 것을 안다. 집에서 칭찬을 자
주 한다면 아이는 칭찬이 없는 것을 비난으로 해석한다("새로
한 머리에 대해 아무 말도 안 하는 걸 보니 보기 싫은가 보다").

아이는 부모가 칭찬으로 자기를 조종한다고 느낄 수 있다.
칭찬은 은근히 부모가 바라는 대로 하게 만드는 방법인 셈이
다("공부 더 열심히 하라고 그렇게 말하는 거지").

아이는 칭찬을 받으면서 부모가 자기를 이해하지 못한다
고 느끼기도 한다("지금 내 기분이 어떤지 알면 그런 말 안 할
텐데").

아이는 때로, 특히 친구들하고 같이 있을 때 칭찬을 들으
면 당황하고 불편하다("아빠, 전혀 아니거든!").

칭찬을 많이 받고 자란 아이는 자연스레 늘 칭찬을 기대하게 된다("방 청소했는데 왜 아무 말도 안 해?" "엄마 나 예뻐?" "나 착하지?" "잘 그렸어?").

매도, 조소, 모욕

아이의 자아상에 큰 상처를 줄 수 있는 말이다. 아이는 자신이 모자라고 나쁘다고 생각하고 사랑받지 못한다고 느낀다.

이런 메시지에 아이들이 가장 흔하게 하는 반응은 반격이다("엄마는 잔소리꾼이야" "아빠도 게으르면서").

아이에게 영향을 주려고 이런 말을 하더라도 아이가 자신을 현실적으로 돌아보고 행동을 바꿀 가능성은 거의 없다. 오히려 부모의 부당한 말에 초점을 맞추고 변명을 하게 된다("내가 노는 애처럼 보인다고? 말도 안 되는 소리야").

해석, 분석, 진단

부모가 아이를 '완전히 파악'했고, 아이가 왜 그런 행동을 하는지 전부 안다는 느낌을 전달한다. 부모가 이렇게 정신 분석을 하면 아이는 위협을 느끼고 짜증을 낸다.

부모의 분석이나 해석이 정확하다면 아이는 속을 들킨 것 같아 수치스러울 것이다("수줍음이 많아서 여자 친구를 못 사귀는 거야" "관심 끌려고 그런 행동을 하는 거지?").

부모의 분석이나 해석이 틀릴 때가 대부분이므로 아이는 억울해하며 화를 낸다("질투하는 거 아니야, 말도 안 돼").

부모의 태도가 오만하다고 느낄 수도 있다("뭐든 다 안다고 생각하지"). 아이를 분석하기를 좋아하는 부모는 자기가 더 우월하고 현명하고 똑똑함을 암시하는 셈이다.

"왜 그런지 알아" "네 속이 다 보인다"라는 식의 메시지는 아이와 대화를 단절시키고, 그러다 보면 아이는 고민거리를 부모와 나누지 않게 된다.

격려, 동정, 달래기, 편들기

이런 말도 부모 생각만큼 좋은 영향을 미치지는 않는다. 아이가 불안해할 때 이런 말을 하면 아이는 부모가 자기를 이해하지 못한다고 느낀다("내가 얼마나 불안한지 알면 그렇게 말 못할걸").

부모는 아이가 속상하거나 화가 났거나 낙심한 것을 보면 마음이 불편하기 때문에 자꾸 아이를 달래고 기분을 풀어 주려 한다. 아이가 현재 감정을 억누르기를 바란다는 뜻이다("속상해하지 마. 다 잘될 거야").

아이는 부모가 자기 기분을 바꾸어 놓으려고 한다는 것을 알고 부모를 불신하게 된다("기분 풀려고 그냥 하는 이야기잖아").

문제를 가볍게 취급하거나 동정하면 아이는 부모가 감정을 억누르기를 바란다고 생각해 대화를 더 이어 가지 않는다.

탐문, 질문, 취조

계속 캐물으면 아이는 부모가 자기를 믿지 못하고 의심한다고 느낀다("엄마가 가르쳐 준 대로 했어?").

때로는 부모가 아이를 궁지에 몰아넣으려고 질문을 한다는 사실을 간과하기도 한다("몇 시간 공부했는데? 한 시간 했다고? 그러니 점수가 그 모양이지").

부모가 질문하면 아이는 일단 위협을 느낀다. 특히 부모가 던지는 질문의 의도를 모를 때 그럴 수 있다. 그래서 이렇게 되묻을 때가 많다. "그걸 왜 물어?" "무슨 얘기를 하려는 건데?"

아이가 고민거리를 털어놓았을 때 계속 질문하면 아이는 부모가 자기 스스로 문제를 해결하게 하는 대신 부모가 직접 문제를 해결하려고 자료를 수집한다고 느낀다("언제부터 그런 생각을 했니? 학교하고 상관있어? 학교에서는 별일 없어?"). 아이는 부모가 해결책을 제시하는 것을 달갑게 여기지 않을 때가 많다. "부모님한테 말하면 이래라저래라 하겠지."

누군가 고민을 이야기할 때 질문을 하면 상대방은 자기가 하고 싶은 이야기를 양껏 하지 못하게 된다. 질문에 답해야 하기 때문이다. "언제부터 그런 생각이 들었는데?"라고 묻는다면 언제 문제가 시작되었는지만 이야기하고 다른 것은 말하지 말라는 이야기가 된다. 마치 변호사의 반대 신문을 받을 때처럼 질문받은 것만 이야기해야 한다면 말하기 불편해진다. 질문은 대화를 제한하므로 대화를 편하게 풀어 나가지 못하게 한다.

한발 물러서기, 말 돌리기, 비위 맞추기, 주의를 딴 데로 돌리기

아이에게 관심이 없고 아이의 감정을 존중하지 않고 아이를 밀어내는 뉘앙스의 메시지다.

아이가 무슨 이야기를 하려고 할 때는 대개 매우 진지하게 집중할 때가 많은데, 이때 농담으로 가볍게 응수하면 아이는 상처를 받고 무시당한 기분이 든다.

말을 돌리거나 기분을 풀어 주는 방법이 일시적으로는 효과가 있는 것처럼 보이지만, 그렇게 해서는 감정이 사라지거나 해소되지 않는다. 대개 나중에 다시 문제가 불거진다. 미루어 놓은 문제는 저절로 해결되지 않는다.

아이도 어른들처럼 누가 자기 말에 귀를 기울이고 진지하게 이해해 주길 바란다. 부모가 대수롭지 않게 여기면 아이는 자기감정과 문제를 부모에게 숨기게 된다.

옮긴이 홍한별

글을 읽고 쓰고 옮기면서 살려고 한다. 옮긴 책으로 《나의 뇌는 특별하다》
《틀렸다고도 할 수 없는》《두 살에서 다섯 살까지》《야누시 코르차크의
아이들》《가르친다는 것》《달빛 마신 소녀》《나는 가해자의 엄마입니다》
《우리, 이토록 작은 존재들을 위하여》들이 있다.

부모 역할 훈련

1판 1쇄 2002년 12월 23일   1판 29쇄 2018년 8월 3일
2판 1쇄 2021년 8월 30일   2판 3쇄 2023년 5월 15일

글쓴이 토머스 고든
옮긴이 홍한별
펴낸이 조재은
편집 김원영 김명옥 구희승
디자인 부추밭 육수정
마케팅 조희정 유현재

펴낸곳 (주)양철북출판사
등록 2001년 11월 21일 제25100-2002-380호
주소 서울시 영등포구 양산로 91 리드원센터 1303호
전화 02-335-6407
팩스 0505-335-6408
전자우편 tindrum@tindrum.co.kr

ISBN 978-89-6372-373-0 03370
값 17,000원

잘못된 책은 바꾸어 드립니다.